A
Aesthetic Education
国际艺术教育大系
美育研究·V

面向教育2035的中小学美术课程

The Primary and Secondary Schools Art Courses for Education 2035

胡知凡 / 编著

上海教育出版社
SHANGHAI EDUCATIONAL
PUBLISHING HOUSE

图书在版编目（CIP）数据

面向教育2035的中小学美术课程 / 胡知凡主编.
上海 ： 上海教育出版社, 2025. 6. -- （美育研究）.
ISBN 978-7-5720-3632-3

Ⅰ. G633.955.2

中国国家版本馆CIP数据核字第2025AY6286号

策划编辑　　陈　群
责任编辑　　陈　群
装帧设计　　王　捷
　　　　　　蒋　妤

美育研究

面向教育2035的中小学美术课程

胡知凡　主编

出版发行	上海教育出版社有限公司
官　　网	www.seph.com.cn
地　　址	上海市闵行区号景路159弄C座
邮　　编	201101
印　　刷	上海颛辉印刷厂有限公司
开　　本	787×1092　1/16　印张 21.5　插页 3
字　　数	376 千字
版　　次	2025年6月第1版
印　　次	2025年6月第1次印刷
书　　号	ISBN 978-7-5720-3632-3/G·3243
定　　价	78.00 元

如发现质量问题，读者可向本社调换　电话：021-64373213

前 言
PREFACE

    2019年2月,中共中央、国务院印发的《中国教育现代化2035》,是我国第一个以教育现代化为主题的中长期战略规划,是新时代推进教育现代化、建设教育强国的纲领性文件。它描绘了面向未来教育的发展图景,系统勾画了我国教育现代化的战略愿景,明确教育现代化的战略目标、战略任务和实施路径。

    2020年10月,中共中央、国务院印发《关于全面加强和改进新时代学校美育工作的意见》,提出"到2035年,基本形成全覆盖、多样化、高质量的具有中国特色的现代化学校美育体系"动员令,为我国未来的中小学美术课程与教学指明了方向。

    虽然未来社会发展会充满各种挑战和不确定性,但我们坚信,面向2035的我国中小学美术课程与教学,必然会得到全面的发展和提升。其理由有如下几点:

    第一,2022年4月,教育部颁布的《义务教育艺术课程标准(2022年版)》(以下简称"2022年版艺术课标"),将核心素养贯穿始终。核心素养是课程育人价值的集中体现,也是学生通过课程学习逐步形成的适应个人终身发展和社会发展需要的正确价值观、必备品格和关键能力。因此,核心素养的提出必将会改变长期以来学科本位的课程理念。

    第二,2023年12月,《教育部关于全面实施学校美育浸润行动的通知》中提出"以美育浸润学生""以美育浸润教师"和"以美育浸润学校"三项任务,以及"美育教学改革深化行动""教师美育素养提升行动""艺术实践活动普及行动""校园美育文化营造行动""美育评价机制优化行动""乡村美育提质发展行动""美育智慧教育赋能行动"

和"社会美育资源整合行动"八项实施路径。这"三项任务"和"八项实施路径",必然会使我国未来的中小学美术课程与教学再跨上一个新台阶。

第三,2024 年秋季依据"2022 年版艺术课标"理念编写的 14 套艺术·美术教科书,将进入全国的中小学校。这些新编写的艺术·美术教科书都能很好地体现育人导向,"有机融入社会主义先进文化、革命文化、中华优秀传统文化,以及国家安全教育、法治教育、中华民族共同体意识教育和环境教育等内容";在教学方法上,更注重培养学生综合运用所学美术学科知识与技能解决实际问题的能力;在评估方面,不仅注重评估学生知识与技能的掌握情况,更注重评估学生学习过程中素养的表现情况。因此,新编写的艺术·美术教科书进入学校,必然会对美术教学带来新的变化。

第四,随着人工智能时代的到来,各种先进的智能虚拟工具将不断出现,如"中国版 ChatGPT"——文心一言也已开始全面放开使用。因此,先进的人工智能工具,必将会提高美术教学质量,激发学生的潜能,为未来的美术学习提供更多的可能性。

本书第一章,主要论述 2001 年以来,我国中小学美术课程改革发展过程,以及改革的动因与规律。

第二章,主要论述世界各国美术课程理念、框架结构、课程内容、组织方式、学业质量标准、学习评估等方面的特点,通过比较可以看出世界各国美术课程改革的特征与发展趋势。

第三章,主要介绍经合组织"未来的教育和技能:教育 2030"项目的由来,以及课程内容图谱分析的目标和价值。①

第四章,主要介绍我国参与"经合组织课程图谱研制项目"以及我国美术课程内容图谱分析研究的情况。

第五章,主要论述美术学习的评估,其中包括:课堂评估的目的与原则;课堂评估与学习目标;表现性评估与表现性任务;评估工具的设计、学业质量标准与评估等。

第六章,主要论述艺术跨学科学习,其中包括跨学科学习模型及案例;跨学科学习模型探索等。

第七章,主要谈未来美术课程资源建设,美术课程资源开发案例;为终身学习发展规划。

第八章,主要谈面向未来的美术课堂教学,包括:未来美术课堂教学范式转型的

---

① 相关材料由教育部课程教材研究所提供。

理念;核心素养促进美术学习方式变革;从教到学的美术教育改革研究;未来深度融合人工智能的精准美术课堂教学。

第九章,课程发展展望,主要论述未来课程改革新方向;课程重建的生态系统方法、课程重新设计的原则,以及未来教师专业发展的要求等。

本书由上海师范大学教授胡知凡牵头和总体策划,并得到华东师范大学教授钱初熹博士、南京艺术学院教授李静博士、首都师范大学副教授段鹏博士、首都师范大学房斐博士、上海市黄浦区劳技中心教师罗淑敏的帮助和支持。本书由胡知凡撰写前言和统稿,具体分工如下:

第一章　段鹏

第二章、第三章、第四章　胡知凡

第五章　胡知凡、房斐

第六章　李静

第七章、第八章　钱初熹、罗淑敏

第九章　李静

本书的编写始于 2019 年。2021 年初稿完成之后,暂被搁置。2023 年秋季起,我们对书稿又做了较大修改和增删。本书在上海教育出版社相关领导和艺体编辑室主任陈群的大力支持与帮助下,才能顺利出版,在此深表谢意。

胡知凡

2024 年 5 月 31 日于上海安亭

目　录
CONTENT

第一章　研究缘起

第一节　21世纪以来我国中小学美术课程改革 / 2

一、我国中小学美术课程改革起始与发展阶段 / 2

二、我国中小学美术课程凝练出核心素养阶段 / 12

三、我国中小学美术课程改革的动因与规律 / 16

第二节　中国教育现代化2035及学科表达 / 21

一、21世纪以来我国颁发的有关学校美育和艺术教育的重要文件 / 21

二、现代教育理论影响下的中小学美术教育 / 25

三、面向2035我国中小学美术教育的新挑战 / 43

第二章　世界各国美术课程比较研究

第一节　世界教育改革的背景 / 46

第二节　各国美术课程理念与框架结构比较 / 48

一、各国核心素养比较 / 48

二、各国课程理念比较 / 50

三、各国课程框架结构比较 / 59

第三节　各国课程内容与统整方式比较 / 63

一、以"大概念"方式统整课程内容 / 63

二、以活动方式组织课程内容 / 70

三、以主题单元方式组织课程内容 / 72

四、重视对本国传统文化的学习 / 74

第四节　各国跨学科主题学习内容比较 / 77

一、芬兰基于现象的学习 / 77

二、加拿大跨学科主题学习内容 / 77

三、澳大利亚跨学科主题学习内容 / 78

四、新西兰跨学科主题学习内容 / 80

第五节　各国学业质量标准比较 / 81

一、芬兰视觉艺术学业质量标准 / 81

二、新西兰视觉艺术学业质量标准 / 84

三、澳大利亚视觉艺术学业质量标准 / 87

第六节　各国学习评估比较 / 89

一、美国艺术课程中的学习评估 / 89

二、新加坡美术课程中的学习评估 / 90

第三章　经合组织面向教育 2030 项目

第一节　经合组织"未来的教育和技能：教育 2030"项目 / 96

第二节　经合组织课程内容图谱分析 / 100

一、课程内容图谱分析的目标 / 100

二、课程内容图谱分析的价值 / 101

三、课程内容图谱分析的范围 / 101

四、课程内容图谱分析中的"文件"范围 / 105

五、课程内容图谱分析的实施 / 105

第三节　能力/素养框架与学科领域内容编码框架 / 107

一、能力/素养框架 / 107

二、学科领域内容编码框架 / 115

第四章　我国美术课程内容图谱分析研究

第一节　研制的方法 / 120

第二节　《2030 能力/素养框架》的解读与分析 / 121

一、《2030 能力/素养框架》的解读 / 121

二、《2030 能力/素养框架》的分析 / 123

第三节　《视觉艺术内容框架》的解读与分析 / 126

一、《视觉艺术内容框架》的解读 / 126

二、《视觉艺术内容框架》的分析 / 127

第四节　赋值标准与方法 / 130

一、世界上一些国家的赋值标准及方法 / 130

二、我国美术学科的赋值标准及方法 / 132

三、二维矩阵图与赋值 / 133

第五节　研究结果 / 149

一、美术学科的"热图" / 149

二、研制后的反思 / 156

三、研制后的收获与启示 / 160

第五章　美术学习的评估

第一节　评估与评价的区别 / 164

第二节　课堂评估目的与原则 / 165

一、课堂评估目的 / 165

二、课堂评估原则 / 167

第三节　课堂评估与学习目标 / 170

一、学习目标 / 170

二、学习目标与课程标准 / 172

三、"教—学—评"一致性 / 175

第四节　表现性评估与表现性任务 / 179

　　一、表现性评估的特点 / 179

　　二、表现性目标的设定 / 180

　　三、表现性任务的设计 / 183

第五节　评估工具的设计 / 190

　　一、量规 / 190

　　二、美术学习档案袋 / 197

　　三、视觉笔记 / 200

　　四、学习任务单 / 202

第六节　学业质量标准与评估 / 204

　　一、何谓学业质量标准 / 204

　　二、学业质量标准的特点 / 204

　　三、将学业质量标准转化为教学评价 / 206

第六章　艺术跨学科学习

第一节　学校教育中"跨学科性"词义内涵 / 212

　　一、跨学科研究类型与认识论模式 / 212

　　二、学校教育中的跨学科研究聚焦 / 214

第二节　国际艺术课程标准下跨学科学习模型及案例 / 218

　　一、跨学科学习模型与结构特点 / 218

　　二、跨学科主题教学案例 / 220

第三节　我国艺术课程标准下跨学科学习模型探索 / 241

　　一、我国美术教育中综合思想的演进 / 241

　　二、艺术教育改革及政策推进中的教学方法变革 / 243

第七章　美术课程资源建设的发展

第一节　未来美术课程资源建设的背景 / 248

　　一、美术学习场域的扩展 / 248

二、美术学习内容的扩展 / 251

第二节　美术课程资源开发的案例 / 256

一、馆校结合美术课程资源开发 / 256

二、社区美术课程资源开发 / 261

第三节　为终身学习发展规划 / 266

一、终身学习和学生自驱动学习 / 266

二、以集体智慧实现教育总体发展目标 / 269

第八章　面向未来的美术课堂教学

第一节　未来美术课堂教学范式转型的理念 / 272

一、美术学习是获得知识的过程 / 272

二、转变学习经验与教学方法 / 273

第二节　核心素养促进美术学习方式变革 / 278

一、成效与不足 / 278

二、美术课堂教学理念与方法的局限 / 283

第三节　从教到学的美术教育改革研究 / 285

一、相关研究促进对深度学习的认识 / 285

二、基于问题和协作的学习 / 287

三、"大概念"美术课程教学 / 288

四、开展信息技术与美术学科融合创新的深度学习 / 292

第四节　未来深度融合人工智能的精准美术课堂教学 / 296

第九章　课程发展展望

第一节　未来能力和未来课程 / 300

一、动态、复杂、多维的课程新范式 / 300

二、素养本位的课程改革新方向 / 301

三、全球教、学、评范式的新转变 / 303

第二节　课程重建的生态系统方法 / 305

　　一、教育新常态中课程的生态系统 / 305

　　二、互联世界中学生的全球胜任力 / 307

　　三、课程重新设计的原则 / 309

第三节　关于教师专业发展的要求 / 314

　　一、教师专业知识的新挑战与新认识 / 314

　　二、能力导向课程对教师提出的新要求 / 316

　　三、未来教师专业发展路径 / 318

参考文献 / 321

附录：国际艺术课程标准比较表 / 325

第一章

研究缘起

2001 年,中华人民共和国成立以来的第八次基础教育课程改革启动了,这是党中央、国务院在世纪之交推进教育改革发展作出的重大决策。此次改革步伐大、速度快,是前七次改革所不可比拟的,它将以往中小学课程的"学科本位、知识本位"向"关注每一个学生发展"进行了历史性转变。此后 20 余年间,课程改革走向深化并不断发展。

2014 年 3 月,教育部发布《关于全面深化课程改革 落实立德树人根本任务的意见》,文件中首次出现"核心素养"一词。2016 年 9 月,北京师范大学课题组发布了《中国学生发展核心素养》的总体框架。自此,"核心素养"开始正式进入我国基础教育课程改革视野。随后,2018 年 1 月,教育部颁布了各学科普通高中课程标准;2022 年 4 月,教育部又颁布了各学科义务教育课程标准。最新的课程标准中都将"核心素养"作为基础教育的重要育人目标,并成为我国中小学美术教育改革的最新趋势与主流。

本章,我们将对这 20 多年来的中小学美术课程改革作一番回顾和梳理。

第一节

21 世纪以来我国中小学美术课程改革

一、我国中小学美术课程改革起始与发展阶段

　　1999 年 6 月，中共中央、国务院颁布《关于深化教育改革全面推进素质教育的决定》，召开第三次全国教育工作会议，提出"调整改革课程体系、结构、内容，建立新的基础教育课程体系"，发出了基础教育课程改革的动员令。

　　2001 年 5 月，《国务院关于基础教育改革与发展的决定》进一步明确了"加快构建符合素质教育要求的新的基础教育课程体系"的任务。于是，我国新一轮基础教育课程改革在世纪之交启动。经过充分酝酿和研究，教育部于同年 6 月制定了《基础教育课程改革纲要（试行）》，提出了基础教育课程改革六个方面的具体目标：①

　　● 改变课程过于注重知识传授的倾向，强调形成积极主动的学习态度，使获得基础知识与基本技能的过程同时成为学会学习和形成正确价值观的过程。

　　● 改变课程结构过于强调学科本位、科目过多和缺乏整合的现状，整体设置九年一贯的课程门类和课时比例，设置综合课程，以适应不同地区和学生发展的需求，体现课程结构的均衡性、综合性和选择性。

　　● 改变课程内容"难、繁、偏、旧"和过于注重书本知识的现状，加强课程内容与学生生活以及现代社会科技发展的联系，关注学生的学习兴趣和经

---

① 教育部基础教育司.走进新课程：与课程实施者对话［M］.北京：北京师范大学出版社，2002：253－254.

验,精选终身学习必备的基础知识和技能。

● 改变课程实施过于强调接受学习、死记硬背、机械训练的现状,倡导学生主动参与、乐于探究、勤于动手,培养学生搜集和处理信息的能力、获取新知识的能力、分析和解决问题的能力,以及交流与合作的能力。

● 改变课程评价过分强调甄别与选拔的功能,发挥评价促进学生发展,教师提高和改进教学实践的功能。

● 改变课程管理过于集中的状况,实行国家、地方、学校三级课程管理,增强课程对地方、学校及学生的适应性。

这个"纲要"正是指导本次课程改革的纲领性文件。在此"纲要"的引领下,围绕构建新课程体系的目标,教育部还组织各学科专家研制新课程方案、新课程标准,组织编写新的教材。

(一)《全日制义务教育美术课程标准(实验稿)》颁布

2000 年 4 月,美术课程标准(实验稿)研制组成立,组长和负责人由首都师范大学尹少淳教授担任。研制组的成员有来自高等师范院校的美术教育研究者、地方美术教研员或美术教育管理者、出版社编辑、中小学美术特级教师,共计 21 人(见图 1-1)。

图 1-1　2000 年 12 月,美术课程标准研制组部分成员在北京潭柘寺留影

美术课程标准(实验稿)研制组在调研、深入研讨的基础上,对一些主要国家或地区(如美国、英国、法国、日本,以及中国台湾、中国香港等)的美术或视觉艺术课程标

准进行了比较与分析。这使得课程标准研制既具有国际视野，又兼顾中国本土教育的现实状况，为研制工作奠定了坚实的理论和现实基础。课程标准初稿完成之后，美术课程标准研制组还在全国多地广泛征求意见，北京师范大学等高校的学科专家也对课程标准进行了评审。2001 年 7 月，教育部正式颁布了《全日制义务教育美术课程标准（实验稿）》（以下简称"2001 年版义教美术课标"，见图 1－2），成为中国基础美术教育历史上的一份标志性文本，掀开了 21 世纪学校美术课程教学改革的新篇章。

图 1－2 《全日制义务教育美术课程标准（实验稿）》

"2001 年版义教美术课标"与 2001 年之前的美术教学大纲相比，具有如下几方面的特点：①

1. 以往的美术教学大纲往往把美术学科看作技能学科，而"2001 年版义教美术课标"把美术学科作为人文学科来看待，强调运用美术的形式传递情感和思想；通过美术课程的学习，使学生了解人类社会的文化资源，积极参与文化的传承，并为文化的发展作出自己的贡献。

2. 以往的美术教学大纲的学习内容是以美术的门类来划分的，如绘画、工艺、欣赏。这样的划分显然是强调学科中心，关注美术专业知识和技能的学习。而"2001 年版义教美术课标"从促进学生素质发展的角度，根据美术学习活动的方式来划分学习领域，如"造型·表现""设计·应用""欣赏·评

① 教育部基础教育课程教材专家工作委员会.义务教育美术课程标准（2011 年版）解读［M］.北京：北京师范大学出版社，2012：17.

述""综合·探索",这样就从根本上改变了单纯以学科知识体系构建课程的思路和方法。

3. "2001年版义教美术课标"还加强学习活动的综合性和探索性,尤其是"综合·探索"领域,更是强调美术学习领域之间、美术与其他学科、美术与现实社会等方面综合的活动,旨在发展学生的综合实践能力和探究能力。

4. 以往的美术课所学内容往往脱离学生的生活经验,难以激发学生学习的兴趣,而"2001年版义教美术课标"则注重美术课程与学生生活经验的联系,强调知识和技能在帮助学生美化生活方面的作用,使学生在实际生活中领悟美术的独特价值。

5. 在学习方式上,以往教师是权威,是传授知识的主导者,"2001年版义教美术课标"则强调学生的主体地位,提倡探究性的学习,以及自主性和合作性的学习,改变教师是课堂教学唯一主角的现象,提倡师生间的平等关系。

6. 在评价方面,以往只有教师对学生的作品进行评价,"2001年版义教美术课标"则鼓励学生自评、互评;注重对学生美术活动表现的评价;提倡采用多种方式评价学生的美术作业。

2004年至2005年,在完成一轮课程实验之后,按教育部的统一部署,美术课程标准研制组对"2001年版义教美术课标"进行了第一次修订。这次修订强调了中国传统美术和民间美术方面的学习内容,增强了知识与技能学习的具体性和规定性。

2007年,教育部要求对"2001年版义教美术课标"再次进行修订。这次修订包括:突出学科特点;表述更为理性;适当强调学科的基础知识与技能;对相关学习领域,如"设计·应用"和"欣赏·评述"做了较大幅度的调整;适应社会需求,渗透环境意识和生命意识。[①]

在当时的课程理念的指导下,中小学美术教学也在发生变化。首先,在教学设计中,教师开始把"知识与技能、过程与方法、情感态度和价值观"(即俗称的"三维目标")作为教学目标,试图使学生不仅学习美术知识和技能,更重要的是学会学习,体验美术活动的乐趣,形成对美术学习的持久兴趣,进而激发创造精神、创新意识,陶冶

① 尹少淳,光明行:《义务教育美术课程标准(实验稿)》实验十年[J].基础教育课程,2011(7-8):102.

高尚的审美情操,形成正确的价值观。

其次,教师开始认识到美术学科不单纯是一门技能学科,而是一门具有"人文性"的学科,即"通过美术教育,可以有效地形成和发展学生的人文意识"①。基于此,"2001 年版义教美术课标"中提出"课程资源的开发与利用"的理念,教师开始利用当地的民族、民间美术资源开展美术教育,以此弘扬民族文化精神。

再次,课堂中学生的学习方式也在发生变化,自主学习、合作学习与探究学习成为教学过程中不可或缺的部分。传统教学中教师"满堂灌"式的授课方式得到极大改变,教学中更加注重引导学生主动地进行探索和发现,学生在美术学习过程中团队的协作精神也得到进一步的重视。

(二)《普通高中美术课程标准(实验)》颁布

2001 年 10 月,普通高中美术课程标准研制组成立,组长由首都师范大学尹少淳教授担任,组员是参与研制"2001 年版义教美术课标"的专家、学者,共计 21 人。经过一年多的研究、讨论和撰写,2003 年 4 月,教育部正式颁布《普通高中美术课程标准(实验)》(以下简称"2003 年版高中美术课标",见图 1-3)。现在来看,两份课标虽然指向的学段和学习对象不同,但在整体的教育观念、课程理念等方面是趋同甚至可以说是一致的。

图 1-3 《普通高中美术课程标准(实验)》

---

① 教育部基础教育司.全日制义务教育美术课程标准(实验稿)解读[M].北京:北京师范大学出版社,2002:16.

"2003 年版高中美术课标"的主要特点表现在：

1. 中华人民共和国成立之后，直到 1997 年教育部根据《全日制普通高级中学课程计划（试验）》制订了《全日制普通高级中学艺术欣赏课教学大纲（初审稿）》，普通高中才开始开设"音乐欣赏课"和"美术欣赏课"。"2003 年版高中美术课标"在课程内容上极大地拓宽、丰富了美术课程内容，设置了"五大系列、九大模块"的课程。所谓"五大系列"是指美术鉴赏、绘画·雕塑、设计·工艺、书法·篆刻、现代媒体艺术等五个内容系列，所谓"九大模块"是指美术鉴赏、绘画、雕塑、设计、工艺、书法、篆刻、摄影/摄像、电脑绘画/电脑设计等九个模块内容，这为不同兴趣和专长的高中学生提供了进一步发展的平台。

2. 从课程管理来看，首先，"2003 年版高中美术课标"倡导实施学分管理，通过设定必修学分，让每个学生都能达到基本的美术学习要求，在义务教育美术课程学习的基础上进一步提高美术素养。比如，选择一个模块，修习 18 学时可获得 1 个学分，每个学生必须修习美术课程 54 学时，以获得规定的 3 个基本学分。其次，尽可能尊重学生的自主选择，但原则上以修习 1 个学分作为继续选修和转换学习内容的基本单位。为此，建议 3 个学分中可以先选修"美术鉴赏"获得 1 个学分，再在其他内容系列中任意选修两个模块内容获得另外 2 个学分。

3. 从教学建议来看，"2003 年版高中美术课标"强调培养学生的美术实践能力，通过各种美术活动引导学生动手实践，在美术活动中提高构思、创意、造型、表现、设计和工艺制作的能力。强调在美术教学的全过程中，贯穿艺术观念和美术语言的学习和运用。教师要引导学生关注艺术观念的发展、变化及其与创作实践的关系；鼓励学生在美术鉴赏、技法练习和创作实践中，运用美术术语思考、交流、讨论，加深对美术术语的理解，提高运用能力。

4. 从评价建议来看，提倡多主体评价。采用学生自评、互评以及教师和家长对学生评价等方式，尤其应注重学生的自我评价。提倡运用观察、记录、访谈、录像、录音、摄影等方式收集学生学习表现情况的信息，对学生在参与美术学习过程中的综合表现进行评价。提倡采用多种评价方式评价学生的美术作业,包括分数或等级、评语、等级与评语相结合、座谈、学生作品展示等,充分肯定学生的进步和发展,明确需要克服的弱点与发展方向。

总之,"2003 年版高中美术课标"提供给学生更多课程选择的机会,也为其未来的职业发展奠定了学科基础。因此,"2003 年版高中美术课标"在我国美术教育史上是具有里程碑意义的。

(三)《义务教育美术课程标准(2011 年版)》修订和颁布

2007 年 4 月,教育部召开义务教育课程标准修订工作启动会议。与此同时,美术课程标准修订工作组成立。修订工作组由中央美术学院院长潘公凯教授,中央美术学院党委书记杨力研究员,首都师范大学美术学院、原美术课程标准研制组组长尹少淳教授担任召集人,以及其他美术学科专家、学者共 10 人组成。

2007 年 4 月至 6 月,修订工作组对"2001 年版义教美术课标"实验情况,分别在北京市海淀区、延庆县(现延庆区),以及江苏省南京市、浙江省杭州市、云南省大理白族自治州剑川县(针对白族、纳西族、傣族、基诺族、藏族美术教师征求意见)进行调研。修订工作组全体成员还专程赴重庆市忠县、梁平县(现梁平区)进行调研。还在中央美术学院召开新课程改革中编写实验教材各编写组的征求意见会。

2007 年 7 月至 2011 年 2 月,修订工作组在调研基础上,对"2001 年版义教美术课标"进行了多次修改(见图 1-4、图 1-5)。2012 年 1 月,教育部正式颁布《义务教育美术课程标准(2011 年版)》(以下简称"2011 年版义教美术课标",见图 1-6)。

与此同时,教育部于 2010 年 7 月召开了 21 世纪以来的第一次全国教育工作会议,正式颁布了《国家中长期教育改革和发展规划纲要(2010—2020 年)》,为未来十年的教育改革提供了一个新的"蓝图"。

图 1-4 2007 年 9 月 21 日,修订工作组在中央美术学院修订义务教育美术课程标准

图 1-5 2010 年 8 月 24 日,修订工作组在中央美术学院修订义务教育美术课程标准

图 1-6 《义务教育美术课程标准(2011 年版)》

"2011 年版义教美术课标"修订的整体思路：①

1. 保持原有的基本理念和学习领域，以调整、充实和完善为主，不进行大的改动。

2. 以学生的发展和教师的教学实际作为修订工作的起点。

3. 追求国际水平与体现中国特色相结合。

4. 力争美术本体与教育功能相平衡。

5. 以科学理性的态度进行文本表述。

6. 追求文本精致，突出可理解性。

总之，此次修订沿用了"2001 年版义教美术课标"的精神和主要内容，是在前一版本基础上的微调和补充，不涉及大的调整和变化。这也使得课程改革的成果得以延续，也便于教师进一步理解和接受。

"2011 年版义教美术课标"主要修订之处：

1. 在课程性质中，除强调美术课程具有"人文性"外，还增加了"视觉性、实践性、愉悦性"，使美术课程的学科特质得到进一步凸显。

2. 在课程基本理念中，将"使学生形成基本的美术素养"一条，改为"面向全体学生"，强调"每个学生都具有学习美术的潜能，能在他们不同的潜质上获得不同程度的发展"。

3. 在"综合·探索"领域中，除仍强调"寻找美术各门类、美术与其他学科、美术与现实社会之间的连接点"外，还提出要设计出"丰富多彩并突出美术学科特点"的课程内容，强化了美术学科本体的作用。

4. 在教学和实施建议中，更加具有灵活性，避免"一刀切"。如鼓励农村、边远和少数民族地区开发有特色的课程，做到"因地制宜、因时而宜"等。

---

① 尹少淳，段鹏.新版课程标准解析与教学指导　美术［M］.北京：北京师范大学出版社，2012：10 - 11.

"2011年版义教美术课标"的颁布和实施标志着我国基础美术教育改革进入深入发展期。课程改革初期一些"矫枉过正"或"过犹不及"的情况得以改正,课程改革愈来愈呈现出常态化或稳定化的趋势。

总之,从2001年到2011年的这十年间,我国中小学美术教育,无论在教科书编写、课程资源开发与利用、美术教育科研,还是在美术课堂的教与学等方面,都取得了显著的成效,一大批课程改革实验点和实验学校、有新思路的优秀美术教学名师不断地涌现和成长起来,其主要表现在如下几方面①:

1. 美术教科书的编写有了新的突破。其学习内容有了很大拓展,并注重从学生生活经验出发编排教材。同时,教科书所倡导的美术学习注重培养学生的合作、探究等多种能力,且注重适当程度的跨学科性或"跨界"。此外,中华民族传统文化在教科书中得到广泛渗透。

2. 美术学科的教与学有了新的变化。新课程改革以来,各地通过各种途径对教师进行培训,教师据此不断更新教学观念。教师的教学设计注重"三维目标"的传达,自主、探究、合作的学习方式也日渐成为常态。

3. 课程资源的开发与利用有了新的起色。课改以来,各地在实验过程中非常重视收集、整理、提炼本地区有特色的地方文化资源,弘扬传统文化。民族民间美术成为教学的重要组成部分,培养了学生对乡土文化的关注,形成了文化自信或自觉。

4. 美术教育科研展现出新的气象。由于新课改倡导探究式的学习方式,这也自然而然地对教育科研产生了积极影响。围绕新课程新教学,有追求的美术教师积极尝试各级各类课题研究,这为课堂领域的教学创新提供了持久的动力。

当然,在新课程实验过程中,由于我国地域广阔,不同地区现实及教育资源有强有弱,教师的需求也不一,故在实验过程中亦不可避免地会碰到一些现实的困难或问题。

---

① 教育部基础教育课程教材专家工作委员会.义务教育美术课程标准(2011年版)解读[M].北京:北京师范大学出版社,2012:24-33.

二、我国中小学美术课程凝练出核心素养阶段

2014 年 3 月,我国教育部发布的《关于全面深化课程改革　落实立德树人根本任务的意见》,文件中首次出现"核心素养"一词。2016 年 9 月,北京师范大学林崇德教授课题组正式发布了《中国学生发展核心素养》报告。在报告中,"学生发展核心素养"被正式界定为"学生应具备的,能够适应终身发展和社会发展需要的必备品格和关键能力"。在该研究的整体框架中,中国学生发展核心素养以"全面发展的人"为核心,分为"文化基础、自主发展、社会参与"三个方面,综合表现为"人文底蕴、科学精神、学会学习、健康生活、责任担当、实践创新"六大素养。自此,凝练中小学各学科的"核心素养"已成为这阶段的重要特征。

(一)《普通高中美术课程标准(2017 年版 2020 年修订)》颁布

2014 年 12 月,我国新一轮普通高中课程标准修订工作正式启动。高中美术课程标准修订组组长是奚传绩教授和尹少淳教授,成员有美术学科专家、美术教育学者和美术教研员,共计 12 人。

经过课标修订组全体成员两年多的努力,2018 年 1 月,教育部正式颁布《普通高中美术课程标准(2017 年版)》(见图 1-7 至图 1-9)。2020 年,课标修订组根据教育部的统一安排,在《普通高中美术课程标准(2017 年版)》的"前言"中增加了 2018 年 9 月习近平总书记在全国教育大会上的重要讲话精神,成为《普通高中美术课程标准(2017 年版 2020 年修订)》(以下简称"2017 年版高中美术课标")。

"2017 年版高中美术课标"的主要特点:

1. 基于学科本质凝练出美术学科的五大核心素养,即图像识读、美术表现、审美判断、创意实践、文化理解。

2. 研制了学业质量标准。学业质量是学生在完成本学科课程学习后的学业成就表现。学业质量标准是以本学科核心素养及其表现水平为主要维

度,结合课程内容,对学生学业成就表现的总体刻画。

3. 按照美术门类将学习内容划分为美术鉴赏、绘画、中国书画、雕塑、设计、工艺和现代媒体艺术七个学习模块。其中,将"2003 年版高中美术课标"中的"电脑绘画/电脑设计""摄影/摄像"整合为"现代媒体艺术",将"书画""篆刻"与原先属于绘画门类中的"中国画",整合为"中国书画"。

4. 采用必修课程、选择性必修课程与选修课程相结合的课程组织形式,增强课程的选择性。其中选修课程是根据学生需求与升学考试要求设置的课程。

5. 课程内容有机融入社会主义核心价值观以及中华优秀传统文化、革命文化和社会主义先进文化教育内容。

图 1-7　2015 年 1 月 5 日,高中美术课程标准修订会议在广州大学
美术与设计学院召开,组长奚传绩教授和尹少淳教授

图 1-8　2015 年 1 月 14 日下午,高中美术课程标准修订组在北京
国家教育行政学院相伯厅讨论高中美术学科核心素养

图 1-9　2016 年 5 月 26 日,高中美术课程标准修订组与
杨向东教授在北京远望楼宾馆合影

　　总之,"2017 年版高中美术课标"是在习近平新时代中国特色社会主义背景下启动修订的,体现了国家"立德树人"及"树立社会主义核心价值观"的育人目标。"2017 年版高中美术课标"一经颁布,在美术教育界立刻引起了巨大反响,学界纷纷思考和探讨"何谓核心素养""如何在课堂教学中落实核心素养"等问题。

(二)《义务教育艺术课程标准(2022 年版)》颁布

　　伴随着"核心素养"理念的广泛传播,2019 年 1 月始,教育部组织的中小学各学科课程标准修订工作也正式启动。此次艺术课程标准组由北京大学彭吉象教授、北京电影学院胡智锋教授担任组长和临时召集人。音乐学科组长是中国音乐学院刘沛教授和湖南师范大学郭声健教授。美术学科组长是首都师范大学尹少淳教授和中央美术学院乔晓光教授。整个艺术课程标准组成员有音乐、美术、戏剧、舞蹈、影视等高校学科专家、教育专家和省市教研员、学科秘书,共计 45 人(见图 1-10)。

图 1-10　2019 年 1 月 3 日晚,义务教育艺术课程标准美术学科
修订组全体成员在北京会议中心会议室合影

经过三年多的辛勤工作,艺术课程标准组终于完成了义务教育艺术课程标准的修订工作。2022 年 4 月 21 日,教育部召开新闻发布会,向全社会发布了新的《义务教育课程方案》和各学科课程标准。其中,《义务教育艺术课程标准(2022 年版)》(以下简称"2022 年版艺术课标",见图 1 - 11)的主要特点是:

1. 将中华人民共和国成立多年来一直沿袭至今的音乐与美术学科,统一整合到"艺术"这一门课程之中,并且加入了"新三科",即舞蹈、戏剧(含戏曲)、影视(含数字媒体艺术),形成一本"2022 年版艺术课标"。

2. "2022 年版艺术课标"采用"合分合"的框架结构。即课程性质、课程理念、课程目标中的"核心素养"和总目标是五门学科合用的,而学段目标、课程内容、学业质量是按照音乐、美术、舞蹈、戏剧(含戏曲)、影视(含数字媒体艺术)学科各自的特点,分别研制表述。课程实施中的教学建议、评价建议、教材编写建议、课程资源开发和利用、教师培训与教学研究则是五门学科合用。这种框架结构既考虑艺术各学科的共性,又兼顾各学科的个性,确保了艺术课程标准在中小学艺术教学中能得到很好的实施和落实。

3. "2022 年版艺术课标"要培养的核心素养主要包括审美感知、艺术表现、创意实践、文化理解,这 4 个核心素养相辅相成,相得益彰,贯穿艺术学习的全过程。其中,审美感知是艺术学习的基础,艺术表现是学生参与艺术活动的必备能力,创意实践是学生创新意识和创造能力的集中体现,文化理解则以正确的价值观引领审美感知、艺术实践和创意实践。

4. 适应学生发展,分段设计课程。遵循艺术学习规律,体现学生身心发展阶段性、连续性的特点,将义务教育艺术课程分阶段设置:第一个阶段(1 至 2 年级)以艺术综合为主,包括唱游·音乐和造型·美术,同时有机融入舞蹈、戏剧(含戏曲)、影视(含数字媒体艺术)的内容,体现从幼儿园综合活动到小学分段课程的过渡与衔接;第二阶段(3 至 7 年级)以音乐和美术为主,有机融入姊妹艺术,为学生掌握较为全面的艺术基础知识和基本技能奠定基础;第三阶段(8 至 9 年级)开设艺术选项,帮助学生掌握 1～2 项艺术特长,与高中模块化教学相衔接。

图 1-11　《义务教育艺术课程标准(2022 年版)》

总之,"2022 年版艺术课标"遵循习近平总书记的重要指示和"为谁培养人,培养什么人,怎样培养人"这一教育根本原则,通过美育和艺术教育以美育人、以美化人、立德树人,提高中小学生的审美和人文素养。因此,"2022 年版艺术课标"在我国中小学艺术教育史上前所未有的重大变化,是具有里程碑意义的。

三、我国中小学美术课程改革的动因与规律

中国基础美术教育领域的课程改革,有其内在发展动因与规律。对其进行梳理和深入认识,可以为我们提供一个理解学校美术教育的"透镜",从而更好地应对未来美术教育的革新。

21 世纪初至今,学校美术课程改革和实践面临着如下几个方面的挑战:

(一) 人工智能技术日新月异

当今,世界科技日新月异,新的事物层出不穷。自 2022 年 11 月 30 日,美国智能实验室 OpenAI 正式推出 ChatGPT 之后,2024 年 2 月 16 日凌晨,OpenAI 又发布文本转视频平台 Sora。ChatGPT 是人工智能技术驱动的自然语言处理工具,它能够基

于在预训练阶段所见的模式和统计规律来生成回答,还能根据聊天的上下文进行互动,真正像人类一样交流,甚至能完成撰写邮件、视频脚本、文案、译文、代码、论文等任务。Sora 模型的强大之处是可以根据用户文本的描述,生成长达 30 秒连贯流畅的视频,将角色的生动性以及场景的复杂性展示得淋漓尽致。由此可见,AI 人工智能的进步一次又一次地刷新了人们的认知。

AI 的革新进化,意味着人类将进入超级学习阶段,教育的逻辑因此而改变,旧有的传统职业亦面临着不断被淘汰的危险。因此,面对一个"不确定性、复杂性、多变性"的社会,学校教育需要为学生应对各种危机与问题提供准备,为培养"运用知识和技能解决问题"能力或素养奠定基础。正如麻省理工学院院长哥顿·布朗所说:"要当一名教师,首先要做一个预言家,你的教育不是为了今天,而是要为学生们想象不到的未来做准备。"①

(二)创新意识和创造能力的培养

创新是推动社会进步和科技发展的关键,创新也是国家发展的根本动力。当下,各行各业都极需具有创新意识和创造能力之专门人才,这在人工智能、医疗、教育、智慧化生成等多个方面都表现明显。以教育为例,许多教育科技公司通过引入人工智能、大数据等先进技术,开发出了更加智能化、个性化的教育产品和服务,为学生提供了更加优质的教育资源和学习体验。

对此,如何在基础教育阶段就培养与之匹配的专门人才,是中国中小学教育面对的一大调整,中小学美术教育也概莫能外。传统美术教学中"机械训练、死记硬背"的方式已经远不适合当下素养本位的教育及课程改革,学校美术课程改革和实践也亟须不断变革其课程内容、教学方式与方法。

(三)美术学科自身的演进和发展

"美术教育"是一个合成概念,美术学科自身的变化与发展一定会影响到美术教育的内涵和外延。

---

① 齐林泉.世界管理学大师彼得·圣吉畅谈系统思考与未来教育——教育要为想象不到的未来做准备[J].红蕾·教育文摘(下旬),2017(7):6-9.

"美术自身发生的变化对美术教育的影响来自两个方面:一是美术在内容、形式、材料方面的变化;二是人们对美术本质和内容以及变化的认识"①。以艺术的最新发展"当代艺术"为例(如徐冰的《天书》《地书》《新英文书法》和蔡国强的"火药"系列艺术作品等),其更新了我们对艺术表现内容、方式、方法的认识,艺术家多凭借视觉和造型的手段介入生活与社会,通过艺术表达自己的观念和想法。此间,艺术在现成品的使用、公共空间的参与和介入等方面都和传统的"国、油、版、雕"等艺术形式极为不同。除当代艺术之外,以 AI 为技术手段的各种新形式的艺术亦层出不穷(如虚拟现实艺术、数字绘画、生物雕塑等),这些都给学校美术教育的课程内容和方法带来了新的挑战。

(四) 新的教育观念不断涌现

美术教育属于学科教育之范畴,其课程观念、教学内容、教学方式方法与教学评价等,都离不开上位教育学研究的引领,教学观念的不断更新也势必会在美术课堂教学中有所体现。当下,我国美术教育又开始了新一拨的课程与教学探索,例如,"追求理解的教学设计""概念为本的课程学习""项目化学习""深度学习"等,这些都在不断影响着一线美术课程教学。对此,教学实践和管理也需要与时俱进,既要放眼国际教育大趋势,也要找到本土美术教育的实践之路。

纵观中国基础美术教育的整体发展,其所呈现的规律大致可以从如下几个方面进行表述:

第一,从"学科为本"到"育人为本"。

传统美术教育更多是着眼于"双基"(基础知识和基本技能),注重的是美术学科本体内容在课堂教学中的传递。21 世纪伊始至今的课程改革,"三维目标""核心素养"等为我们呈现了教学中的另一种可能性——美术课在发展学生感知能力、形象思维能力、创新精神和技术意识的同时,在大的社会生活方面也积极引导学生参与文化的传承和交流,培植人文精神和人文底蕴。教学上这是一种大的"转向",我们可以将其概括为从"学科为本"到"育人为本",进一步贴合了基础教育的本质,即从"育人"的角度来考虑学科教学内容、方式和方法。

第二,课程内容逐渐丰富,选择性强。

对于任何时期的课程改革和教学实践来说,在课程结构与内容上不断丰富和完

---

① 尹少淳.美术及其教育[M].长沙:湖南美术出版社,1995:25.

善非常重要。2001 年至今的中国学校基础美术教育,在这方面的成效是有目共睹的。若干要点如下:

● 义务教育阶段美术课程教学愈发强调综合性学习,引导学生从跨界的角度关注美术领域内部、美术与其他学科的关系、美术与社会生活的结合。

● 高中阶段,2003 年提出的"五大系列、九大模块"为学生提供了丰富的课程选择。

● "2017 年版高中美术课标"中"中国书画"模块第一次提出,强化了学生对中国传统文化艺术的感知、学习、体验、实践。

● "2022 年版艺术课标"中给出了美术课程的 16 项具体学习内容和 20 项分学段设置的学习任务。这些都体现了中小学美术课程内容设置"与时俱进"的特质。

第三,教学和评价方式实现转型。

近二十年的美术教学新课程实验和推广,不断催生了新的教学与评价方式:

● 美术课程的综合性、实践性为学生提供了更为广泛的美术学习空间,"学以致用"的学习方式得到重视和强调。

● 自主、合作、探究学习方式的运用,强化了学生美术学习的主体性,学生有了更多感悟身边的美术现象和美术作品的机会。

● 评价方面,更为重视学生学习能力、态度、情感和价值观等多方面的内容,评价不仅针对学生的"作品",而且指向学生的美术学习过程,即由"结果性评价"走向"发展性或形成性评价";自评、互评、他评开始在美术课堂上被广泛运用;美术学习档案袋、展示和课堂讨论等质性评价方式也成为评价的重要手段。

第四,核心素养本位的美术教学成为趋势和主流。

中国基础学校美术教育自 2015 年始正式进入"核心素养时期",无论是高中美术学科核心素养还是义务教育艺术课程的核心素养,其均强化和凸显了美术学科的育人价值，"立德树人"之教育根本任务得以有效贯彻和实施，"以美育人、以美化人、以美润心、以美培元"成为中小学美术教育教学的共同追求。在核心素养的目标导向下，教学的方式方法愈发多元化，为核心素养本位的美术教学提供了具体的内容支持，使之能够很好地落地实践。

第五，丰富的教育理念促进课程教学改革的深化。

中国学校美术教育确实从教育科学领域的宏观研究方面受益颇多，丰富的教育理念也促进了课堂美术教学异常多元化的实践。现今特别提倡和流行的深度学习、项目化学习、"大概念"教学、主题单元式教学、问题式学习、批判性思维教学、STEAM教学，等等，这些都为一线教育研究者、美术教研和美术教师提供了新的发展原动力。

第二节

中国教育现代化 2035 及学科表达

一、21 世纪以来我国颁发的有关学校美育和艺术教育的重要文件

进入 21 世纪,特别是党的十八大以来,国家颁发了一系列有关学校美育和艺术教育的重要文件,促进了我国艺术教育持续不断地发展。可以这么说,当前是我国历史上最重视美育和艺术教育的时期。以下将这一时期有关学校美育和艺术教育的重要文件作一简单梳理。

(一) 1999 年至 2012 年的代表性政策文件

1999 年,《中共中央国务院关于深化教育改革全面推进素质教育的决定》正式公布,提出教育需要"以提高国民素质为根本宗旨""实施素质教育,必须把德育、智育、体育、美育等有机地统一在教育活动的各个环节中"。文件指出"要尽快改变学校美育工作薄弱的状况,将美育融入学校教育全过程。"该文件不仅正式拉开了 21 世纪教育改革序幕,同时也让美育成为素质教育的一部分而得到重视。

2001 年,《国务院关于基础教育改革与发展的决定》颁布,随后教育部印发《基础教育课程改革纲要(试行)》,决定"大力推进基础教育课程改革,调整和改革基础教育的课程体系、结构、内容,构建符合素质教育要求的新的基础教育课程体系",其中对课程改革目标、课程结构、课程标准、教学过程、教材开发与管理、课程评价等的要求均构成了"2001 年版义教美术课标"研制的重要依据。

2002 年,教育部颁布《学校艺术教育工作规程》,强调:"艺术教育是学校实施美育的重要途径和内容，是素质教育的有机组成部分"，并明确指出"各级各类学校应当加强艺术类课程教学，按照国家的规定和要求开齐艺术课程"。总体上看，该文件旨在全面推进学校艺术教育工作，促进学生全面发展。

2008 年，《教育部关于进一步加强中小学艺术教育的意见》中，既肯定了国家艺术教育的成绩，"随着我国基础教育水平的不断提高和素质教育的全面推进，中小学校艺术教育有了较快发展，艺术教师队伍严重不足的状况有所缓解，艺术教育教学质量逐步提高，课外艺术教育活动普遍开展，中小学生的审美素质得到提升"，同时也指出了问题所在，"从我国基础教育发展的整体水平来看，艺术教育仍然是学校教育中的薄弱环节。一些地方和学校没有把艺术教育摆上应有的位置，艺术课程开课率不足、活动形式单一、教师短缺、资源匮乏等情况不同程度存在着。艺术教育的滞后，制约了基础教育的均衡发展和素质教育的全面推进"。

总之，从这一时期国家颁布的有关教育、美育和艺术教育的文件来看，在素质教育的大背景下，学校美育开始得到重视，艺术教育作为学校实施美育的重要途径和内容，也随之得到了重视。

（二）2012 年至 2023 年的代表性政策文件

2013 年，十八届三中全会通过的《中共中央关于全面深化改革若干重大问题的决定》中，明确提出"改进美育教学，提高学生审美和人文素养"，规定了美育及相关课程教学要实现的目标和内容。

2014 年，教育部发布《教育部关于推进学校艺术教育发展的若干意见》，其目的在于贯彻党的十八大和十八届三中全会精神，落实教育规划纲要，全面贯彻党的教育方针，实施素质教育。该文件强调："明确思路目标，落实立德树人根本任务""抓住重点环节，统筹推进学校艺术教育""建立评价制度，促进艺术教育规范发展""加强组织领导，完善艺术教育保障机制"，为学校艺术教育进一步发展勾画了要点。

2015 年 9 月，国务院办公厅发布《国务院办公厅关于全面加强和改进学校美育工作的意见》，这是中华人民共和国成立以来第一个由国务院办公厅颁发的美育文件，贯彻了习近平总书记于 2014 年主持召开文艺工作座谈会讲话的相关精神。该文件开篇指出，"美育是审美教育，也是情操教育和心灵教育，不仅能提升人的审美素养，还能潜移默化地影响人的情感、趣味、气质、胸襟，激励人的精神，温润人的心灵"，明确指出了美育的内涵、宗旨、价值和意义。此外,该文件还对加强和改进学校美育工作的指导思想、基本原则、总体目标和政策措施作了部署安排。

在国务院办公厅文件精神的指示下,2015 年,教育部正式颁布《中小学生艺术素质测评办法》《中小学校艺术教育工作自评办法》《中小学校艺术教育发展年度报告办法》,要求对中小学生艺术素质进行测评,测评结果纳入中小学生综合素质档案,初中和高中阶段学生测评结果作为学生综合素质评价的重要内容。从上述系列文件的颁布看,艺术素质测评和美育质量标准的相关研究既是推进美育发展的有力抓手,又是提高美育科学化、常态化的必然措施。

2015 年,教育部在天津召开了全国学校艺术教育工作会议。会上,时任教育部部长袁贵仁指出:美育是心灵的教育,是提升一个人、一个学校、一个社会基本素质的重要途径,并提出要以强烈的责任感使命感,以更加自觉的行动、更加有力的措施,加快推动学校美育工作明显改观。会议还强调要积极建构科学的美育课程体系,要建立评价制度,促进学校美育科学发展,要建设一批学校美育改革实践基地,开展中小学生艺术素质测评,建立中小学校艺术教育工作自评公示制度和学校艺术教育发展年度报告制度。

2018 年 8 月 30 日,在中央美术学院百年校庆和教师节到来之际,习近平总书记给中央美术学院周令钊等 8 位老教授(周令钊、戴泽、伍必端、詹建俊、闻立鹏、靳尚谊、邵大箴、薛永年)回信。习近平总书记在回信中指出,"美术教育是美育的重要组成部分,对塑造美好心灵具有重要作用""做好美育工作,要坚持立德树人,扎根时代生活,遵循美育特点,弘扬中华美育精神,让祖国青年一代身心都健康成长"。习总书记的回信,对普通中小学校的美术教育也是具有重要的导向作用和激励意义的。

2018 年 9 月 10 日,习近平总书记在全国教育大会上强调"要全面加强和改进学校美育,坚持以美育人、以文化人,提高学生审美和人文素养",进一步明确了学校美育的目的与方向。

此外,近几年来,我国还出台了一系列教育类相关文件,如《中共中央、国务院关于深化教育教学改革全面提高义务教育质量的意见》(2019 年 6 月)、《教育部关于加强和改进新时代基础教育教研工作的意见》(教基〔2019〕14 号)、《教育信息化 2.0 行动计划》(教育部印发,2018 年 4 月)等,这些都为未来学校教育、美术教育给出了具体方向、指导意见和要求。

2023 年 12 月,教育部印发《教育部关于全面实施学校美育浸润行动的通知》

（见图 1-12），此文件为未来很长一段时间的学校美育指明了方向。其主要的工作举措涉及如下八个方面：美育教学改革深化行动，教师美育素养提升行动，艺术实践活动普及行动，校园美育文化营造行动，美育评价机制优化行动，乡村美育提质发展行动，美育智慧教育赋能行动，社会美育资源整合行动。这些从不同方面为"以美育浸润学生，全面提升学生文化理解、审美感知、艺术表现、创意实践等核心素养"任务和目标的达成提供了切实的路径和方向指引，也从管理机制等方面为学校美育的推进与实施提供了保障。

教 育 部 文 件

教体艺〔2023〕5 号

教育部关于全面实施学校
美育浸润行动的通知

各省、自治区、直辖市教育厅（教委），新疆生产建设兵团教育局，部属各高等学校、部省合建各高等学校：

为深入学习贯彻党的二十大精神，进一步加强学校美育工作，强化学校美育的育人功能，教育部决定全面实施学校美育浸润行动。现将有关事项通知如下。

一、指导思想

以习近平新时代中国特色社会主义思想为指导，全面贯彻党的教育方针，落实立德树人根本任务，大力发展素质教育，以社会主义核心价值观为引领，弘扬中华美育精神，坚定文化自信，以浸润作为美育工作的目标和路径，将美育融入教育教学活动各环节，潜移默化地彰显育人实效，实现提升审美素养、陶冶情操、

—1—

图 1-12 《教育部关于全面实施学校美育浸润行动的通知》

总之，自党的十八大以来，以习近平同志为核心的党中央对加强美育提高到前所未有的高度，通过一系列的文件和政策，推动了美育的发展，与此同时，学校艺术教育也得到了高度重视。

延伸阅读

开设丰富优质的美育课程。学校美育课程主要包括音乐、美术、舞蹈、戏剧、戏曲、影视等。各级各类学校要按照课程设置方案和课程标准、教学指导纲要，逐步开齐开足上好美育课程。义务教育阶段学校在开设音乐、美术课程的基础上，有条件的要增设舞蹈、戏剧、戏曲等地方课程。普通高中在开设音乐、美术课程的基础上，要创造条件开设舞蹈、戏剧、戏曲、影视等教学模块。职业院校要在开好与基础教育相衔接的美育课程的同时，积极探索开好体现职业教育专业和学生特点的拓展课程。普通高校要在开设以艺术鉴赏为主的限定性选修课程基础上，开设艺术实践类、艺术史论类、艺术批评类等方面的任意性选修课程。各级各类学校要重视和加强艺术经典教育，根据自身优势和特点，开发具有民族、地域特色的地方和校本美育课程。

——资料来源：《国务院办公厅关于全面加强和改进学校美育工作的意见》中的"构建科学的美育课程体系"部分内容.

二、现代教育理论影响下的中小学美术教育

对中国基础学校美术教育的认识和理解，离不开对"现代教育理论"的整体认识和具体分析。接下来，我们就结合几种重要且具有代表性的教育理论，对中国美术教育"现代化"的具体体现进行呈现和分析。

（一）基于问题的学习

"基于问题的学习"（Problem-Based Learning，简称 PBL）理论的提出由来已久，最早源于"建构主义"教育观点，强调通过问题引导学生的思维和探究。在核心素养时代，特别强调在真实的问题情境中培养通过学科手段去解决问题，在"2017 年版高中美术课标"中甚至明确指出需要在教学设计中"创设引发探究行为的问题情境"，因此其重要性又一次被凸显出来，历久弥新。具体而言，基于问题的学习在课堂教学中

的具体特征和表现为①：

基于问题的学习目的在于以课堂中的问题为起点，为学生呈现真实的、有意义的学习情境，进而引发其学习兴趣和进一步的探究欲望。这种学习方式有着不同于传统以讲授为主的授课模式，美国学者理查德·阿兰兹(Richard I. Arends)结合他人的研究将其具体描述为以下几个方面②：

- 问题激发：基于问题的学习是围绕那些既有社会意义又对学生个人有意义的问题来组织教学，而不是围绕具体学科知识和技能来组织教学。
- 学科综合：基于问题的学习选择更多的是真实问题，要解决这些问题，学生须综合运用多种学科知识。
- 真实性调查：基于问题的学习不可避免地要求学生进行真实的调查，以寻求解决实际问题的真正方法。
- 手工作品制作和展示：基于问题的学习要求学生制作手工作品、进行展示，以这种形式来呈现学习成果，解释、描述他们提出的解决问题的方法。
- 合作：基于问题的学习强调学生之间的合作。合作为对问题的共同参与探究及对话交流提供了机会。

以上对基于问题的学习特征的描述向我们诠释了这样一种教学思路：课堂中学习行为的发生不只是有赖于传统的教学方式——学生对所要学习的专业性学科知识内容的接受、理解和记忆。这样的教学往往有着固定的教学内容、基本统一的教学程序。而基于问题的学习的目的则在于真实情境下问题的解决，因此课堂中的学习活动也可以把学生置于复杂、有意义的问题情境中(这种情境是混乱的、结构不良的，需要学生自己去分析、研究)。同时，学习者在与同伴间共同探究与合作的过程中一步一步地解决问题，并建立广泛而灵活的知识基础。

这种学习方式的主要目的是帮助学生：发展思维、提高问题解决的能力和学习技能；通过真实情境或模拟情境体验、学习成人的角色；成为独立、自主的学习者③。这是一种以学生为中心的课程设计模式，其主旨在于活化学生的思维，同时亦强调学生对知识的建构并灵活地将其用于自身的实际生活。

---

① 段鹏.当代艺术与学校美术教育[M].长沙:湖南美术出版社,2012:177-178.

②③ ［美］理查德·I.阿兰兹.学会教学(第六版)[M].丛立新,等,译.上海:华东师范大学出版社,2007:335.

核心素养本位的美术课程与教学,"素养"并非是"凭空"产生的,高质量的"问题"是一个重要的"触发器"。通过问题,美术学科专业知识和技能的学习一方面和广阔的社会、文化、生活情境相连接,另一方面可以指向学科的重要概念、观念,深化学科逻辑和学科思维,获得持久的理解力。

教育案例

美术欣赏课程教材中有"咫尺千里——中国古代山水画"单元,一位教师在讲授这个单元时,给学生布置了这样的题目:课本在讲中国"山水画"单元时,标题前用了"咫尺千里"来修饰"山水画",你是如何理解的? 请结合具体作品分别进行阐述。后来,教师觉得这样提问学生的思考程度还是不够,就进行了调整:假如你是课本编写者,能否用另外的词来修饰中国"山水画"? 并结合具体作品说明你的观点。调整后的问题更重视学生个性化的表达,更重视学生对作品独特的解读。许多学生有自己独到的看法:"雄伟浑厚——中国古代山水画",如范宽的《溪山行旅图》,取景高远,中部的烟云拉开了人与山的距离,有一种异常雄伟高大之感;"身临其境——中国古代山水画",《清明上河图》对宋代城市面貌、社会风俗做了描绘,画面逼真,仿佛身临其境……教师改变了提问的方式,一下打开了学生思维的闸门……

——资料来源:陈平.核心素养背景下的课堂视角转换[N].中国教师报,2018 - 5 - 9(4).

(二)深度学习

"深度学习"是教育学领域研究的一个热点,契合核心素养本位的教学实践追求。从其源头来看,深度学习起始于机器学习和人工智能领域的研究,目标是让计算机或机器具有人一般的分析问题及学习能力,简言之就是"让机器像人一样",能够思考复杂问题并作出准确判断。此后,学者费伦斯·马顿(Ference Marton)和罗杰·萨尔乔(Roger Saljo)最早将深度学习引入教育学领域,和浅层次的低水平学习进行了区分。国内的研究中,对深度学习的研究和思考多与学习过程和目的相关,也都是在"核心素养"的大情境中进行了思考和教学分析。

就已有的研究来看,对于"深度学习"取得的共识性内容主要是:

第一,深度学习是和学习者生活经验及已有知识基础进行连接,并在此基础上进行意义建构的过程。即深度学习不是"外塑"的,而是"内生"的,不可能脱离学习主体而只是将学习视为一个"信息传递和接收"的过程。

第二,深度学习需要经历复杂的学习过程和行为,表浅性学习更多只涉及"记忆、训练"等,而深度学习则还要有"理解、应用、分析、判断、创造"等综合化的学习行为,其指涉更多的"高阶思维"(Higher-order thinking)。甚至有观点认为,深度学习可以帮助学生经历学科知识"发现、形成、发展"的过程,而并非只是认知其既有的结果。

第三,深度学习指向学科知识的迁移和应用。所谓"迁移",即深度学习不是"点对点"的学习,而是一个"由点及面"的过程,学习者要学会举一反三;所谓"应用",既深度学习绝不只是为了应对考试,而是为了让学习者能够更好地适应复杂的现实问题,学以致用。

第四,深度学习还将学习者的价值观、情感、态度等内隐于学习当中,其不是"价值无涉"的。因此,对于所习得的知识和观念等,学习者还可以进行批判性的思考,以给出合理的判断和行为表现。

知识窗

所谓深度学习,就是指在教师引领下,学生围绕着具有挑战性的学习主题,全身心积极参与、体验成功、获得发展的有意义的学习过程。在这个过程中,学生掌握学科的核心知识,理解学习的过程,把握学科的本质及思想方法,形成积极的内在学习动机、高级的社会性情感、积极的态度、正确的价值观,成为既具独立性、批判性、创造性,又有合作精神、基础扎实的优秀的学习者,成为未来社会历史实践的主人。

——资料来源:郭华.深度学习及其意义[J].课程·教学·教法,2016(11):27.

在美术教育研究和实践方面,深度学习特别值得提倡和鼓励。其改变了传统美术教育由于过于注重"双基"教学所带来的"表浅化"学习,有助于引领学生获得学科理解力且形成知识结构、获得丰富的艺术体验。

以美术鉴赏为例，在以往教学中，讲授美术史或画家逸闻轶事的方法是单一且局限的。基于深度学习，教师可以在问题情境创设的基础上，引导学生研究艺术家的生平、风格与创作观，分析与体悟作品的造型表现形式及其内蕴的思想情感表达，关注作品的时代意义和价值，多方面评析后世的不同观点和评价，谈论艺术家对美术史的贡献等。这使得美术鉴赏学习涵盖了"艺术家—艺术创作—美术作品—美术评论—美术史"的全方位且有纵深感的不同层次，涉及了"分析、评价、综合、创造"等学习行为与认知过程。在造型或创作类课程中，深度学习也不同于简单的美术技法学习和训练，而更加强调学生的基于主体经验、情感、思想的表达，并在创作的过程中进行有针对性的表现。

（三）追求理解的教学设计

"追求理解的教学设计"（Understanding by Design，简称 UbD）作为一个较为成熟的教育观念和教学主张，源自美国学者格兰特·威金斯（Grant Wiggins）和杰伊·麦克泰格（Jay McTighe）共同所著的《追求理解的教学设计（第二版）》。

"追求理解的教学设计"有别于"聚焦活动的教学""聚焦灌输的教学"，旨在于特定教学目标和关键问题的指引下，使学习者不断探究、思考，形成对学科的深度理解力，能够认识到学科的内在逻辑与体系，形成学科特定的思想与观念。因此，与其说这是"学习"的过程，不如说这是"洞察与发现"的过程。学生会不断地内化所要学习的内容，其个体认识和见解也会在这个过程中不断形成。

从具体的教学执行和操作看，"追求理解的教学设计"强调"逆向式教学"。所谓"逆向"，即：

首先，"确定预期的学习效果"（而不是罗列具体的教学内容或活动要求）。

其次，教师需要认真考量如何衡量达成预期的学习效果，其参考指标为何。这就是所谓的"评估"。

最后，在"确定预期结果"和"确定合适的评估证据"的基础上，教师方能"设计学习体验和教学"。

教育案例

UbD 教学"我型我秀——抽象艺术的绘画表达"课程设计

(设计者:段鹏)

阶段 1——预期结果

所确定的目标:

"大概念":抽象艺术中的绘画表达

"大概念"阐释:对真实自然物象的描绘予以简化或完全抽离的抽象艺术,由形体、线条、色彩的形式组合或结构来表达内在的自我,或将对生活、自然的观察幻化为有创意的艺术表现。

理解:	基本问题:
学生将可以理解……	● 抽象艺术的创作可以"任意"而为吗?如何创作有想法、有内涵、有美感、有创意的抽象风格的绘画?
● 抽象艺术并非"糊涂乱抹"。	
● 抽象艺术可以"无拘无束"地表达自我。	
● 线条、形状、色彩的多元组合可以呈现出丰富的形式美感。	
● 抽象艺术在生活中有着广泛的应用。	

学生将会知道……
● 抽象艺术与具象艺术的异同。
● 半抽象艺术与全抽象艺术。
● 冷抽象与热抽象。
● 代表性的抽象艺术家:蒙德里安、康定斯基、草间弥生等。

学生将能做到……
● 尝试品评和分析经典的抽象艺术作品。
● 在借鉴与向大师学习的基础上,从自己的生活中寻找元素,尝试抽象绘画的练习和创作(可以运用多种艺术形式,如手绘、喷绘、滴洒、拼贴等)。
● 运用自己创作的抽象艺术图案装点与美化生活(为手套、袜子、T 恤衫进行设计)。

（续表）

阶段2——评估证据	
表现性任务：	其他证据：
1. 为某位当代艺术家策划一个展览，为其具有抽象风格的艺术作品制作展示说明手册，图文并茂地呈现抽象艺术的艺术观念与绘画表达手法。（识读与鉴赏） 2. 完成抽象艺术风格的绘画练习或创作。（创意与表现） 3. 用抽象艺术点亮生活，完成生活用品、服饰的设计。（生活与应用）	● 为展览制作的说明手册中，需要包括：艺术家风格的形成原因或背景；有代表性作品的形式、内涵、创意说明；艺术家的艺术和社会影响力；撰写简短的"展览导言"。 ● 通过思维导图的方式对绘画练习和创作进行构思。 ● 用抽象艺术装点生活，尽可能以实物的形式进行展示，其作品成就标准：有想法、有内涵、有美感、有创意。在此基础上，搜集同伴或家长对作品的评价。

阶段3——学习计划

学习活动：

● 和学生一起了解表现性任务与学习目标。

● 全班学生一起交流自己喜欢的抽象艺术家，尝试选出一位最欣赏和喜欢的艺术家。

● 听教师讲解蒙德里安、康定斯基、草间弥生等艺术家的作品。

● 为自己最欣赏和喜欢的艺术家策划展览，制作展示说明手册。

● 描述自己最近的生活和心情，找出一个关键词来描述自己当下的生活状态，例如，兴奋、期待、郁闷、惆怅、压力，等等。围绕关键词，运用恰当的美术语言（点、线、面、肌理、色彩、疏密）等进行抽象的描绘和表达，完成"我的心情与生活"的抽象绘画练习。

● 在绘画练习的基础上，尝试进行自命主题的抽象艺术绘画创作，可以使用多种材料和工具，造型和表现手法不限（手绘、喷绘、滴洒、拼贴）。

● 寻找艺术家抽象风格的作品和生活联接的实例（如草间弥生风格的产品设计衍生品，扎哈迪造型奇特的建筑等），能够有理有据地分析其创意，给出自己的喜好判断；在此基础上，观察抽象艺术作品如何"由平面变为立体""由画室走向生活"。

● 用抽象艺术点亮生活，进行杯子的装饰或袜子、手套和T恤衫的设计等；多方面搜集他人的评价。

● 完成作品并进行展示，同伴之间可以交换自己的作品，并签名留念。

最终作业提交：

1. 为自己喜欢的抽象艺术家制作展示说明手册。

2. 500字以上的艺术家展示导语。

3. "我的心情与生活"为主题的小幅抽象艺术绘画练习。

4. 自命主题的抽象艺术创作。

5. 完成抽象风格的装饰艺术，进行生活物品的设计和展示。

（四）概念为本的课程和教学

"核心素养时代"的学校教育，国内教育研究和实践者已经对"大概念"这一提法达成共识。然而，在实践层面如何设计与实施基于"大概念"的课程和教学？对此，还需要后续的跟进和系统性完善。在此方面，国际教育研究领范围内有一些先行的思考，例如，美国教育学专家林恩·埃里克森（H. Lynn Erickson）和洛伊斯·兰宁（Lois A. Lanning）就曾提出"概念为本的课程与教学"（Concept-Based Curriculum and Instruction），该理念在注重核心素养课程教学的当下，可以说是提供了一个理解和执行教学的关键视角，呈现了一套系统性的方法与实践指南。

具体而言，概念为本的课程教学，不过分强调教学过程中的"知识覆盖"，而注重以体现学科本质和特性的重要观念、观点为核心，据此对丰富的学习内容进行统整。

这个过程中，需要区分两种类型的知识——2001 年，学者安德森（L. W. Anderson）和克拉斯沃尔（D. R. Krathwohl）发布了修订版的布卢姆教育目标分类学，对学习层次清晰地区分出事实性知识（factual knowledge）和概念性知识（conceptual knowledge）。以凡·高及其作品的欣赏教学为例，"事实性知识"可以是讲述凡·高所处年代、生平、代表作品，"概念性知识"则更多是讨论凡·高所属的后印象派及其艺术特征等。概念为本的课程教学强调超脱事实性知识的限制，而重在通过对概念性知识的深入理解和探究，培养学生对学科的深度理解，并在此基础上形成知识的迁移和有效应用。其中的"概念"具有某种程度的"抽象性"，其对课堂中的学习内容起到了"聚焦"的作用。

1995 年，埃里克森设计了知识的结构图，对教学中的主题（topic）、事实（facts）、概念（concepts）、概括（generalization）与原理（principle）之间的关系进行了细致的呈现和说明——这种知识的结构"展示了主题和事实、从主题和事实中抽取概念，以及概况和原理等各个层次和要素的关系（概括和原理是表达跨时间、地点和情境的概念性关系的句子）。当学生可以使用事实来支持概念性理解的时候，我们可以说他们拥有了对内容学科的更深层次的理解"[①]。

除了"知识的结构"，埃里克森等研究者还在专题论述中对"过程的结构"进行了说明和阐释（后者在一些技能型为主的学科表现得较为明显，如语言、艺术等）。两种

---

① ［美］林恩·埃里克森，洛伊斯·兰宁.以概念为本的课程与教学:培养核心素养的绝佳实践［M］.鲁效孔，译.上海:华东师范大学出版社,2019:27 - 28.

类型的结构中,"概念、原理、概括"等内容大多大同小异,其最大的不同在于"过程的结构"中,在"概念"的下位不是"主题—事实",而是"过程—策略/技能"。

> **教育案例**
>
> *以下案例及图表来自:胡知凡.概念为本的美术学科单元设计研究*
> *——以《中国传统山水画》单元为例[J].教育参考,2019(06).*
>
> 　　以《法国印象主义画派欣赏》一课为例,来了解主题、事实、概念、概括与原理之间的关系(见图1-13)。课文中写道:19世纪后半期,法国出现了一批画家,他们走向外部世界,去寻求、捕捉阳光在倏忽之间产生的效果,描绘这一瞬间留下的真实印象。他们被人们颇带轻蔑地称为"印象派"。其中最具代表性的人物是莫奈、雷诺阿。
>
> 　　以上这些都是事实性知识,是无法跨时间、跨文化、跨情境迁移的。它们被锁定在特定的时间、地点、情境之中。学生通过这些事实性的知识了解各种概念,如印象主义、色彩、户外阳光、技法革新、捕捉瞬间感觉。
>
> 　　概念是把所感知的事物的本质特点抽象出来而形成的,它可以跨时间、跨文化、跨情境迁移,如印象主义除指绘画流派外,也指音乐、文学中的流派;色彩与光,除美术学科外,物理学科中也涉及。
>
> 　　然后,将印象主义画派共同的本质特征综合起来,经过概括得出:物体上的色彩在光照下会发生变化,最终形成色彩的变化是由光造成的理论。

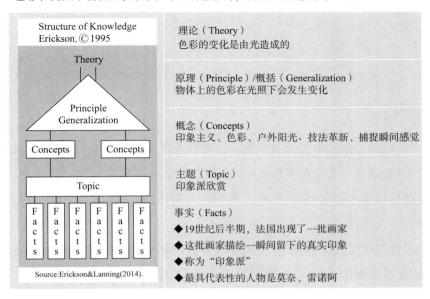

图1-13　知识的结构图,以《法国印象主义画派欣赏》一课为例

以《风景写生》一课为例,来了解过程、概念、概括和原理之间的关系(见图1-14)。该课的过程是写生风景,为此,首先需要考虑采用什么样的技能来描绘风景,如可采用水彩、油画、钢笔、铅笔等技法。接着,教师需考虑如何能较好地完成这一课的内容,即可采用何种方式和方法(即策略)来完成风景写生,如通过观察、探究来了解景物中的透视变化等。这课所涉及的"概念"有:消失点、错觉、深度、形状、物体、距离等。最终通过概括形成:"将一平面形或物体的两个或多个点连接到消失点上就会产生距离或深度错觉"这一原理。最终学生了解透视学中"近大远小"的远近变化规律。

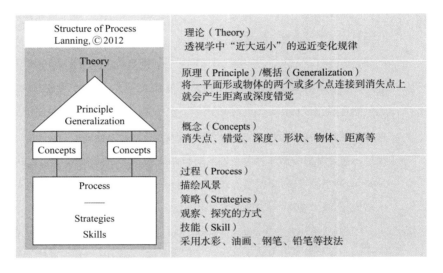

图 1-14 过程的结构图,以《风景写生》一课为例

(五)真实性学习

"学科核心素养本位的美术教学强调联系现实生活情境,追求真实性学习结果",这是在《普通高中美术课程标准(2017 年版 2020 年修订)》中的"教学与评价建议"中明确提出的学习要求,值得重视。其中的关键词"真实性学习"也是近些年教育学界关注的热点议题。

课程教学实践中的所谓"真实性",即教师所讲授的内容不是局限在"学科世界"中,而是需要和学生的生活有着密切联系,关注学生的经验与真实的"生活世界"。

"教育是生活的过程,而不是将来生活的准备"①,学校教育教学应回归人、尊重人,关注其内在的生命价值和生存状态。教育也只有把一切知识的、观念的东西纳入对生活的理解过程,才具有真正的意义,而单纯"为知识而知识、为技能而技能"的教育只会导致教育与儿童生活的隔离。

"所谓的真实性,不是既有知识的再现,而是新知识的生产;不是知识的记忆,而是基于先行知识的学术探究;不是学校中封闭的知识成果,而是具有'超越学校价值'的知识成果。"②上述表述为我们表明了学校教育中应该有的"知识观"——作为教育工作者,我们还是应该从"能力"和"素养"的角度考虑学生的学习获得,知识的"占有"并非目的,而是要学生在经历知识学习的过程中学会观察、分析、探究、批判、创造。

延伸阅读

"生活世界"(life world)是现象学大师埃德蒙德·胡塞尔(Edmund Husserl,1859—1938)引入的一个概念,发端于对抗科学主义和实证主义文化传统所导致的社会对人生存方式和生存价值的遮蔽。在对人生命主题再认识的基础上,胡塞尔将"生活世界"的概念用以"概括我们向其说任何话、做出行动之前业已存在的那个世界的感觉"。在胡塞尔看来,这个世界是"直觉地被给予的""前科学的、直观的""可经验的"人的存在领域,是一个有人参与其中,并不断呈现出自身价值与意义的世界。

——资料来源:大卫·杰弗里·史密斯.全球化与后现代教育学[M].郭洋生,译.北京:教育科学出版社,2000:116.

从学校美术教育的现实来看,脱离学生生活的专业知识灌输与技能训练也许并不鲜见。其漠视了艺术作品中所蕴含的丰富的人文精神、文化情境,以及艺术创作过程中主题思想、情感的流露和表达,是一种将学习内容限定在"学科本体"之内的非真实化的学习状态。基于此,美术教育需要不断地走向"真实性学习",其一,可以还原美术学科本身所具有的人文性;其二,可以使得学生的学习成就指向现实生活,在"学

---

① 约翰·杜威.民主主义与教育[M].王承绪,译.北京:人民教育出版社,1990:9-10.
② 钟启泉.真实性——核心素养的精髓[N].中国教育报,2019-06-21(7).

以致用"的过程中不断地解决问题,形成美术学科核心素养。

当然,对"真实性学习"的理解,其除了具有"贴近学生真实生活经验"这一重意义外,还有另外一重指向,即经历用近似于学科学家(科学家、艺术家等)的思维方式并凭借相关材料和工具去经历、体悟学科专业内容的产生和发展的过程,其最终的学习成效也是"类似于学科专家的作品或成果"——从某种意义上说,这是科学探究活动的"模拟"。其具体的学习特征可以表述为:①

1. 在具有定义不良问题(ill-defined problems)的情境中学习;

2. 体验科学工作和科学知识的不确定性、模糊性和社会性本质;

3. 由调用学生当前知识水平的需要而驱动;

4. 在共享知识、实践、资源和话语的探究共同体中获得作为其中一员的经验;

5. 从富有知识的人身上吸收知识,不管这些人是同辈还是指导教师。

简言之,即强调学习过程中围绕真实问题的探究和发现,形成学科思维方式和探究、表达能力。从美术学科教育上进行分析,这里的真实性学习即强调学生"像艺术家一样创作"。课堂中,"当学生面对真实的创作主题时,教师将艺术家思维和创作过程转化为教与学的方式,通过师生合作的探究与'做中学',能有效发展学生的美术学科核心素养。"②

(六)"大单元"及"主题式"教学

"大单元"或"主题式"教学是课程统整教育理念在课堂教学层面的具体反映或实践应用。其强调教学的"高站位",是一种着眼于宏观的课程建构思想和教学内容设计思路(而非松散、零碎、片段化的知识性学习)。其中,单元之"大",主要体现在:一是要有"大概念"或"大观念"对教学内容进行统领,具体的学习内容需要指向学习者对学科知识的上位理解(如美术语言中的韵律与节奏、现代中国画的传承与创新、中国山水画中的意境美,等等);二是要有大的项目、学习任务或问题的驱动,强化学习

---

① 赵健、裴新宁、郑太年,等.适应性设计(AD):面向真实性学习的教学设计模型研究与开发[J].中国电化教育,2011(10):8.

② 中华人民共和国教育部.普通高中美术课程标准(2017 年版 2020 年修订)[S].北京:人民教育出版社,2020:48.

的目标指向,此间学习者不是一味地接收知识,同时也是不断反省、探究与发现的过程(例如,探究中国的山水画和西方风景画之异同)。

从某种意义上说,"大单元"教学更为强调对学习过程的整体设计,因此,不是一个简单的"内容单元",而是"学习单元"。学生在学习过程中的深入性、完整性、丰富性是主要要考虑的教学设计因素,而非学习内容的"经典、重要、权威"。

在"大单元"教学过程中,适度"跨学科"或将美术学习内容和社会文化生活相结合是被允许的。此间,教学不拘泥于教科书的封闭性讲授,而是立足于大的文化情境中的开放式理解与探究。

延伸阅读

为什么要倡导"大"单元呢?"大"的用意有三:一是指向学科核心素养的教学倡导"大观念"、大项目、大任务与大问题的设计,其出发点不是一个知识点、技能点或一篇课文,而是起统率作用的"大"的观念、项目、任务、问题,以此来提升教师的站位,改变教师的格局。只有进行大单元设计,让教师像学科专家那样思考,才有利于教师理解学科育人的本质。二是针对现实中有许多教师只关注知识、技能、习题、分数等,而忽视学生能力、品格与观念的培养,导致"高分低能、有分无德、唯分是图"的问题,大单元设计有利于教师改变着眼点过小过细以致"见书不见人"的习惯做法,明白"大处着眼易见人"的道理。三是从时间维度来看,大单元设计与实施有利于教师正确理解时间与学习的关系,确立"以学习者为中心"。

——资料来源:崔允漷.如何开展指向学科核心素养的大单元设计[J].北京教育(普教版),2019(02):12.

(七) STEAM 教学

STEAM 教育是近些年来风靡于国际的一个课程教学主张。和大单元式教学有些类似的是,其都属于统整课程,即教学的范畴。STEAM 作为一个英文缩略集合,S 代表科学(Science),T 代表技术(Technology),E 代表工程(Engineering),A 代表艺术(Arts),M 代表数学(Mathematics)。综合观之,STEAM 教育就是集科学、技术、工程、艺术、数学多领域融合的教育内容和形式。

STEAM 教育的应用形式很广,尤其在强调科技和艺术融合的当下,其有着广泛的应用途径。例如,在计算机编程、机器人研究、工程制造、产品设计、人工智能、材料开发与应用等领域,都需要具有高度创意、强大动手实践能力和丰富的多学科背景的专业化人才。而如何培养这些面向未来的高素质人才? 毫无疑问,以分科教学为主要特征的传统学校教育在这方面是有很大欠缺的。STEAM 教育着力于弥补这方面的不足。需要强调的是,STEAM 教育中的多学科"融合"并非学科内容的简单相加,在某种程度上其更多是"超学科"的——需要综合多学科内容,运用不同学科素养和能力进行项目化的思考和研究,进而解决生活中的现实问题,呈现创意和产品。

在 STEAM 教育的学习架构中,艺术或美术尽管是"后来者"(最早是 STEM,Arts 为后来添加),但其意义和价值至关重要。不能狭窄地将其理解为"为科技做包装(或美化)"——艺术中的非线性的创意思维,往往可以为科技或工程制造提供极大助力,其有助于实现不同学科知识的连结与统整。在早期的古希腊罗马建筑中,在中国古代精美绝伦的工艺品设计中(如长信宫灯),在现代的包豪斯风格的城市建筑中,都可以找到一系列的例证。在当下,艺术和科技的联合,更是可以激发新的创意思考,实现为社会的进步和革新赋能。

延伸阅读

有些人认为艺术在 STEAM 中的最大作用是"美化"与"视觉化"的过程,可以有效传达并沟通"以 STEM 为本质"的重点与结果。比如说,把收集的资料整合并且视觉化,或是把研究结果以艺术形式来呈现。资讯图表、信息视觉化、思维导图、音乐,甚至是电脑简报,都可以是"美化"的沟通。

我认为,这个"美化"或是"视觉化"的结果,不是窄化地"用艺术来包装"或是"为科学技术作嫁衣"。这些并不是 STEAM 学习架构的本意。其本意是通过对创造力思维进程的发想与推演来进行知识的连结与统整。

STEAM 的学习架构无法把各个相关的学科单一化。它必须是运用各学科所必备的学习技能,综合性地深度探究整个教学的意义与价值。因此,在设计课程的过程中把学科区隔开来,并不是 STEAM 学习的宗旨。

——资料来源:陈怡倩.直击 STEAM 核心的课程设计 统整的力量[M].长沙:湖南美术出版社,2017:244.

（八）跨学科学习

教育部 2022 年 4 月颁布了《义务教育课程方案（2022 年版）》，各学科课程标准随之面世，"跨学科"成为一个高频热词。根据《义务教育课程方案（2022 年版）》的要求，各学科课程必须设置至少 10％的课时来推进跨学科主题性学习。在《义务教育艺术课程标准（2022 年版）》的"课程理念"部分，也明确指出要"突出课程综合"，"以各艺术学科为主体，加强与其他艺术的融合；重视艺术与其他学科的联系，充分发挥协同育人功能"。至此，顺延早在二十年前课标实验稿中所提出的"综合·探索"学习领域的内容和美育课程改革思路，中小学美术教育中的跨学科学习成为趋势与方向。

然而，从先期的教学实践观察来看，美术的跨学科学习亦存在不少问题或弊病，如教学中的"学科拼盘""多学科杂合"等现象屡见不鲜。美术在和历史、语文等学科进行跨界融合时，亦很容易成为"附庸"，失掉美术学科的"视觉性"之核心特质。如何超越表面形式的学科跨界，发挥跨学科美育在培育学生艺术课程综合素养与能力方面的真正作用？此问题值得不断深入钻研和基于教学实践的论析。

就"跨学科"教育的实质来看，其更多是一种综合性的探究学习方式，借助多学科联动与协同，去解决真实生活情境中的某一现实问题。在解决问题的过程中，学生会深化对某一主干学科的观念理解，形成特定的思维方式与行为方式。跨学科学习的显著特点是："它使部分学科的界限消失，由此深入探究问题、理解世界。它不仅体现了学科发展的综合创新趋势，而且在培养学生的跨学科理解力和综合创造力方面迈出重要步伐。"[①]

贴合中小学美术教育教学具体情境，跨学科教学有其必要性、价值与意义：

其一，美术的跨学科学习可以促进新的思维方式并成为艺术创新的灵感来源，科学、技术、人文等多领域的探索可以帮助学习者更好地感知艺术的时代性及前沿探索。

其二，学校美术教育中，通过跨学科学习方式，学生能够培养全面的综合素养，提高综合分析问题和解决问题的能力，进而为自身的艺术观察、表

[①]　张华.让学生创造着长大——2022 年版义务教育课程方案和课程标准核心理念解析［M］.北京：教育科学出版社，2022：146.

达与创作提供助力。

其三,美术的跨学科学习可以帮助学生更好地理解艺术作品及相关美术现象中的多元文化,形成一种跨文化的艺术理解力。由此,也可以帮助学生从人文的视角更好地理解艺术的发生、传播与创造。

当下的中小学美术教学现场中,能够进行跨学科学习的教学切入点有很多。譬如:绘制校园地图,可以从数学的角度测量与计算、从地理的角度去分析学校的自然环境特质,最终依托美术(或设计)的方式进行视觉化的呈现;将某一专门领域的知识进行可视化转化,使其更加直观、形象、具体(如美术和语文的结合,通过绘画、绘本的方式去呈现诗词的意境与意蕴);从美术、物理和古代科技的角度品鉴《长信宫灯》,了解古人的科技智慧及其工匠精神;等等。

········ **延伸阅读** ···

衣食住行,是每一个人的生存、生命和生活必然面对的重要事件,自然也是综合实践活动课程的重要资源。具体该如何设计素养本位的综合实践活动课程呢?

以"衣"为例。假如通过调查,小学高年级学生对"服装设计"话题感兴趣,教师可据此形成超学科主题"服装设计与表达"。围绕此主题可提取"形式""功能""联系""观点"4个超学科概念,并进一步提取"设计""情感表达""文化理解"3个学科概念,这些概念既提供探究线索,又形成超学科"大观念"。本主题可聚焦如下"大观念":服装既表达个人风格和爱好,又体现社会文化与风俗习惯;恰当设计与选择服装能够促进个性发展,繁荣文化和社会。

本主题的学习目标除上述两条超学科"大观念"或超学科理解外,还包括如下超学科能力:学会根据不同场合恰当选择、搭配个人服装,初步学会借助信息技术手段设计服装样式,初步学会裁剪、缝纫简单服饰。此外,还要提出本主题所用到的关键学科知识,如服装设计知识,如服饰文化知识、服饰材料的科学知识,以及计算、测量、绘图等数学和美工知识。在此基础上,可进一步提出三类超学科引导问题——事实性问题:服装有哪些类型和风格? 设计和制作服装有哪些基本方法? 服装材料有哪些种类,各有什么优缺点? 概念性问题:服装如何表达个人风格与爱好? 为什么服装能够体现社会文化和风俗习惯? 辩论性问题:个人着装应当追求时尚吗? 本主题可设计两个超学科表现性任务:策划学校服装节,校服改良方案。系列结构化探究任务可围绕如何完成这两个"总任务"分解形成。

——资料来源:张华."超学科探究":素养本位综合实践活动的本质[J].教育家,2023(23):13.

为方便大家更好地认识、理解与掌握国内外有代表性的主流教育观点与教学主张,特对不同教育理论进行了表格式的呈现和极简描述:

表 1-1　国内外有代表性的主流教育观点和教学主张

	极简描述	关键特征	重要教学体现
基于问题式学习	以课堂中的问题为起点,为学生呈现真实的、有意义的问题情境,引发其学习兴趣和探究欲望。	问题多蕴含于真实生活情境,具有开放性,指向学科本质,激发学生探究兴趣。	问题激发—学科综合—真实性调查—手工制作与展示—强调协作。
深度学习	涉及更为复杂的思维和行为活动,多针对在真实生活情境中用学科观念、知识、技能等解决有挑战性的现实问题。此间,学习者将习得的内容(或经验)内化、融入已有知识结构,其外化形式呈现出的素养可以"举一反三",进行有效迁移和应用。	由表及里、由浅入深的学习,强化学习层次的递进性以及有意义的学习,激发高阶思维,实现个体知识建构。	教学中呈现"理解、应用、分析、判断、创造"等学习活动行为,注重引发学习者的"高阶思维"。
追求理解的教学设计(UbD)	区别于传统的"聚焦活动的教学"和"聚焦灌输的教学",追求理解的教学设计旨在使得学生在课程学习的过程中寻求"理解",建构自身对学科知识的认知,洞察事物间的联系,且能够在真实情境中进行应用。	理解具有可迁移性;追求"逆向式的教学设计";理解的六个侧面:解释、阐明、应用、洞察、神入、自知。(见《追求理解的教学设计》)	教学设计的三阶段/逆向式教学设计:确定预期学习成效—寻找合适的评估证据—设计基于理解的学习体验。

（续表）

	极简描述	关键特征	重要教学体现
概念为本的课程和教学	不同于记忆零散的、片段的事实性知识或信息，以观念为中心，让学习者掌握"大概念"或"大观念"，以将学习内容进行统合，达成深层次的认知和思考。	不强调教学过程中的"知识覆盖"，转而注重以体现学科本质和特性的重要观念、观点为核心，据此对丰富的学习内容进行统整。	KUD（Know，Understand，Do）教学（见《以概念为本的课程与教学》）
真实性学习	强调为学习者提供真实生活情境中的现实问题，基于项目或活动进行有意义的学习、发现和探究，实现对知识的理解和个体意义的建构。	问题具有真实性，贴近学习者生活经验；强调"学科专家一般的思考"，实现知识的自主发现和建构。	经历"像艺术家一样创作"，且注重协同式的问题解决；经历学科知识的形成过程，形成学科思维方式和探究、表达能力。
大单元及主题式教学	强调教学的"高站位"，是一种着眼于宏观的课程建构思想和教学内容设计思路（而非松散、零碎、片段化的知识性学习）。	大单元式教学过程中，师生要"既见树木，也见森林"，要不断地对学习内容进行统整或在更大范围内有效迁移。	由课程教学的"内容单元"走向"学习单元"，具有适当程度的跨学科性。
STEAM教学	集科学、技术、工程、艺术、数学多领域融合的教育内容和形式。	强调学科融合、互通，通过项目化的方式解决具有现实意义的问题。	通过艺术激发创意和想法，强调艺术和科技的结合。
跨学科学习	多学科的联动与协同，在解决某一特定问题的过程中深化学科理解，培养综合素养。	聚焦真实问题，运用多个学科的观念与方法去解决问题、形成解释并创造产品。	强调多学科的整合与跨界；需要有主干学科；导向深度学习。

三、面向 2035 我国中小学美术教育的新挑战

2019 年初，中共中央、国务院印发了《中国教育现代化 2035》，为未来很长一段时间内的教育规划作出了整体部署。其中，在"发展中国特色世界先进水平的优质教育"部分，明确地指出了需要"全面落实立德树人根本任务，广泛开展理想信念教育，厚植爱国主义情怀，加强品德修养，增长知识见识，培养奋斗精神，不断提高学生思想水平、政治觉悟、道德品质、文化素养。增强综合素质，树立健康第一的教育理念，全面强化学校体育工作，全面加强和改进学校美育，弘扬劳动精神，强化实践动手能力、合作能力、创新能力的培养"。整体来看，我国的教育同样注重学习课程教学中的"情感、态度、价值观"的塑造和养成，同时强调了创新能力、实践动手能力等。可以说，在教育的理念和方向上，"中国教育现代化"的表述和"OECD 学习框架 2030"中的相关内容尽管措辞不一、表述各异，但其教育的理想与信念则是趋同的，共同导向未来社会"全人"的培养，旨在增进个人的幸福和社会的快速发展。

伴随着教育部各学科高中和中小学课程标准的发布，"核心素养""学科核心素养"成为我国基础教育领域的"指示灯"。其强调学生"必备品格、关键能力、价值观念"的形成，这是对 20 世纪"三维目标"的又一次超越和跨越式发展。同时，"学科核心素养"的提出十分具有中国特色，考虑到了中国本土教育的现实需要，为一线教师理解课程和教学提供了"抓手"。基于"核心素养""学科核心素养"的课程教学的内容、策略、方式、方法、评价、教材、资源开发等亦会成为一段时间内中国基础教育研究的热点，从而为核心素养本位的教学提供一个完整、系统的"教育生态环境"。

对于我国的美术教育来说，其定然遵从上述教育思考的大方向、大逻辑。但是，作为美术教育研究和工作者，我们势必还要思考美术学科的特异性及其带给美术课程教学的新变化。其中，一些很现实的问题还需要我们一同攻坚克难。譬如：

- 如何进一步凸显学校美术课程的人文性与工具性价值？
- 如何平衡其和知识技能教学之间的差异？
- 如何通过美术教学的方式引领学生更好地融入和参与社会？

- 通过哪些手段才能让美术学习"学以致用",以凸显其"有效教学"?

- 基于素养导向教学目标的多元化和人本导向,如何进行美术教育教学的质量监测和学业评估?

- 怎样才能实现真正意义上"教—学—评"的一致性?

- 如何"润物无声"地在美术教学中渗透和传达中国优秀传统文化?

- 如何实现大、中、小、幼全年龄段美术教育的一体化发展?

这些都是摆在我们面前亟须解决的现实问题,这也赋予了我们对未来一段时间内学校美术教育、美术课程教学新的想象和期待。

第二章

世界各国美术课程比较研究

21世纪以来，世界各国进行了新一轮的课程改革，其显著特点是将核心素养作为课程的首要目标。在各国课程设计过程中，美国著名课程与教学理论专家杰伊·麦格泰格和格兰特·威金斯提出的"重理解的课程设计"理念（也被称为"逆向设计方法"），以及美国教育专家林恩·埃里克森和洛伊斯·兰宁所提倡的"以概念本位的课程与教学理念"，影响了世界上一些国家的课程设计框架。

世界各国的美术课程，虽然所提出的核心素养，在提法上和具体指标维度上各不相同，其课程框架各有特色，其学习的内容也不尽相似，但都实现了从学科本位、知识本位到育人本位、学生素养发展本位的根本转型。

世界教育改革的背景

　　进入 21 世纪,随着科学技术的急速发展,人类所面临的问题也变得越来越复杂。正如 2018 年经济合作与发展组织(The Organization for Economic Co-operation and Development,OECD,简称经合组织)颁布的《未来的教育与技能:教育 2030》报告(*The Future of Education and Skills:Education 2023*)中所指出的:当今社会正在迅速而深刻地发生变化,我们正面临着以下一些问题的挑战。[①]

　　　　第一个挑战是环境问题,例如:
　　　　● 全球气候变化与自然资源的枯竭,务必需要采取迫切的行动和作出调整。
　　　　第二个挑战是经济问题,例如:
　　　　● 科学知识正在为丰富我们的生活创造出各种新的机会与解决方案,同时在每一行业里都掀起了颠覆性的变革浪潮。科学技术,特别是生物技术和人工智能领域前所未有的创新,正在引发关于人类是什么的根本问题思考。为此,现在正是为所有人追求更美好生活,创造新的经济、社会和制度模式的时候了。
　　　　● 地方、国家和区域层面的金融相互依赖创造了全球价值链和共享经济,但也普遍存在着不确定性和经济风险的危机。正在创建、使用和共享的数据资料,在保证扩大、增长和提高效率的同时,也带来了网络安全和保护隐私的新问题。

---

① OECD. The Future of Education and Skills:Education 2030[R]. Paris:OECD Publishing,2018:3.

第三个挑战是社会问题,例如:

● 随着全球人口持续增长,移民、城市化和社会文化多样性的增势正在改变一些国家和社区。

● 在世界上的大部分地区,生活水平和生活机会的不平等正逐渐削弱人们对政府的信任与信心。与此同时,战争和恐怖主义的威胁正在升级。

这些全球趋势已影响到人们的生活,并可能影响未来的几十年。

在这样的背景之下,21 世纪以来,美国、加拿大、法国、芬兰、澳大利亚、新西兰、日本、韩国、新加坡等国都在启动新的课程改革,其最显著的特点是,都实现了从学科本位、知识本位到育人本位、学生素养发展本位的根本转型,都注重为培养未来高素质的现代公民而努力。

各国美术课程理念与框架结构比较

本章中所选取的世界各国艺术（视觉艺术）课程标准有：

北美洲地区：美国《国家核心艺术标准》（2014 年）、加拿大不列颠哥伦比亚省《艺术课程》（2015 年）。

大洋洲地区：澳大利亚《澳大利亚课程：艺术（幼儿园至十年级）》（2015 年）、新西兰《国家课程》（2007 年）。

欧洲地区：芬兰《国家基础教育核心课程》（2016 年）。

亚洲地区：新加坡《小学美术课程纲要》（2018 年）、新加坡《中学美术课程纲要》（2018 年）、日本《小学学习指导要领（图画工作）》（2017 年）、日本《中学指导要领（美术）》（2017 年）、印度《中小学视觉艺术课程纲要》（2005 年）。

在比较这些国家课程标准各自特点和长处的基础上，试图提炼出世界各国艺术（视觉艺术）课程改革的共同特征与基本发展趋势，为我国中小学美术课程的改革提供理念与思路。

一、各国核心素养比较

联合国教科文组织认为：核心素养是"使个人过上他想要的生活和实现社会良好运行所需要的素养"。[①] 经合组织界定为："素养不只是知识与技能。它是在特定情境

[①]　张娜.联合国教科文组织的核心素养研究及其启示[J].教育导刊,2015(7):93－96.

中,通过利用和调动心理社会资源(包括技能和态度),以满足复杂需要的能力"。欧盟则界定为:"素养是适用于特定情境的知识、技能和态度的综合""核心素养是所有个体达成自我实现和发展、成为主动的公民、融入社会和成功就业所需要的那些素养"。[①]

目前,世界上一些国家和组织在制订或修订中小学艺术课程标准时,都将核心素养作为课程的首要目标。

如2007年,新西兰课程就确定了五个核心素养(key competencies):思考问题的能力、使用语言与符号和文本的能力、自我管理的能力、与他人相处的能力、参与和作贡献的能力。

2014年6月,美国颁布的《国家核心艺术标准》,将21世纪技能(21st century skills)中的创造力与创新能力、批判性思维与解决问题的能力、沟通与合作能力作为艺术学科学习的最重要技能。

2015年9月,澳大利亚颁布《澳大利亚课程:艺术(幼儿园至十年级)》,提出了七种综合能力(general capabilities):读写能力、计算能力、信息通信技术、批判性与创造性思维、个人和社会能力、伦理行为、跨文化理解。

2016年5月,芬兰发布《国家基础教育核心课程(视觉艺术)》,强调将思考与学会学习、文化理解与合作和表达能力、自我管理与日常生活能力、多元识读能力、信息和技术能力、就业与创业能力、可持续发展的意识等七种通用能力(transversal competencies)贯穿于小学至初中所有学科,包括视觉艺术、工艺学科的课程体系之中。

2016年,日本颁布"21世纪型能力"框架。该能力框架基于构成生存能力的德、智、体三方面的素养与能力,从基础、思考、实践三个层级构建了"21世纪型能力"。"基础力"包括语言技能、数量关系技能、信息技术技能;"思考力"包括发现与解决问题的能力、创造力、逻辑思维能力、批判性思维能力、元认知、学习适应力;"实践力"包括自主行动的能力、建立人际关系能力、社会参与能力、为未来可持续发展担当责任。

2017年,日本颁布的《学习指导要领(美术)》提出,在图画工作科、美术科、艺术科(美术、工艺)中,让学生感受到创作的喜悦的同时,培养其思考、判断和表现等基础能力,并将重点放在培育学生能够在人生整个生涯中主动介入美术的态度,使生活更加充实。

2010年3月,新加坡教育部颁布了新加坡学生的"21世纪素养"框架,该框架主

---

① 张传燧,邹群霞.学生核心素养及其培养的国际比较研究[J].课程·教材·教法,2017(3):37-44.

要是让新加坡各级学校的所有学科培养学生成为:

- 一个有自信心的人。包括有很强的是非意识,以及适应能力和韧性;能了解自己,具有判断力、独立思考和批判性思维,并能够与他人有效地沟通。
- 一个自主的学习者。对自己的学习负责,在追求学习的过程中能进行质疑、反思和持之以恒的学习。
- 一个积极的贡献者。能够在团队中有效地工作,发挥主动性,承担一定的风险,并具有创新和追求卓越的精神。
- 一个心系祖国的公民。具有强烈的公民意识,了解并积极参与改善周围其他人的生活。

2018 年,新加坡教育部根据"21 世纪素养"框架精神,重新修订并颁布了新的小学美术教学大纲。

总之,"核心素养"一词,在英文中虽然有"key competencies""core competencies""general capabilities""transversal competencies""21st century competencies""21st century skills"等不同表述,其内涵也略有差异,但都是为了应对 21 世纪挑战和面向 2030 年的教育改革所提出的,因此也成为当前世界各国在研制课程标准时首要的育人目标。这种趋势表明,当前世界教育已开始从"以学科本位的课程"向"以素养本位的课程"范式转变。

二、各国课程理念比较

(一) 美国艺术课程理念和目标

美国《国家核心艺术标准》认为:艺术素养在艺术学习中,是通过象征和隐喻的特有艺术形式流畅地使用艺术语言进行创造、表现、制作、展示、回应和连接的能力。它体现了一个具有艺术素养的人,能够将艺术知识、技能迁移到其他学科、环境和情境之中的能力。为此,《国家核心艺术标准》确立了一套哲学基础和终身学习目标,作为艺术学习的理论基础和目标(见表2-1)。

表2-1 美国《国家核心艺术标准》中的哲学基础和终身学习目标

哲学基础	终身学习目标
作为交流的艺术	
在当今多媒体社会中,艺术是一种传播媒介,因为它提供了既有效又基本的交流手段。艺术提供了传递和表达生活经历的独特的符号系统和隐喻(即艺术是一种认知方式)。	具有艺术素养的公民,采用各种各样的艺术媒介、符号和隐喻手段,独立地进行创作或表演来表达和交流他们自己的思想,并能通过分析和阐释他人的艺术信息来作出回应。
作为实现个人创意的艺术	
作为创作者、表演者和观众,在参与每一门艺术的过程中,都能使个人发现和发展他们自己的创意能力,由此还为他们提供了终身满足感的源泉。	对于成年人,做一个具有艺术素养的公民,至少应能从一门艺术学科中得到收益,在创作、表现和回应艺术中形成继续积极参与的驱动能力。
作为文化、历史和连接物的艺术	
纵观历史,艺术为个人和团体表达他们的思想、经历、情感和坚定的信念提供了必要的手段。虽然每门艺术学科具有共同的目标,但是它们采用了不同的媒介方式和技术方法。理解艺术作品,提供了洞察自己和他人的文化与社会,以及跨越不同内容领域进行了解、表达和整合意图的机会。	具有艺术素养的公民,能从艺术作品中认识和了解不同时期的历史与文化,并能积极寻求和欣赏经久不衰的或是具有意义的不同形式和风格的艺术作品。他们也会寻求理解各艺术门类之间的关系,培养探寻和识别艺术样式的习惯,以及艺术与其他领域知识之间的关系。
作为幸福手段的艺术	
作为创作者、表演者和观众(回应者),在参与艺术的过程中增强了心理、身体以及情感上的幸福感。	具有艺术素养的公民,通过参与各门类艺术,会找到快乐、灵感、宁静,以及促进智力发展,提高生活的品质。
作为社区参与的艺术	
当他们创作、筹备和将艺术作品带到社区一起分享时,艺术提供了个人在一个令人愉快和包容的环境中与他人合作与联系的手段。	具有艺术素养的公民,会积极追求艺术,并会在他们所在的地区、州、国家甚至全球各地支持艺术。

可见,美国《国家核心艺术标准》中的哲学基础和终身学习目标为该国幼儿园至中小学生艺术学习,以及高中毕业以后的学生如何在大学或职业生涯中继续参与艺术学习,培养具有艺术素养的现代公民奠定了理论基础和目标。

(二) 加拿大艺术课程理念和目标

加拿大不列颠哥伦比亚省艺术课程理念和目标:

1. 课程理念

● 艺术教育有利于所有学生、社区和社会,也有助于受教育的公民得到全面发展。艺术将学生与历史、遗产、文化和社区联系起来,促进学生对全球、本国原住民和社会的不同价值观与各种观点的理解。艺术教育能激发学生的想象力、创新精神、创造力和幸福感,同时还能培养他们对学习和职业有用的能力。

● 鼓励公民对艺术产生好奇心、求知欲和接触,这是成为受教育公民不可或缺的一部分。通过艺术活动与学习,培养学生各种兴趣和才能。使学生学会合作,战胜各种挑战,学会寻找创新的方法,欣赏不同的差异,以及学会与他人协商。艺术学习还能使学生具有创造性,提升利用不同材料的能力,发展高阶思维。

● 艺术课程旨在让学生通过用艺术的眼光去探索世界,表达他们的思想、观点、信仰和情感。虽然舞蹈、戏剧、音乐和视觉艺术,每门艺术都是独一无二的,且都具有相同的重要性,但是通过合理地学习这四门艺术,可以增强学生的智力、社交能力,促进其情感和体能方面的发展。同时,也为学生提供加深对自己和他人文化的了解,以及理解世界的机会。并且,通过各门艺术的学习,还会促进学生对其他学科的学习,在不同的情境中应用所学的知识来看待世界。

2. 课程目标

期望通过以下课程目标来促进学生发展为有教养的公民:

● 通过舞蹈、戏剧、音乐和视觉艺术等核心学科,以及通过跨学科的形式发展审美能力。

- 通过艺术的思维方式来研究艺术元素和过程——探索与创造、理解与反思、沟通与记录、连接与拓展——来理解艺术与人类经验之间的联系。
- 运用探究、批判性思维和解决问题的技巧来创作和回应艺术作品，加深对自我、他人和世界的认识。
- 认识到各种文化观点的价值，从自身身份和文化传统以及他人的文化传统中探索当代和传统的艺术形式。
- 追求对艺术的终生兴趣，获得自信心，并以个人或集体的方式，为当地、国家或全球性的艺术社团作贡献。

可见，加拿大不列颠哥伦比亚省艺术课程理念更强调让学生学会合作，学会战胜各种挑战，学会寻找创新的方法，欣赏不同的差异，学会与他人协商，发展高阶思维的技能。在课程目标方面，则更注重运用探究、批判性思维和解决问题的技巧来艺术创作和回应艺术作品，使学生养成对艺术的终生兴趣。

（三）澳大利亚艺术课程理念和目标

澳大利亚艺术课程将理念与目标分为：艺术课程总理念与总目标，在总理念和总目标下，再设各艺术学科的分理念与分目标。

1. 艺术课程总理念

- 舞蹈、戏剧、媒体艺术、音乐和视觉艺术具有吸引、启发和充实所有学生的作用，还能激发学生的想象力，鼓励他们发挥创造和表现的潜能。艺术为学生提供了进行创作、设计、表现、交流和分享感性与理性的思想情感，以及观察和体验的学习机会。
- 艺术具有丰富的传统，它在当地社区、国家与全球文化的发展和表达中起着重要作用。学生运用当下的、传统的或新兴的形式交流思想，并利用艺术知识和理解力来感知他们的世界。重视、尊重和探索土著居民与托雷斯海峡岛民的艺术，并通过其独特的表达和交流知识、传统与经验的方式，对澳大利亚艺术遗产和当代艺术实践作出重要的贡献。学生像艺术家和观众一样，凭借着智慧、情感与感知来体验艺术。在做各种决策和审美选择的过程中,学生获得了艺术方面的知识、技能与理解,发展了批判性的理解能力。通过艺术,学生在发现和诠释世界时学会表达他们的想法、思想与观点,了解到在艺术学习中设计、制作和解决创作过程中的各种问题与完成一件作品同样重要。学生通过对相关艺术学科独特的语言、符号、技术、程序与技能的不断理解,发展了他们的艺术知识和审美理解能力。艺术学习还为学生提供了接触创意产业和艺术专业人士的机会。

● 艺术具有娱乐性和挑战性,会激起人们的各种回应,丰富人们对自我、社区和世界文化与历史的了解。艺术还有助于培养自信心和创造力,培养能积极应对挑战和具有素养的公民。艺术学习是建立在对艺术实践的认知、情感和感觉或动觉回应的基础之上的,学生在学习过程中不断地审视日益复杂的内容、技能和过程,变得越来越成熟。

2. 艺术课程总目标

舞蹈、戏剧、媒体艺术、音乐和视觉艺术的共同目标:

● 发展创造力、批判性思维、审美知识以及对艺术实践的理解力,并通过制作与回应艺术作品,不断地增强自信心。

● 用艺术知识和技能来交流各种想法;通过有意义的方式展现、表达和交流个人与集体的想法与看法,珍爱并分享他们的艺术与生活经历。

● 运用当下和新兴的科学技术进行有创意的艺术实践,表达与展示各种想法,能用同理心来看待不同的观点。

● 通过艺术了解澳大利亚的历史与传统,了解土著居民与托雷斯海峡岛民的文化,并参与传统和当代的艺术创作与实践。

● 通过与艺术家、艺术作品、观众和艺术专业工作者的接触,了解当地、其他地区和全球的文化及其艺术史与传统。

3. 视觉艺术分理念

● 视觉艺术,包括美术、工艺和设计领域。通过这些领域的学习,学生以艺术家和观众的身份学会用可视化的方式交流、质疑和表达自己与他人的各种想法。通过探索,扩展对自己和他人世界的了解,发展感性与理性的理解能力,以及批判性推理与实用性的技能。了解艺术家、手工艺者和设计师所承担的责任,以及对社会和创意产业所作出的贡献与意义。视觉艺术与其他艺术学科门类相似,学生参与视觉艺术学习,能启迪和丰富他们的生活;通过参与各种活动,引发想象力和创意思维,发展创造力和智力潜能。

● 通过视觉艺术,学生在制作和回应的过程中利用视觉艺术知识、理解和技能来表达个人或集体的观点,以及内在的和外在的世界。视觉艺术让学生在参与视觉感知和视觉语言的过程中探索、实验和解决问题,学生利用视觉技术、工艺、惯例和程序来完成这一过程。学习视觉艺术,还能使学生个人的视觉美感得到提高,使其学会欣赏和重视他人的视觉美感,并变得越来越自信和成熟。

● 视觉艺术还能帮助学生通过不同的视角和情境来观察世界。认识到视觉艺术史、理论和实践的重要性,学习对艺术家、手工艺者和设计师以及他们的作品进行探索与回应。学会运用视觉艺术知识,对自己作为艺术家和观众的重要性做出独立的评判。学习视觉艺术有助于学生了解世界文化以及作为全球公民的责任。

4. 视觉艺术分目标

● 通过拟定和探究学习过程,表现理性与感性的各种想法。

● 视觉艺术的技术、材料、工艺、程序。

● 运用视觉艺术语言、理论和实践进行审美判断,发展批判性和创造性思维能力。

● 尊重和承认艺术家、手工艺者与设计师为创意、传统、历史和文化所作出的贡献;视觉艺术作为社会和文化行为;像艺术家和观众一样勤劳。

● 通过参与视觉艺术的制作、表现和交流的方式,提高自信心、好奇心、想象力,分享和发展个人的审美观。

可见,澳大利亚视觉艺术课程理念强调学生在艺术学习中应该像艺术家和观众一样,凭借着智慧、情感与感知来体验艺术,学会用可视化的方式交流、质疑和表达自己与他人的各种想法;培养能积极应对挑战和具有素养的公民。在课程目标方面,更强调创造力、批判性思维的培养,以及能用同理心来看待不同的观点。

（四）芬兰视觉艺术课程理念和目标

芬兰视觉艺术课程的理念和目标：

- 引导学生运用艺术手段探索和创造具有文化意义的各种图像。创作与诠释各种图像可增强学生的身份认同、文化素养和集体意识。学生个人的经历、想象和实验方法，是教师教学的基础。视觉艺术教学可以发展学生理解视觉艺术现象、环境和视觉文化的能力，并提供学生重视和影响现实的不同途径。通过增强学生文化遗产的保护意识，来帮助传承和重塑传统。在教学中，应发展学生的批判性思维，并鼓励他们去影响周围环境和社会。视觉艺术学习可以为学生在当地或国际上工作奠定基础。

- 在视觉艺术具有特色的工作中，学生通过"做中学"，进行实践体验和多感官的学习。学生从历史和文化的角度来研究视觉艺术和视觉文化，了解对艺术任务的不同看法。引导学生使用不同的工具、材料、技术和多样的表现手段，鼓励他们利用视觉表达手段以及其他创作与呈现知识的方式发展多元识读能力。为学生提供利用多学科学习模块的机会，与其他学科教师以及校外人员进行合作学习。鼓励学生参观博物馆和各种文化场所，并探讨视觉艺术作为一种消遣的可能性。

可见，芬兰视觉艺术课程理念和目标，强调通过视觉艺术学习发展学生理解视觉艺术现象、环境和视觉文化的能力；利用视觉表达手段以及其他创作与呈现知识的方式，发展学生多元识读能力，为学生在当地或国际上工作奠定基础。此外，还强调与其他学科教师以及校外人员进行合作学习；鼓励学生参观博物馆和各种文化场所。

（五）新西兰视觉艺术课程理念和目标

新西兰视觉艺术课程的理念和目标：

1. 课程基本理念
- 艺术是承认、珍视并促成新西兰独特的二元文化和多元文化特点，以及丰富所有新西兰人生活的强有力的表达形式。艺术有自己独特的语言，它既可使用口头语言，又可使用非口头语言的形式，经由选择的程序和技术作为媒介进行传递。艺术通过动作、声音和图像，将人们的创造性思想转化为能够传递不同含义的富有表现力的作品。

2. 艺术学习目标

● 艺术教育是可以探索、挑战、肯定和颂扬自我、族群与文化的独特的艺术表达方式。它包含毛利人的艺术，即应重视传统和当代毛利人的舞蹈、音乐和视觉艺术的形式与实践。

● 在艺术学习过程中，艺术能使思想、想象力、判断力和情感进行结合与联系，激发创造性的行为和回应。通过参与艺术，学生自己的幸福感得到提高。随着学生在创造性、审美性和技术性的框架内表达与诠释各种想法，他们承担风险的信心得到增强。学生在像艺术家一样的学习中，奉献了他们的想象力和智慧，并为艺术事业和创意行业注入活力。

● 在艺术学习中，学生学会独立与合作构建各种意图、创作作品，回应和珍视他人所作的贡献。学会运用想象力来处理意想不到的结果，并探索多种解决方案。

● 艺术教育应重视儿童的各种经历，他们会随着知识与技能的发展，日益成熟和复杂地构建这些知识与技能。在艺术学习中，他们通过运用创造性、直觉思维和各种手段，学会从新的角度来看待他们的世界。他们自始至终作为创作者、节目主持者、观众和听众，在参与诠释、珍视和欣赏艺术的过程中发展艺术素养。

可见，新西兰的视觉艺术课程强调珍视新西兰独特的多元文化特点，特别重视原住民的艺术形式与实践。此外，还强调要像艺术家一样学习，运用创造性、直觉思维和各种手段，学会从新的角度来看待他们的世界。

（六）日本美术课程理念和目标

日本于2017年修订、颁布了《小学学习指导要领》《初中学习指导要领》和《高中学习指导要领》，其中美术教育是以提高学生的整体素质为着眼点，从"纯粹艺术"教育中解脱出来,使学生在创造艺术形式和美的感受中获得审美体验,并唤起创造热情。这一指导要领还对各个教育阶段的美术教学目标进行了详细说明。

小学图画工作教学的目标:通过表达与鉴赏活动,培养学生认知形状、颜色的能力。1.通过自己的感受与行为,从不同的视角理解事物的造型,能使用工具与材料创造性地进行造物活动;2.思考造型的优点与美感、作者的表达意图与表达方式,加深对作品的理解;3.体验制作乐趣的同时,培育乐于创造美好生活的情感。

初中美术教学的目标:通过多样的表达与鉴赏活动,培养学生在日常生活中与美术相关的资质与能力。1.从艺术造型的视角出发欣赏艺术品;2.思考造型的优点与美感、表达意图与表达技巧、主题提炼与创作构想,加深对美术的见解与感悟;3.体验美术创作活动的乐趣,培养美术兴趣,养成内心充盈的生活态度。

高中艺术教育(包括音乐、美术、工艺、书道)的总体目标:通过多样的艺术活动发挥各个科目特点,培养学生与艺术相关的资质与能力。1.理解艺术相关的各个科目的特点,掌握通过艺术进行自我表达的技能;2.进行创造性的自我表达活动,体味艺术的美好;3.提高感性认识,养成内心充盈的生活与社会态度。①

可见,日本的美术课程是通过表现与鉴赏活动,加深学生对美术的理解与感悟,提高学生的创造力,养成内心充盈的生活与社会态度。

(七)新加坡美术课程理念和目标

新加坡中小学美术课程的理念是让每个学生能够欣赏美术,能够进行各种视觉方式的交流;通过与社会和文化的联系,让生活更有意义。

美术课程目标:

- 在发现和探索周围环境中发展视觉探究技能。
- 在美术创作和讨论中产生好奇心、想象力和乐趣。
- 在专注于创意和创作美术作品时,能充满自信地独立或与团队合作。
- 了解与尊重新加坡和世界的重要美术作品、艺术家的历史与文化。

① 陈星玲.日本:走向审美创造的中小学艺术教育[N].中国教师报,2019 - 3 - 27(3).

可见,新加坡中小学美术课程为学生提供了美学、认知和情感方面均衡而全面的教育。同时,它还提供了丰富的机会,以各种方式进行创造性和创新性的自我表达;了解当地艺术品和艺术家,并通过对自己国家文化遗产的欣赏,强化对个人身份认同与理解。

总之,通过以上几个国家艺术(视觉艺术)课程理念与目标的比较,我们发现:20世纪80年代风靡世界的"以学科本位的美术教育"(Discipline-Based Art Education,简称DBAE)理念,自21世纪以来已发生了很大变化。DBAE的本质是强调学科性,它将美学、美术批评、美术史和美术创作组合编排成严谨的美术课程,让学生在井然有序的学习中逐步加深与提高美术知识与技能。而当今世界各国的艺术(视觉艺术)课程理念和目标,则更注重育人,即通过艺术学习,促进对其他学科的学习与迁移;加深对自己和他人文化的了解,提供理解世界的机会;激发学生的想象力、创造力和幸福感。在课程目标中,除培养学生的审美能力外,还特别强调批判性思维、创意能力、好奇心和同理心方面的培养,注重发展高阶思维能力。

三、各国课程框架结构比较

(一) 美国艺术课程框架结构

美国2014年版《国家核心艺术标准》采用了美国著名课程与教学理论专家杰伊·麦格泰格和格兰特·威金斯共同提出的"重理解的课程设计"(the Understanding by Design,简称UbD)理念,即协助教师首先确定重要的学习成果,再确定可接受的成就证据,然后设计出为达到这些预期成果的最佳路径。因此,这种课程设计方式也被称为"逆向设计方法"(a Backwards Design Approach)。这种逆向设计的课程与传统的课程设计相比较,旨在使课程的设计成为促进学生理解学习内容、培养学生理解力的过程(见表2-2)。

表 2-2　美国《国家核心艺术标准》的框架结构

艺术素养					
哲学基础　←→　终生目标					
艺术过程	锚定标准	学前至八年级特定学科的表现标准	高中阶段的表现标准		
			熟练	实现	高级
创造	3 个共同锚定标准				
表演(舞蹈、音乐、戏剧)展示(视觉艺术)制作(媒体艺术)	3 个共同锚定标准				
回应	3 个共同锚定标准				
连接	2 个共同锚定标准				

从表 2-2 可以看出,美国《国家核心艺术标准》将创造、表演(展示、制作)、回应、连接作为艺术各学科最重要的学习路径。为了确保能通过这些学习路径达成预期目标,还制定了"锚定标准"用来贯彻和检查目标的达成度。而"表现标准"既是教师用来评价学生学业质量表现的标准,也是确定学习目标的依据,同时还要通过"基本问题"和"持续理解",让学生持续不断地学习、理解,最终形成艺术素养。可见,这种逆向设计的课程与传统的课程设计相比,旨在使课程的设计成为促进学生理解学习内容、培养学生理解力的过程。

(二) 加拿大艺术课程框架结构

加拿大不列颠哥伦比亚省艺术课程采用美国教育专家林恩·埃里克森和洛伊斯·兰宁所提倡的"以概念本位的课程与教学理念"(Concept-Based Curriculum and Instruction)设计课程框架结构。它由"大概念"(big ideas)、"课程能力学习标准"(curricular competency learning standards)和"内容学习标准"(content learning standards)三部分组成(见图 2-1)。

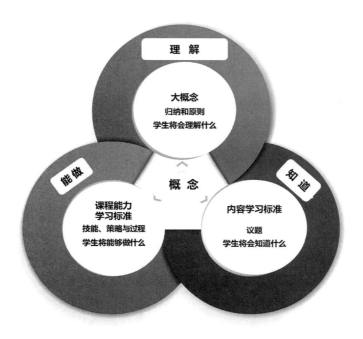

图 2-1　"知道—能做—理解"的课程模式

　　"大概念"是理解学习领域的核心,是组织知识的关键概念、原则和规律,并且可把各种碎片化的理解联系成一个条理分明的整体。因此,对"大概念"的学习,能够帮助学生为了解日趋复杂的思想和信息构建一个概念性框架或模式,使学生能够理解什么(will understand)。

　　"课程能力学习标准"是明确学生在特定年级和学习领域内预期能够做什么。不列颠哥伦比亚省艺术课程认为,能力(素养)(competencies)通常狭义地等同于技能,但在 21 世纪的教育背景之下,能力(素养)比起单纯的技能具有更宽泛的含义。它是指学生在特定学科或学习领域内按预期要求执行任务的能力。这种能力是各种技能、过程、行为和思维方式的结合,是与核心能力直接相关联的。因此,"课程能力学习标准"是让学生通过学习应该做到什么(will be able to do)。

　　"内容学习标准"是指特定学科期望学生应该知道的关键概念、元素、工作程序和学习策略,它对学生理解每个年级学习领域里的"大概念"起着至关重要的作用。内容学习标准中的这些关键概念、元素、工作程序和学习策略,随着学生的日益成熟,其深度与广度也在提高,并使学生逐步意识到这些核心知识的功能与作用。因此,"内容学习标准"是让学生在学习中应该知道什么(will know)。

总之,加拿大不列颠哥伦比亚省艺术课程框架结构以"知道—能做—理解"
(Know-Do-Understand,简称 KUD)组成的课程模式,是素养本位课程的典型代表。

(三) 新加坡美术课程框架结构

新加坡中小学美术课程纲要从艺术教育目标、美术课程纲要目标、"大概念"、学习成果(体现 21 世纪素养)到学习内容保持着纵向的一致性,形成了一个整体的框架结构(见图 2-2)。

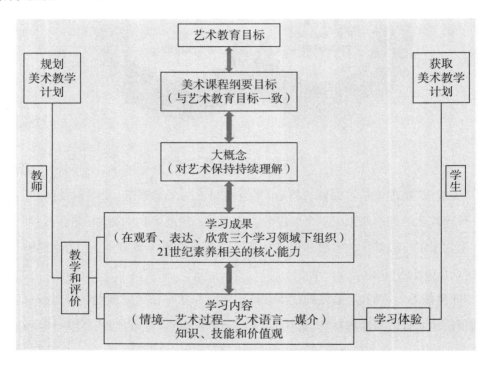

图 2-2　新加坡中小学美术课程纲要框架结构

总之,通过以上几个国家艺术(视觉艺术)课程框架结构比较,我们发现:21 世纪以来世界各国是"以能力驱动型的学习课程",或是以"重理解的课程"来设计课程框架的,即更重视学生素养的提升,更关注学生了解了什么(what they know),学生理解了什么(what they understand),培养了学生什么态度、价值观和技能(what attitudes, values, and skills are enhanced),把"学习知识"转变为"发现知识"的过程。

各国课程内容与统整方式比较

一、以"大概念"方式统整课程内容

近年来一些教育专家认为,"大概念"的教育理念有助于整合课程学习内容,解决因课程内容超载而削减某些课程的问题。同时,它还有助于跨学科学习。为此,世界上一些国家和地区开始运用"大概念"或"关键概念"(key concepts)来设计课程,整合学习内容。2018年,经合组织曾对世界上30个国家和地区(包括我国香港地区)的中小学课程做了调查,发现目前已有57%的国家和地区的课程中运用"大概念"或"关键概念"来重新统整学科知识与内容。[1]

(一) 美国艺术课程中的"大概念"

美国2014年版《国家核心艺术标准》强调利用"大概念",按照某种逻辑组织学科知识,使学生形成集群性的思维(cluster thinking)能力,避免知识的碎片化。[2] 为此,规定了视觉艺术的四个学习过程:创造、展示、回应和连接。从学前至高中阶段,每个过程都需要学生反复理解与思考"持续理解"和"基本问题"。这些"持续理解"和"基本问题"就属于"大概念"(见表2-3)。

---

① OECD. Education and Skills 2030:Curriculum Analysis [R]. Paris:OECD Publising,2018:10.

② State Education Agency Directors of Arts Education. National Coalition for Core Arts Standards:National Core Arts Standards (Visual Art) [R]. USA,2014:14.

表 2-3　学习过程与持续理解、基本问题

过程	持续理解	基本问题
创造	● 创造力和创新思维是基本的、可提升的生活技能。	● 哪些条件、态度和行为能促进创造力和创新思维的发展？哪些因素会阻止或鼓励人们去冒险尝试创新？如何合作扩大创意过程？
	● 艺术家和设计师塑造艺术作品时，往往会遵循或打破传统的惯例。	● 为什么了解艺术的情境、历史和传统，有助于我们创作艺术和设计作品？为什么艺术家会遵循或打破已有的传统惯例？艺术家是如何确定艺术调查时所需的资源和标准的？
	● 艺术家和设计师运用各种形式、构图、材料、观念、媒介物和艺术创作方法进行实验。	● 艺术家是如何工作的？艺术家和设计师是如何确定某个特定方向进行有效工作的？艺术家和设计师是如何从失败和错误中找到解决办法的？
展示	● 艺术家和设计师在创作和完善艺术品的同时，还要平衡实验与安全、自由与责任之间的关系。	● 艺术家和设计师如何维护各种材料、工具和设备？为什么在处理各种材料、工具和设备时，了解和遵循正确的操作程序，对于安全和健康是至关重要的？自由创作所带来的责任是什么？
	● 人们创造与使用的各种物品、场所和设计作品，提高了生活品质。	● 各种物品、场所和设计作品如何影响人们的社区和生活？艺术家和设计师是如何对自己设计或重新设计的各种物品、场所确定目标的？艺术家和设计师创作的艺术或设计作品，是如何有效地与他人沟通的？
	● 艺术家和设计师在实践和建设性地批评、反思、修改与完善作品中不断得到提高。	● 持之以恒的精神在修正、提炼和完善作品中发挥了什么样的作用？艺术家是如何成长，并取得艺术成就的？如何共同反思一幅作品，帮助我们获得更多的体验和更完美的发展？

（续表）

过程	持续理解	基本问题
展示	● 当为了保存与展示而进行分析、选择和组织各种物品、工艺品和艺术作品时,艺术家和策展人会考虑各种技巧、方法、场地和评判标准。	● 艺术作品是由谁,以及如何来照管的? 保存与展示艺术作品时,应该使用什么样的标准、方法和过程? 人们为什么重视有价值的物品、工艺品和艺术作品,并选择将其展示?
	● 当在准备和精选陈列用的艺术作品时,或者在决定是否以及如何保存和保护艺术作品时,艺术家、策展人和其他相关人员都会考虑各种因素和方法,包括不断发展的各种新技术。	● 在准备展示或保存艺术作品时,需要考虑哪些方法和过程? 精选出来的艺术作品如何影响观众? 在展示、制作作品集或是收藏艺术作品时,应考虑什么标准?
	● 由艺术家、博物馆或其他场所收集、保存或展示的物品、工艺品和艺术作品传递了各种意图并记录了社会、文化和政治方面的各种信息,培养了人们的欣赏与理解能力。	● 什么是美术馆? 展示和分享各种物品、工艺品和艺术作品是如何影响和形成各种想法、信仰和经验的? 如何收集各种物品、工艺品和艺术作品进行保存或展示,以此培养欣赏与理解能力?
	● 通过接触艺术,人们理解和欣赏自我、他人、自然与人造环境,同时个人的审美移情意识也得到了发展。	● 生活经历如何影响你与艺术之间的关系? 艺术学习如何影响我们看待世界的方式? 从对艺术的回应中,我们能学到什么?
	● 视觉图像影响着人们对世界的理解和看法。	● 什么是图像? 在周围世界中,在哪里以及怎样会遇到各种图像? 各种图像如何影响我们对世界的看法?
回应	● 通过参与艺术批评的过程,人们对艺术作品的意义有了更深入的认识。	● 参与艺术批评的价值是什么? 观众如何像阅读文本那样来"阅读"艺术作品? 如何认识和使用视觉艺术词汇来帮助我们理解和诠释艺术作品?
	● 人们根据不同的标准评价艺术作品。	● 如何确定评价艺术作品的标准? 为何标准会有所不同? 个人偏好不同,评价也会不同吗?

（续表）

过程	持续理解	基本问题
连接	● 通过艺术创作，人们在研究和形成感知意识以及知识与经验的过程中提高了认知能力。	● 如何通过创作艺术来丰富人们的生活？如何通过创作艺术来协调人与其所处的环境？如何通过艺术创作来帮助人们认知与理解自己及周围人的生活？
	● 人们通过与艺术的互动和分析，产生了对社会、文化和历史的了解与看法。	● 艺术如何帮助我们了解不同时期、不同地区和不同文化的人们的生活？如何利用艺术来影响人们对一个社会的看法？艺术如何保存人类生存的方方面面？

美国《国家核心艺术标准》指出："持续理解"对一门学科来说很重要，是陈述总结的重要思想和核心过程，并且具有超越课堂的持续价值。持续理解需要进行综合，因此，可使学生意识到综合是作为研究某一学科内容的结果。此外，学生也应该清楚地认识到某一学科内容在自己一生中的价值。持续理解也应该能够让学生超越艺术学科与其他学科建立起联系。学生要真正领会和掌握持续理解，必须通过各种活动，运用解释、诠释、分析、应用以及评估这些核心元素来得到证实。还指出，所谓的"基本问题"，"不是一些简单回答的问题"，目的是"促进思考，激发探究，并引发出更多的问题——包括缜密思考过的学生提问——不只是回答……不是考虑某些被掩盖的内容，着重知识和技能作为解决问题的手段，了解在你的学科中关键问题的核心"。基本问题也可以引导学生揭示持续理解，并认为"基本问题是那些鼓励、暗示，甚至需要转换超越学生第一次遇到的特定主题，因此，必须借助多年来促进概念之间的联系和课程的连贯性"[①]。

总之，持续理解和基本问题强调围绕"大概念"组织知识内容，帮助学生建立起知识之间的联系，提出适合不同阶段学生认知发展的表现期望，使学生的艺术素养随着学习阶段的延伸实现连贯一致的进阶发展，最终使学生形成核心素养。

---

① State Education Agency Directors of Arts Education. National Coalition for Core Arts standards: National Core Arts Standards（Visual art）[R]. USA, 2014: 14 - 15.

（二）加拿大艺术课程中的"大概念"

加拿大不列颠哥伦比亚省艺术课程中的"大概念"代表了学生期望理解的内容，并且是随着年级的递增不断扩大学习的深度和广度，旨在培养学生日益复杂的艺术思维的内在联系能力。同时，"大概念"还与不列颠哥伦比亚省的核心能力紧密相关，是核心能力中沟通能力、思维能力和个人与社会能力的具体化体现。

加拿大不列颠哥伦比亚省艺术课程标准中的"大概念"，是根据创造艺术、体验艺术、了解艺术语言、理解与分享艺术等几个维度提炼、概括出来的（见表2-4）。

表2-4 加拿大不列颠哥伦比亚省学前至八年级艺术课程中的"大概念"

	学前至一年级	二年级	三年级	四年级	五年级	六年级	七年级	八年级
「大概念」	● 人们创造艺术用来表达自己和群体。	● 创造性地表达，发展我们独特的个性和心声。	● 当创作艺术作品时，身心共同在工作。	● 在群体内，创造性的表达是探索与分享自己个性的一种手段。	● 从事创造性的表达和体验，扩大了人们的认同感和归属感。	● 从事创造性的表达和体验，扩大了人们的认同感和群体意识。	● 通过艺术创作，个人的认同感和群体意识不断得到发展。	● 创造力的提升需要耐心，要准备承担风险，并愿意尝试新的方法。
	● 通过有目的地参与艺术活动，提供各种探究的机会。	● 通过艺术探索，创造承担风险的机会。	● 创造性的体验受到探索、质询和有目的地选择之间的相互影响。	● 艺术家以各种方式进行实验，发现新的可能性。	● 艺术家以各种方式进行实验，发现新的可能性和新的视角。	● 艺术表达可以跨越不同时间和地点。	● 体验艺术，挑战了我们的观点并扩大了我们对他人的理解。	● 通过艺术来实现个人和集体的表达。

（续表）

	学前至一年级	二年级	三年级	四年级	五年级	六年级	七年级	八年级
「大概念」	● 舞蹈、戏剧、音乐和视觉艺术，以其独特的方式表达各种意图。	● 舞蹈、戏剧、音乐和视觉艺术，其每种语言都是用来创造和交流的。	● 舞蹈、戏剧、音乐和视觉艺术，其每种语言都是用来创造和交流的。	● 舞蹈、戏剧、音乐和视觉艺术，其每种语言都是用来创造和交流的。	● 舞蹈、戏剧、音乐和视觉艺术，其每种语言都是用来创造和交流的。	● 舞蹈、戏剧、音乐和视觉艺术，其每种语言都是用来创造和交流的。	● 舞蹈、戏剧、音乐和视觉艺术，其每种语言都是用来创造和交流的。	● 舞蹈、戏剧、音乐和视觉艺术，其每种语言都是用来创造和交流的。
	● 人们通过艺术与他人交流并分享思想。	● 人们在不同地方和时间，通过艺术与他人的心灵相连。	● 艺术把我们的体验与他人的体验相互联系起来。	● 探索艺术作品使我们认识到不同的价值观、知识和观点。	● 艺术作品受到周围世界的影响并感染我们。	● 体验艺术是对他人观点和感受产生同理心的一种手段。	● 人们在学习艺术过程中发展了理解和表达复杂思想的能力。	● 艺术家经常挑战现状，并向我们打开了新的视角和经验。

加拿大不列颠哥伦比亚省以"大概念"方式组织学科内容，这为教师将过去注重知识与技能的传授，转变为培养学生在事实性层面上能"知道"（know）、在概念性层面上能"理解"（understand）、在技术和过程层面上能"做"（do）提供了帮助。

（三）新加坡美术课程中的"大概念"

新加坡中小学美术课程纲要基于美术学科哲学价值，提炼出三个"大概念"：1.美术帮助我们以新的方式看待问题；2.美术讲述有关我们世界的故事；3.美术影响我们的生活方式。

新加坡中小学美术课程纲要中还设计了"自我和周边环境""新加坡的过去、现在和未来""我们生活的世界和地区"等重点关注的情境,通过一系列引导性问题来帮助学生理解"大概念"(见表2-5)。

表2-5 "大概念"、引导性问题与情境之间的关系①

"大概念"	● 美术帮助我们以新的方式看待问题。 ● 美术讲述有关我们世界的故事。 ● 美术影响我们的生活方式。		
引导性问题	● 在我们周边环境中哪里可以找到美术? ● 环境是如何启发艺术家和他们的美术创作的?	● 为什么当地的艺术家要创作美术作品? ● 我们可以从当地艺术家的作品中了解到新加坡的什么?	● 世界各地的艺术家是如何通过美术来分享各种思想的? ● 世界各地艺术家所使用的创作方法和过程,是如何影响我们看待周围人和事物的方式的?
	自我和周边环境。	新加坡的过去、现在和未来。	我们生活的世界和地区。
重点关注的情境	● 学生通过美术创作探索他们独特的心声和身份。每天,学生都会受到周边环境中所遇到的各种人物、物品、事件和空间的启发,创造性地回应和表达他们的艺术想象与愿景。在这个过程中,学生学会发现自己,并通过美术使他们的周边环境变得有意义。	● 学生通过学习由艺术家创作的一系列作品,培养他们对新加坡的过去、现在和未来之间经久不息的认识。学生通过了解美术作品中有关本地人、地区和过去生活方式的主题,将本地美术视为新加坡文化遗产的一部分。学生还将会思考是什么使他们成为新加坡人,以及如何为新加坡创造更光明的未来。	● 学生通过接触世界上包括亚洲地区的美术作品、美术家及其创作方法来了解世界,并与他们和新加坡建立起联系。在这个过程中,学生拓宽了视野,发展对其他文化的理解和全球意识,更好地了解和参与他们所生活的世界与地区。

① Ministry of Education. Art Syllabus (Primary One to Six) [R]. Singapore,2018:16.

可见,新加坡中小学美术课程纲要中的三个"大概念"强化了对美术学科的性质与育人价值的理解,帮助教师在课程规划中建立起联系,同时也使学生能够将他们在美术方面所学到的知识和技能与想法、观念以及学习领域联系起来。教师让学生反复接触和讨论这些"大概念",并通过引导性问题,帮助学生学会欣赏美术及其价值,最终使学生形成新加坡教育部所提出的"21 世纪素养"。

二、以活动方式组织课程内容

(一)澳大利亚艺术课程内容组织方式

澳大利亚视觉艺术课程通过制作与回应两种活动方式来组织课程内容。制作:包括学习和使用知识、技能、技术、工艺、材料以及程序方面的手段来探索艺术实践和制作艺术作品,交流各种想法与意图。回应:包括探索、回答、分析和诠释艺术作品。以学前至二年级的学科内容为例:

- 探索各种想法,运用体验、观察和想象力,创作视觉艺术和设计作品。其中包括探索土著居民与托雷斯海峡岛民艺术家作品中的观念。
- 运用并探索不同材料、技术、工艺和程序制作艺术作品。
- 创作与展示艺术作品,向观众传递自己的各种想法。
- 回应视觉艺术作品,并考虑人们在何处以及为什么要制作艺术作品。可从澳大利亚的视觉艺术作品开始,包括土著居民与托雷斯海峡岛民的视觉艺术作品。

澳大利亚在制定视觉艺术课程标准时,区分了不同的活动方式和层次,以便于对学生的表现作出公平、公正的评价。他们还根据美国教学设计专家马扎诺(Robert J. Marzano)和肯德尔(John S. Kendall)提出的"提取、领会、分析和知识运用"这四个认知过程,对行为动词进行分类,在此基础上撰写各学段的课程内容(见表 2 - 6)。

表 2-6　行为动词在澳大利亚艺术课程内容中的表述

认知过程	行为动词	学习内容(例句)
提取	演示/说明	说明艺术家和艺术风格会影响后来的艺术家及其创作的前后因果。
	识别/确认	识别来自不同社会、文化或历史情境的艺术作品的含义,描述作品的创作题材和形式。
	使用	在自己的艺术作品中使用视觉元素来表现各种想法。
领会	沟通/交流	与同学分享交流自己在艺术作品中所做出的各种选择和想法。
	描述	选择一幅艺术作品,描述与解释其中的各种表现方式。
	解释/阐释	根据不同情境来解释艺术家的艺术观,特别要留意艺术作品中所传递的各种意图。
	表现/描绘	尝试用各种形式,如绘画、雕塑或摄影,表现与自己、他人和周边环境相关的图像或物品。
分析	分析	分析艺术家如何在艺术作品中使用视觉元素。
	应用/运用	运用传统和当代的风格与技术进行创作。
	比较	比较出于不同原因创作的艺术作品。
	联系/连接	将自己的艺术想法与艺术家的想法进行联系。
	考虑/思考	从心理学角度思考。例如,为什么艺术作品会使你产生强烈的情感? 你能在艺术作品的创作中运用类似的技术吗?
	反思	探索与反思自己的艺术作品和来自不同情境的艺术作品之间的关系。
知识运用	创造	在创作中尝试用视觉元素来创造特定的视觉效果。
	发展	运用合适的视觉元素发展观念性和表现性的技能。
	讨论	与他人交流和讨论自己艺术作品中的含义。
	评价	从评价角度思考。例如,怎样判断你的艺术作品是否成功? 为什么?
	尝试/实验	将各种材料与技术结合起来进行操作和实验。
	表达	在自己的艺术作品中,尝试用数字和虚拟技术来丰富作品所表达的含义。
	操作	遵循程序和安全的操作方法来创作艺术作品。

澳大利亚这种以制作和回应活动方式来组织学科内容,是为了使学生能将视觉艺术的知识、技能与工作程序,在真实情境的活动中进行运用和表达,使核心素养能得以提升。

(二) 日本美术课程内容组织方式

日本《学习指导要领》图画工作科、美术科、艺术科(美术、工艺),其课程内容由"表现""鉴赏""共通事项"三部分构成。以小学第 1 学年及第 2 学年为例:

- "表现",主要是通过造型游戏活动,以及绘画、立体造型和工作等活动,感受周边的事物、形状和颜色,学会处理和运用不同的材料和工具,发展手和身体的感知能力。
- "鉴赏",主要是通过鉴赏活动,学会欣赏身边的事物、自己的作品和身边的材料,培养与鉴赏相关的资质与能力。
- "共通事项",包括"表现"和"鉴赏"领域所有的广泛的美术学习活动。具体是"通过自己的感觉和行为,注意到形状和颜色等""以形状和颜色等为基础,建立自己的印象",即在所有的美术学习活动和项目中需要培养的共通的资质和能力,如构思和构想、创造性技能和鉴赏力等基本能力。

三、以主题单元方式组织课程内容

印度颁布的视觉艺术课程纲要是以主题单元来组织课程内容。这些主题单元分为:以物品为主题单元、以人物为主题单元、以传统为主题单元、以环境为主题单元、以体验为主题单元等。

(一) 以物品为主题单元

由于各种物品会反映其产地和时代的特点,也会反映人类的习俗、习惯和信仰,因此,通过探索来自不同地区和文化的物品,可使学生对各种材料和功能如何影响物品的设计产生了解与探索的愿望,同时也能发展学生的设计意识,并使他们学会设计一些实用的东西或没有特定功能的美观的物品。

(二)以人物为主题单元

人类始终会对自己和他人抱有好奇心。在人类历史上,许多艺术家所创作的人物画作品曾感染了无数人。在这类主题单元学习中,通过人物画描绘,可以使学生对人物的外貌、个性,个人的心境、态度或他们所处的文化产生了解的愿望。

(三)以传统为主题单元

在包括印度在内的不同国家和地区,人们所传承的各种传统文化反映出不同思想、观念和价值观。在这类主题单元的学习中,通过对各种传统文化相似之处与不同之处的比较,可以帮助学生学会尊重和欣赏文化的多样性。

(四)以环境为主题单元

在这类主题单元的学习中,可先从直觉开始,然后要求学生延伸到对他们生活环境中的物体进行观察、阐释和想象。还应提供各种机会,让学生表达自己对自然和人造环境的看法,并思考自然和人造环境对全球影响的各种问题。

(五)以体验为主题单元

在这类主题单元学习中,包括探讨对各种事件的感受,既可以是回忆的、想象的,也可以是通过具有刺激性的素材而引发的感受。学生探索各种思想、观念、记忆以及情感,既可以探讨一个群体,也可以探讨某一个人,包括思想情感、人的生存条件、文化价值和身份等。

由于印度视觉艺术课程纲要中所选的主题有些是针对现实问题的,有些是带有抽象性的议题,且与学生的生活经验相关联,因此,这种以主题单元来组织学科内容的方式,一方面能激发学生学习的兴趣,另一方面可以进行跨学科的学习,在主题单元的探索中综合能力得以提高。

四、重视对本国传统文化的学习

世界各国在制定视觉艺术课程标准时，都非常注重对自己国家传统文化的学习。

（一）印度传统文化学习内容

印度是一个文明古国，有着极为丰富的传统文化。因此，印度视觉艺术课程标准从小学至高中都非常强调对自己国家传统美术的学习。

如小学阶段，要求学生在家里与父母或长辈交谈，了解并画长辈保留下来的各种传统物件，也可以根据这些传统物件的不同年代，排列出时间序列表；用素描或色彩方式画各种传统故事、神话故事、叙事诗、宗教故事等；实地考察壁画和历史遗址。

初中阶段，要求学生通过画有关各种节日题材的作品，来了解不同文化的传统，这些节日包括各种宗教节日；根据学生所居住的不同区域，组织他们参观城市中的博物馆、画廊，或采访当地的手工艺人；探讨和描绘学生自己家里祖先遗留或传承下来的一些物品（为了增添讨论的兴趣，教师可帮助学生通过学科间的整合，将有地方特色的舞蹈、音乐组合在一起进行表演，这对学生了解传统不仅增添了乐趣，而且是有帮助的）。

初中阶段的艺术理论学习，除学习视觉艺术的概念和意义外，还要选择印度艺术史上每个时期有代表性的雕塑作品并作简单的介绍，如印度河流域文明时期、孔雀王朝时期、笈多王朝时期以及现当代的雕塑艺术等；选择印度艺术史上有代表性的绘画艺术，作简单介绍，如阿旃陀的壁画艺术、印度细密画艺术、当代的印度绘画艺术等。还应组织学生参观艺术或手工艺博物馆、画廊；参观民族的历史纪念场所，并通过调查报告、摄影或铅笔速写等方式来呈现或展示学习成果。

高中阶段的理论学习，主要是了解印度艺术发展简史。通过学习，学生可以了解来自印度不同地区的各种艺术风格以及不同的表达方式，丰富视野，并学会欣赏和享受艺术美，培养审美情感。与此同时，学生还可以有机会观察和研究艺术的演变过程，以及两种艺术的融合会形成一种全新的艺术风格，意识到艺术是人类生活体验的产物。学习中,教师还应引导学生运用各种媒材和工具,体验各种艺术的表现形式。应组织学生参观各类博物馆和文物古迹,并根据不同时期的印度艺术分组,以项目研究的方式开展研究活动。

　　十一年级课程内容有三个单元。单元一:介绍印度河流域文明时期的印度艺术,包括现归巴基斯坦的哈拉帕、摩诃伽达罗等印度河文明遗迹,在印度的洛塔、朵拉维那、罗巴尔、拉贾斯坦等印度河文明遗迹。单元二:介绍佛教、耆那教和印度教艺术(公元前 3 世纪—公元 8 世纪),包括孔雀王朝(约公元前 324—约前 185)、巽伽王朝(约公元前 185—前 73)、贵霜王朝(公元 45—250)和笈多王朝时期(约公元约 320—约 540)的佛教、耆那教和印度教的雕塑艺术;介绍阿旃陀的石窟艺术,包括阿旃陀石窟所处的地理位置、建造的年代,支提窟(佛殿)和毗诃罗窟(僧舍)中的壁画、雕塑及其表现的题材和技法。单元三:介绍石造的神庙、雕塑和青铜雕塑以及印度伊斯兰建筑艺术(公元 6 世纪—13 世纪),包括以位于印度卡朱拉霍镇的拉克什曼神庙为例的建筑和雕塑艺术(公元 10 世纪)。印度南方的青铜艺术,公元 11 世纪—12 世纪朱罗王朝时期青铜女神、舞王湿婆等青铜艺术及铸造方法。印度伊斯兰建筑,现归巴基斯坦古吉拉特邦的伊斯兰建筑、印度北方邦阿格拉的泰姬陵、印度比贾布尔的古尔伊斯兰教墓庙建筑等。

　　十二年级课程内容也有三个单元。单元一:拉贾斯坦派和帕哈里派的细密画(公元 16 世纪—19 世纪),介绍拉贾斯坦派和帕哈里派细密画的起源、发展及主要特征。单元二:莫卧儿派和德干派的细密画(公元 16 世纪—19 世纪),介绍莫卧儿派和德干派细密画的起源、发展及主要特征。单元三:孟加拉画派和印度艺术的现代发展趋势等。

(二) 加拿大原住民文化学习内容

　　加拿大是一个多民族国家。加拿大的原住民包括美洲印第安人、梅蒂斯人和因纽特人。其中,印第安人自称为"第一民族",以表明自己是最早居住在美洲大陆的族群;梅蒂斯人是欧洲人与印第安人通婚的后代;因纽特人又称爱斯基摩人,生活在北极圈地区。因此,不列颠哥伦比亚省艺术课程非常强调文化的多样性,强调对原住民文化、习俗的尊重与理解,鼓励教师在课堂上讲解原住民的文化,并鼓励学生:

- 考虑个人和文化群体在信仰、习惯、习俗、语言、行为和物质方面的差异。
- 理解、接受、相互尊重和包容,以便使学校、社区和整个社会对所有人持更加公平的态度。

此外,澳大利亚、新西兰都有原住民。在这些国家的课程标准中都有强调对原住民艺术的了解与学习的内容。比如,澳大利亚视觉艺术课程中"土著和托雷斯海峡岛民的历史和文化"作为跨课程优先学习事项,让学生探索原住民艺术家所创作的不同风格的艺术。因此,强调对本国传统文化的学习,一方面是让学生了解自己国家的历史与传统,了解文化的多样性,另一方面是培养学生理解与尊重不同民族和文化的传统。

各国跨学科主题学习内容比较

一、芬兰基于现象的学习

所谓"基于现象的学习",即教学是围绕现实中的现象,通过不同学科的方法进行分析和学习。这种学习方法需要不同学科教师之间进行合作,采用以学生为主导的方式进行调查研究,在帮助学生认识自己、弥补知识不足等方面发挥了重要作用。基于现象的学习,强调的是学科的整合、校内外的合作,以及跨学科的教学方法。由于现实世界远比各学科的知识复杂得多,因此,基于现象的学习会对学生的思维形成很大的挑战。

按照芬兰《国家基础教育核心课程》要求:基于现象的学习,从小学至初中每个年级,在保留传统学科教学的基础上,同时在学年之中专门安排一个或多个学习阶段,每个学习阶段一般为数周,在特定的学习阶段内集中开展学科融合式的基于现象的学习。至于在每学年中具体安排几个这样的学习阶段,由各地各学校自主决定。由于基于现象的学习是最新提出的教育理念,因此,也引起了芬兰教育界的普遍关注。

二、加拿大跨学科主题学习内容

加拿大不列颠哥伦比亚省艺术课程认为,跨学科学习是一种综合的、特意的和有意识的方法,它将多个学习领域的学科知识和能力联系起来,调查一个主题,讨论议题或研究一个问题。跨学科学习能够使学生通过以下方式加深理解：

- 拓展理解特定主题的角度——学生可以了解不同学科在处理和解决问题方面的特点。
- 扩展结构性的学科知识，其中包括使用事实性知识（陈述性知识）和基于过程性知识（程序性知识）来解决复杂的问题。
- 整合不同学科相互之间的不同见解——不同学科试图理解相同或相关的问题，但是每个学科都会采用不同的方式来分析和评估其见解的可行性。

加拿大不列颠哥伦比亚省艺术课程还认为，跨学科学习可以通过综合性的课程得到实施。当学习经验结合多个学习领域的课程能力和内容时，就会促使学生对每个领域进行深度学习。例如，学生在艺术教育和社会学科的学习中所获得的能力，会促进其他领域的课程能力和内容得到提高，有利于学生在不同学习领域内的相互学习。

三、澳大利亚跨学科主题学习内容

澳大利亚艺术课程中特别关注三个跨学科优先项目：土著居民与托雷斯海峡岛民的历史与文化，亚洲及澳大利亚与亚洲的关系，可持续发展。

（一）土著居民与托雷斯海峡岛民的历史与文化

澳大利亚艺术课程认为，土著居民与托雷斯海峡岛民历史和文化的跨学科优先项目丰富了学生对澳大利亚艺术创作实践多样性的理解，培养了学生对艺术作品以文化敏感和负责任的方式进行回应的鉴赏能力，帮助学生探索土著居民与托雷斯海峡岛民的艺术作品和艺术实践的内在价值，以及在广泛的社会、文化、历史和政治情境中的地位与价值。

在艺术学习中,学生了解到土著居民与托雷斯海峡岛民的口述历史和信仰体系,是通过故事、动作、歌唱和视觉艺术等文化方式进行表达与交流的。他们有机会参加土著居民与托雷斯海峡岛民供公众参与的各种形式的艺术活动。学生也可以通过去他们的社区进行咨询来了解他们的文化。

(二) 亚洲及澳大利亚与亚洲的关系

澳大利亚艺术课程认为,亚洲及澳大利亚与亚洲的关系的跨学科优先项目,为学生在制作和回应艺术作品以及探讨相关的文化和社会意义时,提供了丰富的、引人入胜的和多样化的情境。这一优先项目有助于学生研究艺术在发展、维护和转变文化信仰与实践方面的作用,交流对亚洲地区丰富的文化多样性的理解。

在艺术学习中,学生研究来自亚洲地区丰富多样的信仰体系和传统的艺术形式;学习探究这些艺术形式的美学品质,以及对当地、地区和全球的影响,为探索亚洲各国与澳大利亚的艺术提供了各种机会。

在艺术学习中,学生还学习亚洲地区的各种艺术形式、媒介、乐器和技术,反思亚洲地区的艺术作品和艺术家实践的内在价值,以及在广泛的社会、文化、历史与政治情境中的地位和价值。

(三) 可持续发展

澳大利亚艺术课程认为,可持续发展跨学科优先项目提供了各种引人入胜和发人深省的情境,学生在这些情境下探索艺术制作和回应的本质。

在可持续性发展的优先项目中,探索艺术在维护和改变文化习俗、社会制度以及人与环境关系方面所起的作用。通过在艺术学习中的制作与回应,学生考虑每门艺术学科中有关资源利用和传统文化的可持续性发展问题。艺术学习为学生提供表达和发展世界观的机会,并认识到各社区内与各社区之间需要合作,以实现持久的可持续发展的生活方式。

在艺术学习中,学生利用艺术的探索性和创造性的平台,倡导可持续发展的有效行动。这种行动受到一系列世界观、社会正义与生态系统健康的需要的影响。学生选择合适的艺术形式来传递他们对可持续发展理念的理解,并说服他人为可持续发展的未来采取行动。

四、新西兰跨学科主题学习内容

《新西兰国家课程》指出：对于未来问题的关注是学习的丰富资源。这些问题包括：

- 可持续性发展的问题——探讨社会、文化、科学、技术、经济或政治实践对社会和环境的可持续性影响。
- 公民的问题——探索作为一个公民为社会的发展和福祉作贡献的意义。
- 进取心的问题——探索创新与创业的意义。
- 全球化的问题——探索成为国际社会中的一员和生活在多元文化中的意义。

以上这些问题，也正是新西兰跨学科主题学习的内容。

可见，加强课程内容与学生经验、社会生活的联系，强化跨学科主题学习，注重培养学生在真实情境中综合运用知识解决问题的能力，已成为目前新课程改革的新趋势。

各国学业质量标准比较

　　"学业质量标准"在不同国家的课程标准中有不同的表述,比如,美国称"performance standards"(译作"表现标准"),澳大利亚称"achievement standard"(译作"成就标准"),英国称"attainment target"(译作"成绩目标"),新西兰称"achievement objectives"(译作"成就目标"),新加坡称"learning outcomes"(译作"学习成果"),等等。纵览这些国家的艺术课程标准,无论是"成就标准"还是"成就目标",其实都是不同学段学生需要达到的艺术成就的明确表达。为此,一些国家还将"成就标准"依不同学段划分成逐年级发展的水平等级。

一、芬兰视觉艺术学业质量标准

　　芬兰《国家基础教育核心课程》中,对小学六年级学习结束和初中九年级学习结束都制定了学业成就评价标准。其中,视觉艺术的评价主要衡量学生在创作和诠释图像技能方面所取得的成绩(见表2-7)。

表2-7 芬兰视觉艺术课程六年级学年末等级8学业评价标准①

教学目标	学科评价指标	达到等级 8 良好的知识与技能	通用能力
视知觉与思维			
鼓励学生运用多种感官和不同的视觉艺术手段来观察艺术、环境和视觉文化。	观察视觉艺术、环境和视觉文化。	学生能够运用多种艺术手段观察自己的环境和各种图像。	● 思维与学会学习。 ● 关爱自己与管理日常生活的能力。 ● 多元识读能力。 ● 信息和通信技术素养。
鼓励学生讨论他们自己的观察与想法,并用实践来证明自己的观点。	用语言来表达自己的观察与想法。	学生能够描述与视觉艺术、环境和视觉文化有关的观察结果,并用语言来证明自己的观点。	● 文化素养、互动与表达能力。 ● 多元识读能力。 ● 信息和通信技术素养。 ● 工作生活素养与创业精神。
鼓励学生形象化地表达自己的观察和想法,并运用其他生成知识的方式。	形象化地表达自己的各种观察和想法。	学生不仅能使用各种图像,还能用其他生成知识的方式,形象化地表达自己的观察和想法。	● 文化素养、互动与表达能力。 ● 关爱自己与管理日常生活的能力。 ● 多元识读能力。 ● 信息和通信技术素养。
视觉创作			
引导学生运用不同的材料、技术和多样化的表现手段,在制作图像过程中实践自己的各种技能。	使用视觉的表达手段。	学生在视觉制作过程中,能运用不同的材料、技术和表达方式。	● 文化素养、互动与表达能力。 ● 关爱自己与管理日常生活的能力。 ● 信息和通信技术素养。 ● 工作生活素养与创业精神。

① Finnish National Board of Education. National Core Curriculum for Basic Education [R]. Helsinki: Publications,2016:5.

（续表）

教学目标	学科评价指标	达到等级 8 良好的知识与技能	通用能力
引导学生以独立或合作的方式，在以目标为导向的学习过程中发展视觉技能。	发展视觉技能。	学生能够以独立或小组成员方式设定目标，并努力发展自己的视觉技能。	● 思维与学会学习。 ● 文化素养、互动与表达能力。 ● 关爱自己与管理日常生活的能力。 ● 信息和通信技术素养。
引导学生了解自己不同的视觉交流方式，以及在图像中运用视觉手段的影响。	通过图像的介入和参与。	学生能用不同的视觉手段表达自己的观点。	● 思维与学会学习。 ● 文化素养、互动与表达能力。 ● 多元识读能力。 ● 参与、加入和建设可持续的未来。
诠释视觉文化			
引导学生从不同的视角、不同的情境中审视图像，反思现实与虚构之间的关系。	分析各种图像。	学生在诠释图像时，能够分析内容、形式和不同情境对图像的影响。	● 思维与学会学习。 ● 文化素养、互动与表达能力。 ● 多元识读能力。 ● 信息和通信技术素养。
引导学生从艺术作品、艺术家和观赏者的角度审视视觉艺术和视觉文化，反思历史和文化因素对图像的影响。	运用图像诠释的方法。	学生能够从艺术作品、艺术家和观赏者的角度诠释图像，并能在讨论中运用自己的观点。	● 思维与学会学习。 ● 多元识读能力。 ● 信息和通信技术素养。 ● 工作生活素养与创业精神。
激发学生在自己的图像中从不同时代和文化角度进行视觉创作的尝试。	运用视觉创作方法。	当审视视觉艺术和视觉文化时，或是在创作各种图像时，学生能利用不同的视觉创作方法。	● 思维与学会学习。 ● 文化素养、互动与表达能力。 ● 信息和通信技术素养。 ● 工作生活素养与创业精神。

（续表）

教学目标	学科评价指标	达到等级 8 良好的知识与技能	通用能力
审美、生态和伦理价值			
引导学生讨论视觉艺术、环境和视觉文化所体现出的价值。	讨论价值。	学生能够表达对艺术、环境和视觉文化所体现出的价值的看法。	● 关爱自己与管理日常生活的能力。 ● 多元识读能力。 ● 工作生活素养与创业精神。 ● 参与、加入和建设可持续的未来。
鼓励学生在选择视觉创作的内容和工作实践时,考虑文化多样性和可持续发展。	视觉创作的内容,选择和工作实践。	学生在视觉创作中,能考虑到文化多样性和可持续发展的观点。	● 思维与学会学习。 ● 文化素养、互动与表达能力。 ● 工作生活素养与创业精神。 ● 参与、加入和建设可持续的未来。

可见,芬兰视觉艺术学业质量标准,是从视知觉与思维、视觉创作、诠释视觉文化以及审美、生态和伦理价值等四个维度来衡量并进行评价的,且都与教学目标和通用能力相对应。

二、新西兰视觉艺术学业质量标准

在《新西兰国家课程》中,按照学生在校期间的能力与需求,将所有学科的学业质量标准划分为八个水平层级,这八个水平层级是小学至高中阶段所要达成的目标。当然,对于那些有特殊学习需求的学生、有天赋的学生和来自非英语语言背景的学生例外。在视觉艺术学习中,要求学生在每个水平层级上构建技能、知识、态度和理解,以此发展艺术素养。此外,视觉艺术还要围绕着四个相互关联的部分来构建:了解情

境中的艺术、培养艺术的实践性知识、发展各种艺术观念和交流与诠释艺术。表 2-8
是视觉艺术八个水平层级的学业质量标准。

表 2-8　新西兰视觉艺术学业质量标准

水平一	水平二	水平三	水平四	水平五	水平六	水平七	水平八
● 分享自己和他人的艺术作品为什么和如何制作的想法，包括制作的目的、价值和情境。	● 分享自己和他人的艺术作品为什么和如何制作的想法，包括制作的目的、价值和情境。	● 调查来自过去与现在文化中的物品和图像的用途，判断其制作并受到认可和重视的原因。	● 调查来自过去和现在文化中的物品和图像的用途，判断其制作并受到认可和重视的原因。	● 调查与思考艺术作品的产生与其情境和影响之间的关系。	● 调查与分析艺术作品的产生与制作，以及受到认可和重视的原因之间的关系。 ● 思考与反思自己和他人艺术作品中潜在的情境。	● 研究与分析情境对艺术作品的产生和特色的影响。 ● 研究与分析相关的情境对自己作品的影响。	● 运用研究和分析的方法，调查与艺术作品的创作、评价相关的情境、含义、意图和技术方面的影响。 ● 研究并分析自己作品中与创作意图和表达含义相关的情境。
● 探索各种材料和工具，认识各种元素和所选择的原则。	● 探索各种材料和工具，认识各种元素和所选择的原则。	● 在使用各种材料和工序的过程中，探索艺术制作的通常做法，学习运用元素和所选择的原则方面的知识。	● 在使用各种材料和工序的过程中，探索和使用艺术制作的通常做法，学习运用元素和所选择的原则方面的知识。	● 使用适当的工序和程序，根据惯例实施。	● 使用适当的工序和程序，根据惯例，运用各种方法加以实施。	● 出于特定的艺术制作目的，探讨各种既定的做法和技法，并使用适当的工序与程序进行艺术制作。 ● 熟练地使用各种材料、技术和工艺。	● 通过广泛而深入地研究材料、技术、工艺的特征和制约因素，运用既定的做法进行艺术创作。 ● 使用恰当的工序和程序，在艺术创作中提高和完善各种艺术技能。

（续表）

水平一	水平二	水平三	水平四	水平五	水平六	水平七	水平八
● 根据不同的动机、观察和想象,研究视觉观念。	● 根据不同的动机、观察和想象,研究与发展视觉观念。	● 通过对艺术家作品的研究,根据不同的动机、观察和想象,发展和回忆视觉观念。	● 通过对艺术家作品的研究,根据不同的动机、观察和想象,发展和回忆视觉观念。	● 根据不同的动机,包括对既定做法的研究,生成、发展和完善艺术观念。	● 生成、发展和阐明各种想法,表明对一些既定方法的理解。 ● 当在工作中解决各种问题,以及在查看、研究所选择的材料时,会有条不紊地进行联想与思考。	● 在用既定的方法进行艺术制作时,生成、分析、阐明和拓展艺术观念。 ● 在各种艺术活动中,运用系统性的方法来发展艺术观念。	● 在回应所选择的问题或对艺术创作给出建议时,生成、分析、阐明和更新各种想法。 ● 运用系统化的方法,通过近期已在实践工作中获得的信息,形成各种想法。
● 分享自己和他人的物品与图像所传递的思想、情感和故事。	● 分享自己和他人的物品与图像所传递的思想、情感和故事。	● 描述自己和他人的物品与图像所传递的思想。	● 探索和描述在自己和他人的作品中传递和诠释各种意图的方法。	● 对所选择的物品和图像中用来传递意图的各种观念和艺术制作过程进行对照与比较。	● 从既定的做法中识别与分析各种工序以及程序如何影响交流各种意图的方式。 ● 调查、分析和评价艺术家在艺术作品中的各种想法,诠释艺术家的创作意图。	● 研究和分析艺术作品是如何组成和呈现各种含义进行传递的。 ● 运用评论分析的方法来诠释和回应艺术作品。	● 研究和分析与视觉艺术创作相关的方法与理论。 ● 批判性地反思、回应和评价艺术作品。

《新西兰国家课程》中设计的学业质量水平层级充分考虑了学生的个体差异性。比如,在第一学年,学生的学业水平基本上都是一样的;第二至第五学年,学生就呈现出两个层级水平;第六至第九学年,学生呈现出三个不同的层级水平;第十至第十三学年,学生则呈现出四个不同的层级水平。这说明随着学生学习年限的增加,其个体差异越来越明显。

三、澳大利亚视觉艺术学业质量标准

澳大利亚视觉艺术课程将学前至十年级分成学前至二年级、三至四年级、五至六年级、七至八年级、九至十年级等五个学段,每个学段学习结束,都制定了学业成就标准,供评价学生学习之用。以下是学前至十年级,各学段视觉艺术的成就标准。

(一) 学前至二年级成就标准

当二年级学习结束时,学生能描述他们制作和观赏的艺术作品,能说明制作与展示艺术作品的地点与原因。

学生能运用不同的技巧和程序制作各种形式的艺术作品,表达他们的思想、观察和想象的事物。

(二) 三至四年级成就标准

当四年级学习结束时,学生能描述和讨论他们创作、展示与观看的艺术作品之间的相似性与差异性。讨论自己与他人如何在艺术作品中使用视觉元素。学生受到所欣赏的艺术作品启发,能共同合作规划和制作艺术作品,能运用视觉元素、各种技术和程序来传递他们的各种想法。

(三) 五至六年级成就标准

六年级学习结束,学生在制作和观赏艺术作品时,能解释与表达他们的各种想法。在创作艺术作品时,能描述不同文化、时代和地区的艺术对自己的艺术作品和实践的影响。

能使用视觉元素和艺术实践来表达自己作品中的个人观点。在策划和制作艺术作品时,能展示不同的技术与程序。在描述艺术作品展示时,知道如何加深观众对作品意义的理解。

(四)七至八年级成就标准

到八年级学习结束时,学生能识别和分析艺术家如何使用各种艺术元素和观点来交流思想,并学会将这些知识运用于自己的艺术创作。能说明如何通过展示一件艺术作品来传递其意图。能评估自己和他人的艺术作品是如何受到不同文化、时代和地区影响的。

学生能对自己和他人艺术作品中所使用的各种技能与程序进行探索,学会规划自己的艺术创作。在艺术作品中,学生能展示使用视觉元素、技术和程序来传递各种意图。

(五)九至十年级成就标准

十年级学习结束,学生能评估自己制作和观看到的艺术作品所表达与传递的艺术意图。能评估来自不同文化、时代和地区的艺术作品和展览。能分析自己和他人的思想与视觉元素、创作实践以及观点之间的联系。能识别其他艺术家对自己艺术作品的影响。

学生能熟练地操作各种材料、技术及程序,并能发展和完善各种技术及程序,在自己的艺术作品中表达各种想法与题材。

总之,各国研制的学业质量标准,不仅作为对该国学生平时学习成绩的评价依据,而且是该国国家学业质量监测的重要依据,如新西兰国家学业质量监测,就是以《新西兰国家课程》中学业质量水平层级作为依据的。

第六节

各国学习评估比较

一、美国艺术课程中的学习评估

美国《国家核心艺术标准》提出了"基石性评估模式"（model cornerstone assessments）。具体做法是:[1]

1. 设定一个学习主题。

2. 围绕主题对学生提出五条简要的评估要求。

3. 将评估要求嵌入课堂教学。

4. 具体的评估程序:

- 在评估之前,学生应接受基于以往知识和技能的指导。

- 在评估中,应在课堂中传授知识与技能。

- 学生应有充分的机会和时间,去学习他们所期望的知识和技能。

- 对于学习目标,学生在评估之前就应该很明确。

- 学生应拥有许多展现他们已学和克服困难进行实践的机会。

- 评估应能代表学生已学或应该学习到的东西。

5. 评估实施过程:

- 开始评估学生之前,教师应阅读和展示所有的评估材料,包括有关评估的术语、标准要求或规则以及任务提示等,以便确保评估统一实施。

---

① National Coalition for Core Arts Standards: Visual Arts Model Cornerstone Assessment (Secondary Accomplished) [EB/OL]. [2016 - 06 - 17]. http://www.nationalartsstandards.org.

- 学生应接到基石性评估模式的任务单、评估术语、标准要求或规则，以及其他有益的辅助材料。
- 教师应检查了解学生对评估所提出的问题，并作回答或澄清。
- 在对学生进行评估之前，教师应展示所有合适的和需要使用的材料与过程。
- 在评估管理阶段，所有学校、学区和州的政策与程序，都应将安全与适当的监督放在最重要的位置。
- 学生的学习必须基于认定的标准进行评估。
- 当学生进行小组工作时，学习评价应既针对个人又应针对小组集体。
- 必须为学生提供充足的时间，来完成评估的所有要求。
- 在评估期间和结束，应提供所有有关学生个人表现的反馈信息。

基石性评估的目的是让学生参与各种艺术活动过程，通过真实的、相关的情境，学会运用所学到的知识与技能。基石性评估的真实性与复杂性，与传统的去情境化的、以选择——回答为主的许多测试方式不同。因此，"基石性评估模式"是一种全新的评估模式，强调"教—学—评"的一致性（alignment），使核心素养教育真正落到实处。

美国《国家核心艺术标准》为了使 21 世纪技能转换为可观察的外显表现，开发出一系列测量工具和量规，包括《学生自我评价表》《教师形成性评估检查表》《基于标准的整体性量规表》《基于标准的整体性检查表》《评价标准表》等。

二、新加坡美术课程中的学习评估

新加坡将美术学习评估分为"为艺术学习的评估"（assessment for learning in Art）和"对艺术学习结果的评估"（assessment of learning in Art）。其中，"为艺术学习的评估"，其本质上是诊断性的。也就是说，旨在帮助学生认识到他们当前的优势和劣势，确定他们的学习目标，并提出相应的步骤来缩小差距，以实现他们的目标。评估的方式与形成性评估或使用有助于"形成"或"塑造"学生学习的实践有关。"对艺术学习结果的评估"，也称终结性评估，其本质是对学习结果作出评价。让学生通过固定任务或测试来展示他们对特定技能的理解或掌握的熟练程度。

新加坡美术课程将档案袋评价作为评估和支持学生学习的主要评估方式。

他们认为,档案袋评估作为形成性和终结性评估的一部分,应无缝地融入美术课。档案袋有三个方面的主要特征:档案袋讲述一个学生学习美术的故事;档案袋与作品一样,反映的是学生美术学习的过程;档案袋包含学生的学习反思。

他们还认为,一个完善的档案袋往往可以全面地呈现学生在美术课上所习得并运用的知识、技能和基本理论。档案袋对学生在一段时间内的发展和成就进行了全面、多方位的观察,展示了他们的思考与想法。档案袋评价包括四个步骤:收集、选择、反思和连接(见表 2-9)。

表 2-9 档案袋评价的证据、工具和策略

学生学习的证据	评价工具	评价策略
● 在进行中的工作。 ● 过程中的文档,如草图、照片、视觉日志、用文字写的想法。 ● 展示方面的文档,如艺术家的对话、展览和讲述。 ● 最终的美术作品。 ● 反思。 ● 参与口头讨论。	● 观察。 ● 评估量规。 ● 检查表。 ● 等级表。	● 收集:为档案袋收集物品(美术作品、证据)。 ● 选择:能展示与美术课的学习目标相一致的能力与成就。 ● 反思:对选择的项目进行反思,表明他们的想法,展示通过学习所获得的体验。 ● 连接:将美术学习与个人、社区和文化的体验联系起来。

上述四个步骤应当作为学生在美术课上学习的一部分予以定期规划和执行,从而促进学生学习进程的反馈或评估。通过档案袋评估,教师可以:

● 评估学生的知识和技能的掌握情况。

● 在新课教学之前,检查学生对以前学习的理解程度。

● 向学生提供反馈,帮助他们提高对所教内容和技能的理解。

为了应对档案袋评估,新加坡还按照每个关键阶段制定了一套标准(见表 2-10)。

表 2-10　按关键阶段分列的评估标准

评价标准	能力的主要证据		
	关键阶段 1 小学一至二年级	关键阶段 2 小学三至四年级	关键阶段 3 小学五至六年级
观看 表达 欣赏 个人的回应	● 美术作品的构思具有想象力。 ● 能对他人作品做出回应。 ● 能有效地使用美术词汇来谈论所看到的事物。 ● 档案袋中有反思性的思考。	● 充分利用绘画来分享观察到的事物。 ● 作品能表现个人的想法和创意。 ● 手工艺作品中能反映对本土艺术的理解与想法。 ● 能有效地使用美术词汇讲述自己的想法与经验。 ● 档案袋展示了理解标准的基础上对自身优势进行基本分析。	● 能有效地利用绘画来交流思想。 ● 美术作品展示的是代表自己体验和灵感的原创思想。 ● 手工艺品呈现了受当地和国际美术作品启发的诠释和想法。 ● 有效地利用视觉方式和恰当的词汇讨论各种想法和体验。 ● 档案袋能体现对标准的理解，以及个人的优势和需要改进的方面。
工具和材料的使用	● 在美术创作中，探索和使用工具与材料时表现出自信心和独立性。	● 能表明在制作美术作品时，对工具和材料特性与使用方式的理解。 ● 能主动地与他人合作，使用工具与材料制作美术作品。 ● 档案袋中所搜集的美术作品能呈现不同的技能与媒材。	● 在美术创作中，有目的地选择和使用工具与材料。 ● 在与他人进行美术创作时，能尝试使用替代的工具和材料，展示适应能力。 ● 档案袋能展示在创作美术作品时对各种技能与媒材的精心选择。
视觉特性的运用		● 在为特定目的创作美术作品时，能熟练运用艺术元素和设计原则。	● 为特定目的、意图和受众创作美术作品时，能有效地运用艺术元素和设计原则。
对文化和历史遗产的回应		● 能知道最重要的本土美术作品。 ● 能用口头或视觉方式进行回应，表明对新加坡本土美术作品的理解。	● 能用口头或视觉方式进行回应，表明对新加坡及外国的重要美术作品的主题与自身体验之间所建立的联系。

　　总之,世界上一些国家和地区在美术课程评价过程中,不是简单地看学生对美术学科知识与技能掌握得怎样,而是将美术学科或跨学科知识与技能、过程与方法、情感态度和价值观进行整合,综合地来看待学生的发展,促进学生核心素养的形成。

　　纵观世界各国艺术(视觉艺术)课程标准的发展趋势,我们可以获得如下启示:

　　启示一:世界上一些国家,如美国、澳大利亚等国,将舞蹈、戏剧、媒体艺术、音乐和视觉艺术,组成了一个艺术的学习领域。虽然在课程基本理念、总目标上是一致的,但是由于艺术各门类的表现形式、实践方法、艺术术语、所展示的空间、看待世界的方式各不相同,因此,这些国家课程标准中舞蹈、戏剧、媒体艺术、音乐和视觉艺术既有共同的总目标,又有各艺术门类的分目标、内容描述和成就标准。这种既强调艺术各门类之间的相似性与关联性,又强调各门类之间的差异性和特殊性,是值得我们学习和借鉴的。

　　启示二:课程标准的设计,如何使"教—学—评"保持一致性,这对于我国修订美术课程标准,如何将"立德树人"以及"核心素养"的理念,通过具体的评价落实到课堂教与学的过程之中,是有借鉴和启示作用的。

　　启示三:评价的手段,如何将核心素养转换为可观察的外显表现,进而开发出相应的测量工具和量规,这对于我国美术教育的评价是有借鉴和启示作用的。

　　启示四:教学内容的编排,如何运用"大概念"的理念,整合学科知识、技能与学习过程、情感、态度、价值观,这对于我国美术教学和美术教科书的编写是有借鉴和启示作用的。

第三章

经合组织面向教育 2030 项目[①]

　　2015 年 4 月,经济合作与发展组织在教育政策委员会上启动了"未来的教育和技能:教育 2030"项目。该项目将开展两项大型活动:一项是建立一个面向未来的学习框架,在不同国家和不同利益相关者之间,使用框架内的通用语言,阐述当今学生到 2030 年为走向美好未来所需的知识、技能、态度和价值观;另一项是建立一个国际课程分析的知识库,使课程设计和开发过程更加基于证据和系统化,尤其是针对各项目参与国共同面临的挑战。

① 本章由教育部课程教材研究所提供。其根据《OECD 课程图谱研制项目第一次工作会(会议资料)》(2018 年 6 月)、《OECD 课程图谱研制项目第三次工作会(会议资料)》(2018 年 10 月)、经合组织 *The future of education and skills: Education 2030*(2018 年)写成。

经合组织"未来的教育和技能：教育2030"项目

经合组织的教育政策委员会(Education Policy Committee)在 2015 年 4 月第 17 次会议上提出了"未来的教育和技能：教育 2030"项目("The Future of Education and Skills：Education 2030"Project)。该委员会认为此项目将成为一个重要的机会来探索教育更大的愿景和面临的长期挑战，项目目标是通过国际合作，建立起对面向 2030 所需的知识、技能、态度和价值的共同理解(见表 3 - 1)，支持各国的决策者和教育工作者共同为两个影响深远的问题寻找答案：

面向 2030，今天的学生需要什么样的知识、技能、态度和价值观才能塑造和繁荣他们未来要面对的世界？——教什么？学什么？也就是说，我们如何让学生为尚未创造的工作做好准备，如何应对我们无法想象的社会挑战，如何利用尚未发明的技术？在一个相互联系的世界里，他们需要理解和欣赏不同的观点和世界观，尊重与他人互动，并为可持续发展和集体福祉采取负责任的行动。

教学系统如何才能有效地发展这些知识、技能、态度和价值观？——怎么教？怎么学？[1]

---

① OECD. The Future of Education and Skills：Education 2030 ［R］. Paris：OECD Publising，2018：Foreword.

表 3-1 经合组织"未来的教育和技能:教育 2030"项目的两个阶段

第一阶段(2015—2018) 课程再设计和开发面向 2030 的学习框架。	第二阶段(2019 及以后) 关注课程的实施和开发面向 2030 的教学框架。
与所有利益相关者共同创建概念性的 2030 学习框架: 建立一个面向未来的学习框架,在不同的国家和不同的利益相关者之间,使用框架内的通用语言,阐述当今学生为在 2030 年茁壮成长,塑造未来,走向更美好的未来所需要的知识、技能、态度和价值观。	建立关于有效地实施预期课程教学设计和原则的共同基础。
开展国际课程分析: 进行国际课程比较分析,建立一个知识库,有助于使课程设计和开发过程更加基于证据和系统,特别是解决参与国之间共同确定的挑战。	探索为能使所有学生达到未来成功的预期结果的教师所必备的能力。

上述这些活动都将由各参与国的决策者、研究人员、校长、教师和学生共同参与完成。

2018 年 4 月,经合组织发布了项目的初步成果《学习框架 2030》(*The OECD Learning Framework* 2030)。该框架描述了我们需要培养学生什么样的能力才能面对他们塑造未来的需求,以及为政策制定者提供了一个清晰的下一步教育改革的议程。这也是经合组织在继其 20 世纪末"核心素养项目"(DeSeCo①)之后又一次在新时代背景下对究竟要"教什么"的再思考(OECD,2015),也被称为"核心素养项目 2.0"(DeSeCo 2.0)。

---

① DeSeCo:Definition and Selection of Competencies,即经合组织于 1998—2003 年开展的"素养的界定与遴选"项目。

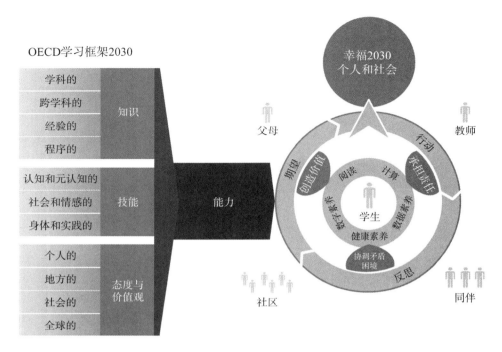

图 3-1　2018 年 4 月,经合组织发布的《学习框架 2030》

　　我们可从图 3-1 看到这个框架在图的左右分别说明了知识、技能、态度与价值观和未来的关键素养及其形成过程。《学习框架 2030》后经过各参与方的共同迭代,最终于 2019 年 5 月以电子版的形式正式发布,被称为经合组织《面向 2030 的学习指南》(*The OECD Learning Compass* 2030,见图 3-2)。

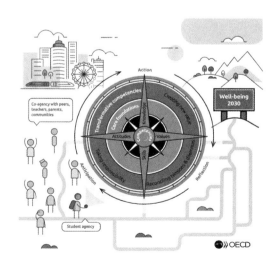

图 3-2　2019 年 5 月,经合组织发布的《面向 2030 的学习指南》

正如安德烈亚斯·施莱歇尔先生（Andreas Schleicher）在《教育要面向学生的未来，而不是我们的过去》一文中所指出的："教育者面临的困境是，最容易教授和最容易测试的知识与技能，也正是最容易数字化、自动化和外包的。事实上，拥有良好的学术技能并不能阻止人们使用这些技能来摧毁，而不是推动他们的社会发展。这就归结到教育的核心：培养价值观，让学生拥有一个可靠的指南针和导航工具从而能够自信地探索世界"。

在 2018 年初步完成《学习框架 2030》的开发后，经合组织一边继续完善《学习框架 2030》，同时在《学习框架 2030》的基础上开展了有关课程再设计活动：

- 评估经合组织与课程有关的研究现有的相关数据。
- 课程改革的政策问卷（policy questionnaire on curriculum redesign，简称 PQC）。
- 课程内容图谱分析（curriculum content mapping，简称 CCM）。
- 深入的体育与健康/课程分析（in-depth, subject-specific analysis of physical education/health education，简称 PEHE）。
- 数学课程文件的分析（mathematics curriculum document analysis，简称 MCDA）。

其中课程内容图谱分析是课程分析的关键活动之一，同时借鉴了经合组织的学习框架。经合组织的"课程内容图谱分析"项目中的内容框架和素养框架就是在《学习框架 2030》的基础上形成的。

经合组织课程内容图谱分析

一、课程内容图谱分析的目标

"能力/素养"（competences）是一个整体和动态的概念，包括知识、技能、态度和价值观。然而，在设计以能力为基础的课程，考虑学生在学校应该学什么的时候应避免错误地将"知识"与"技能、态度和价值观"分裂开来。

"课程内容图谱分析"（CCM）将使各国能够确定或确认"能力/素养"在其当前课程和其他国家的课程中的程度和方式，并进行更细致的分析，课程内容图谱分析项目的目的是支持各国：

- 在经合组织《学习框架 2030》内，探索如何将知识和技能（如批判性思维、创造性思维、合作/协作）以及态度和价值观（如尊重、同理心）等一起在课程里教授。这样可以帮助各国更好地了解某一特定的技能、态度和价值观与学生的某些学习/学科领域如何关联起来。

- 帮助我们确定到底需要哪些新兴的跨学科能力（如全球胜任力、数字素养），如何在不增加新的学习/学科领域的条件下进行教授。帮助各国避免增加新的学习领域或学科导致进一步增加课程的负担。

- 探索在经合组织《学习框架 2030》中清晰地描述的那些关键概念、能力/素养等在现有课程中是如何体现的。而且，这些能力/素养和品质是当今的学生构建未来所必需的，这样可以帮助各国反思当前课程与未来需求之间可能存在的差距。[①]

---

① OECD. Progress Report of the OECD Learning Framework 2030[R]. Paris：OECD Publising，2017：1.

二、课程内容图谱分析的价值

在课程内容图谱分析的基础上,各国将可以使用以下数据:

● 在面向 2030 生活和工作必不可少的那些能力的各种维度上,各国国家课程所涵盖的广度和深度。

● 在各学习/学科领域所包括的各项能力,以及他们如何包括跨学科能力,在经合组织《学习框架 2030》所定义的"变革能力"的关键维度上,可以和其他国家进行国际比较分析。

● 作为未来课程开发、设计的一个宝贵资源。

此外,从课程内容图谱分析中获得的数据可以提供:

● 有价值的关于经合组织《学习框架 2030》的指导信息以及从政策问卷获得的关于各国课程数据,即国家课程。

● 学校实践案例研究的具体信息,即实施的课程。

● 与 PISA 成绩相关的具体信息,即实际获得的课程。

● 关于知识、技能、态度和价值观各方面的相互关系的总体信息,有助于进一步分析具体的学习领域,如体育/健康教育、数学。

三、课程内容图谱分析的范围

为确保跨国比较,商定了以下范围:

(一) 教育的层级

课程内容图谱的分析将只包括各国在《国际教育标准分类 II(ISCED II①)》这一

---

① ISCED 是联合国教科文组织(UNESCO)成员国一致通过的《国际教育标准分类》(*International Standard Classification of Education*)的缩写,它为各国教育系统的分类提供了一个通用的标准。ISCED II 在该标准中代表初中一级的教育。

层级中的所有年级,相当于我国初中阶段的教育,以便探究各国在不同年级对学习领域的目标设计有什么不同。

(二) 学习领域

选择七个学科领域的内容作为进行能力维度分析的基础。经合组织选择这些学科领域,既考虑到在各国的可行性,也考虑到要保证能有一个适当范围的学习领域,以便尽可能多地包含学生在学校里所学的科目。

这些学习领域是由国际学科专家和经合组织提议,随后由参加试点研究的国家进行讨论并同意的。如果参与国和地区各年级教授的所有七个学科领域都包括的话,那么这些国家和地区就会关注该项目潜在的工作量以及项目总体的范围和深度。

因此,大家同意拟订一套七个学习领域的编码框架,包含通常在参与国和地区强制性课程范围内的科目。选定的课程内容图谱分析学习领域如下:

- 国语
- 数学
- 体育/健康教育
- 艺术(视觉艺术、音乐、舞蹈、戏剧及媒体艺术)
- 人文/社会科学(地理、历史、公民、经济学/商业研究)
- 科学/自然科学(生物、物理、化学、地球科学/空间/天文)
- 技术(工艺/设计和技术、信息技术、家政)

上述名称和学科领域的分类各个国家可能不同,组织、排列方式也可能不同。因此,重要的一点是各国在七个学科领域的编码框架草案中确定各国课程与某一项编码的"定位"时,承担分析的不同学科的专家要相互合作,一起讨论。比如,在某些国家,舞蹈可能属于体育/健康教育的学科领域,而在其他国家相同的内容可能包括在艺术学科内。

为此,我国各学科专家也将我国义务教育课程标准与经合组织课程内容图谱分析的七大学习领域作了对应(见表 3-2)。

表 3-2 我国义务教育课标与经合组织课程内容图谱分析七大学习领域的对照表

	OECD 的分类	我国对应的科目	备注
1	Arts	美术、音乐、艺术	艺术课可分学段
2	Humanities/Social Studies/Social Sciences	思想品德、历史、地理	历史、地理均为九年制课标
3	Mathematics	数学	
4	National Language(s)	语文	
5	Physical Education/Health	体育与健康	可分学段
6	Science/Natural Science	初中科学、物理、化学、生物学	
7	Technologies	信息科技	

从以上的表格中可以看出,我国义务教育课标与经合组织所划分的七大学习领域基本吻合,这为课程内容图谱分析奠定了基础。

(三) 能力/素养的范围和维度

在与经合组织指定的学科专家进行讨论,以及在国际工作组会议关于经合组织《学习框架 2030》的讨论后,课程内容图谱的分析将涉及学科领域的内容和能力/素养两个维度。

所建议的能力可以分类为"基本素养""2030 技能/态度/价值观""2030 学习框架的关键概念""2030 能力发展周期"和"复合能力"。具体如下:

基本素养(foundational literacy):

1. 读写能力(literacy)。

2. 计算能力(numeracy)。

3. 信息技术(ICT)素养/数字素养(ICT literacy/digital literacy)。

4. 数据素养(data literacy)。

5. 体育/健康素养(physical/health literacy)。

2030 技能、态度和价值观(skill, attitudes & values for 2030)：

6. 批判性思维(critical thinking)。

7. 解决问题(problem solving)。

8. 合作/协作(cooperation/collaboration)。

9. 自律/自我控制(self-regulation/self-control)。

10. 同理心(empathy)。

11. 尊重(respect)。

12. 坚毅力/适应性(persistence/resilience)。

13. 信任(trust)。

14. 学会学习(learning to learn)。

2030 学习框架的核心概念(key concepts of the 2030 learning framework)：

15. 学生主体(student agency)(例如,动机、目的性、成长思维、自我导向学习、自我效能感)。

16. 共同体(co-agency)(例如,师生、同伴、家长、学生群体以外的学校)。

面向 2030 的变革能力和能力发展(trans-formative competencies and competency development for 2030)：

17. 创造新价值(creating new value)(包含创造性思维)。

18. 承担责任(taking responsibility)。

19. 调和矛盾和困境(reconciling tensions and dilemmas)(解决冲突)。

20. 期望(anticipation)。

21. 行动(action)。

22. 反思(reflection)。

2030 的复合能力(compound competencies for 2030)：

23. 全球胜任力(global competency)。

24. 媒介素养(media literacy)。

25. 可持续发展素养(literacy for sustainable development)。

26. 计算思维/编程/编码(computational thinking/programming/coding)。

27. 财经素养(financial literacy)。

28. 企业家精神(entrepreneurship)。

四、课程内容图谱分析中的"文件"范围

正式的书面课程提供了教和学的基础,当然还有其他因素,如实际的学习经验和教师在课堂上的讲授都有助于学生的学习。而对于面向教育 2030 项目的课程内容图谱分析而言,我们的重点是书面课程,即国家课程文本。

由于"课程"的范围因国家而异,各国在解释和报告课程内容图谱分析数据时将有足够的空间提供这些"课程"的背景信息,以避免对数据分析产生误解。为此,课程内容图谱分析研究报告为各国提供了相关的表格。

人们还认识到,各国可能通过不同的方式培养那些期望的能力。例如,有些国家期望在家庭或社区内,而不是通过课程来培养出特别的能力。

诸如此类,各国在这些过程中的具体信息也将作为课程内容图谱分析的一部分被收集起来。由此可以适当地看到相似和不同的方法。

五、课程内容图谱分析的实施

课程内容图谱分析项目是按照经合组织统一的操作程序,对各参与国和地区相当于国际教育标准分类 II 级教育,即初中阶段教育的国家课程标准文件,对照由内容框架和能力/素养框架构成的二维矩阵(mapping grid)进行分析。

内容框架包括艺术、人文、数学、国语、体育/健康教育、科学和技术等 7 个学习领域,共 189 个内容条目。该内容框架是在对亚洲、北美洲、欧洲、大洋洲的 5 个国家和地区现有课程的调查基础上,由经合组织与课程专家组共同讨论、试点研究迭代形成的。

同样,课程内容图谱分析中的能力/素养框架也是通过与各国代表和各领域专家广泛协商制定完成的,总共有 28 项能力/素养。这些能力被归类为"基础知识(基本素养)""面向 2030 的知识/技能/态度/价值观""2030 学习框架的关键概念""面向

2030 的能力发展"和"复合能力"。这些分类是与经合组织《学习框架 2030》相对应的。

参与国家和地区的课程专家依据经合组织课程内容图谱分析项目组提供的 4 级标准判断国家课程中各内容条目所对应的能力/素养培养要求:"4"为主要培养目标;"3"为次要培养目标;"2"为没有要求,但教师有机会培养;"1"为没有要求,教师也不大可能培养。这 4 个层级的标准如表 3-3 所示。

表 3-3　判断国家课程内容条目的 4 级标准

层级	描述	标准
1	在这个学习领域没有。	能力不包括在这个学习领域(学科领域)的书面课程中,教师不太可能把这作为他们自己教学的一部分。
2	在这个学习领域没有目标,但是在教授这个学习领域(学科领域)的时候,教师有一些机会。	在这个学习领域(学科领域)的书面课程中,能力并没有被明确地包含在内,但是,如果教师选择这样做的话,在内容上有足够的范围来包含他们的能力。
3	学习领域分支(股)的子目标,或在特定的年级中。	能力是作为目标的一部分或作为特定等级的主要目标而写的。
4	学习领域的主要目标。	以书面课程为主要目标的能力。

课程图谱分析结果用颜色的深浅代表 4 个层级标准所形成的"热图"来呈现,用以说明课程标准中各项能力/素养培养要求的广度和深度。

经合组织的课程图谱分析,其目的在于描述各参与国和地区目前的国家课程面向教育 2030 的现状,没有对错优劣。在这个过程中,重在各参与国和地区的互相学习并着眼于未来的课程设计、教学设计和实施。这不仅仅是课程的改革,而且更加重要的是课堂教学和评价机制的落实。

能力/素养框架与学科领域内容编码框架

一、能力/素养框架

随着学习领域编码框架的开发,概念/能力/结构的编码框架也通过迭代过程开发出来。这个框架最初通过经合组织《学习框架 2030》开发的工作组会议的讨论,在 2017 年的初步试验中使用了 24 项能力/素养。后来,经合组织成立了一个工作组,根据已有文献、理论和新的关于学生未来所需要的变革能力的研究中所提出的能力/素养的新思路撰写了一系列的论文和建议。

这些概念/能力/结构及其所列类别的定义是根据工作组制订的材料,在 2017 和 2018 年工作组会议上进行了讨论。课程内容图谱分析项目还汇总了参与课程内容图谱分析初步试验及预测试的国家和地区的反馈意见,通过课程内容图谱分析流程逐步制定和调整的。同时也对经合组织《学习框架 2030》进行了改进。

在此期间,基于各种来源的反馈和经合组织《学习框架 2030》的发展,能力/素养的数量有所加减。在课程内容图谱分析项目能力/素养框架草案中,目前有 28 个概念/能力/结构列入以下表格,它们与经合组织《学习框架 2030》是密切配合的(见表 3-4):

表 3-4 课程内容图谱分析项目能力/素养框架

面向 2030 所必备的基本素养	1	读写能力	读写能力被定义为评估、使用和参与书面、口头、视觉和多模式文本的能力。有读写能力的学生能够解码和构建适合学校内外生活的不同类型的文本。这些文本将包括特定主题的文本(如科学或历史中需要的文本)、图表和图形等视觉文本。读写能力被理解为沟通的基础。
	2	计算能力	计算能力定义为访问、使用、解释和传达数学信息和思想的能力。有计算能力的学生能够运用适合学校内外生活的数学理解和技能。包括在适当情况下,在其他学科领域的特定主题内容中应用数学过程中获得的知识和技能。
	3	信息技术(ICT)素养/数字素养	数字素养被定义为在学校内外有效和适当地使用信息和通信技术的能力。具有这种能力的学生能够访问、创建和交流信息和概念。他们能够适应不断变化的技术和使用技术实现目的,并以道德和负责任的方式使用设备与他人沟通。 信息技术是指允许人们和组织在数字世界中进行交互的所有设备、网络组件、应用程序和系统。
	4	数据素养	数据素养被定义为基于数学理解和技能,从数据中获取和创建有意义的信息,利用数据进行交流,特别是与统计学相关的数据。 数据素养包括批判性地思考以统计方式或可视化方式呈现的信息,以分析数据并确定主张的准确性和基于数据的客观解释。
	5	体育/健康素养	体育/健康素养被定义为将身体、心理、认知和社交能力融入健康和积极生活的能力及动力,这包括获得健身和运动技能,对运动的积极态度以及关于如何及为何参与运动活动的理解。 拥有体育/健康素养的学生拥有访问、理解、评估和应用健康信息的知识、技能和态度(包括动机),以便对安全、健康实践与行为做出适当的决定。 健康素养往往与更好地获取和使用健康服务有关,并且在整个生命周期内保持卫生和健康(如营养、心理健康、关系和保持安全)。

（续表）

面向 2030 的技能、态度和价值观(青年苗壮成长并塑造他们的世界所需的技能、态度和价值观)	6	批判性思维	批判性思维被定义为质疑、评估想法和解决方案(OECD, 2016)。这个定义体现了元认知、社会和情感技能(在文化背景下的反思和评价)、态度和价值观(道德判断,与自己的目标和价值观的整合)的融合,以及许多认知技能的组合,包括体验、观察、分析、概念化、综合、评估、反思和沟通。批判性思维是一种更高阶的认知技能,包括归纳和演绎推理,进行正确的分析、推理和评估。
	7	解决问题	解决问题的定义是"寻找解决困难或复杂问题的过程"(牛津词典)。解决问题可以指个人参与认知过程的能力,以理解和解决一个方法或方案不是很明显的问题(OECD,2016)。解决问题是多方面和多维的,可以包括各种形式,包括人际问题解决、个人问题解决、社会问题解决和解决跨越各种学科(如数学、科学)的问题。
	8	合作/协作	合作/协作是指作为一个团队或团队成员,忠于团队,并能分享。团队合作是幸福和成功生活的有力预测指标。协作技能是性格特征和技能(而不是道德价值观或态度)。
	9	自律/自我控制	自律/自我控制被定义为延迟满足、控制冲动和调节情绪表达的能力。自我控制是一种伞形结构,它将来自不同学科的概念和测量结合起来(如冲动、责任心、延迟满足、注意力不集中、执行功能、意志力、跨期选择)。
	10	同理心	同理心是分享、理解和谨慎回应他人的能力。人们更容易与那些与自己更相似(在文化和生活条件方面)的人以及与他们交往更频繁的人产生共鸣。 同理心是一种多层面结构,例如,它涉及换位思考(认知技能)以及社交和情感技能。
	11	尊重	尊重是对自我和他人以及所处环境的重视,并充分考虑到自我和他人的感受、愿望或权利,以及我们周围可能不能表达愿望的事物(如环境、动物)。尊重是通过行为和交流表现出来的,这种行为和交流会因文化背景的不同而有所不同。例如,尊重文化多样性就意味着重视其他文化的许多差异和相似之处。尊重自然涉及环境伦理。

（续表）

面向 **2030** 的技能、态度和价值观(青年苗壮成长并塑造他们的世界所需的技能、态度和价值观)	12	坚毅力/适应性	坚毅力/适应性是指在遇到困难、涉及的时间或步骤长或遭到某人或某事的反对时,保持对某项活动的努力或兴趣所需要的性格。美国心理学会(American Psychological Association)将适应力定义为在逆境、创伤、悲剧、威胁或重大压力(如家庭和关系问题、严重健康问题、工作场所和财务压力)面前表现良好的适应过程。它的意思是"从困难的经历中恢复过来"。
	13	信任	信任是一种基于对所采取或计划的行动的可靠性和完整性的信念而形成的对个人和机构(组织)的态度。当一个人确信其他人的行为主要基于良好的意图和道德考虑,而不是专门针对个人或群体的负面影响时,信任就形成了。信任是一个多维度的概念,它是由个人和机构(组织)展现关怀、能力和开放时形成的。个人和(或)社会的健康程度与社区内的信任水平密切相关。
	14	学会学习	学会学习(learning to learning)或元学习(meta-learning)被定义为对学习现象本身的认识和理解,使学生能够控制自己的学习。在这个定义中隐含的是学习者对学习环境的感知,这包括了解该学科的期望是什么,更狭义地说,是给定学习任务的需求。学会学习策略的目的是使每个学生都有能力反思自己的学习;在学习中理解、分析和规范其思维、态度和行为所需的技能;有能力设定学习目标、监督进度、采取措施和调整以改善学习。
关键概念(**2030** 学习框架下的关键概念)	15	学生主体	学生主体是有能力和倾向于采取有目的的主动性——与无助相反。具有高度能动性的年轻人不会被动地对他们的环境做出反应;他们倾向于寻找意义和有目的的行动,以达到他们在自己和他人生活中所希望的条件。他们相信他们可以对他们的学习及未来产生影响。主体包括有目的感,计划和采取行动以实现目标,反思反馈和建议,并对行动负责。这种能力是通过有关目标设定、进度监控、应对挫折、反思和评估的知识、技能、态度和价值观的发展而获得的。与学生主体密切相关:

（续表）

关键概念（2030 学习框架下的关键概念）			● 具有成长心态,指的是理解和欣赏一个人的学习潜力不受限制或预先确定,并且能力可以通过努力和坚持来发展。 ● 学生积极参与自己学习的方向(而不是被动地坐在教室里)。 ● 学生动机作为学生主体的一部分,在课程背景中被定义为有目的的、出于内在或外在原因而表现或采取行动,包括主动性、自我调节和好奇心等。 ● 自主学习是指学生(无论有无帮助)采取主动、形成学习目标、选择学习活动、接受相关风险、评估成绩的过程。 ● 自我效能感是学生主题的一个重要方面,因为它与自信有关,它包含了一个信念,那就是一个人可以理解需要什么,做出适当的判断,在可能的挫折和影响中航行,并在学习路径和轨迹上做出改变。
	16	共同体	共同体指的是帮助学习者朝着他们所珍视的目标前进的互动的、相互支持的关系。为了帮助发展(学生)主体,教育工作者不仅要认识到学习者的个性,而且要认识到影响他们学习的更广泛的关系——与他们的老师、同伴、家庭和社区的关系。在这种情况下,每个人都应该被看作学习者,不仅是学生,而且是教师、学校管理者、家长和社区。
面向 2030 的变革能力和能力发展	17	创造新价值(包含创造性思维)	创造新价值指的是有能力为 2030 年做好准备,识别新的增长来源从而为社会增值,如开发新的解决方案、产品和服务、新的工作岗位、新的流程和方法、新的思考方式和生活、新企业、新行业、新商业模式和新的社会模式。 创造力是支撑创造新价值能力的关键结构之一。创造力被称为"跳出框框的思维",被定义为以新的视角处理问题或情境的能力,从而产生看似非正统的解决方案。创造力可以从两个方面来探讨:第一,个体产生一种思维和概念的新颖的结合能力,这种结合后来在世界上得到了表达(索亚,2012);第二,作为一种工作产物,在某种程度上被知识渊博的社会群体认为是原创的,具有社会价值的(有用的)(索亚,2012;斯滕伯格和鲁巴特,1999)。

（续表）

面向 2030 的变革能力和能力发展	18	承担责任	承担责任是指能够为个人和集体福祉,有正当理由、有原则和诚信、负责任地行事。一个负责人表明愿意接受对行为或不作为的赞扬、责备、奖励或惩罚,并接受他们行为的后果,他们对团体和他人有承诺,可以依赖,有诚信。
	19	调和矛盾与困境（解决冲突）	调和矛盾与困境需要有能力以建设性的、面向未来的方式应对紧张局势、困境、权衡、关联、模糊、非同时性和非线性过程;从长远角度看,超越非此即彼;避免仓促地给出一个单一的答案,找到一个非此即彼的解决方案,而是要处理紧张、两难和权衡——例如,在公平和自由之间,自治和团结,效率和民主进程,生态和简单化的经济模式,多样性和普遍性,创新和连续性——将看似矛盾或不相容的目标整合为同一现实的各个方面。一个能够调和矛盾与困境的人能够通过多重的、动态的、经常是相互冲突的方面来反思性地处理紧张和困境,并认识到可能有不止一种解决方案或解决方法。解决冲突需要有目的地倾听,澄清观点,找到共同的理解或观点,确定解决方案并评估结果,作为促进和平结束冲突和报复的方法与过程。这种能力包括获得和运用诸如此类的技能。
	20	期望	期望是指了解他人的意图、行动和感受,并预测短期和长期后果的能力,同时也是扩大个人观点、准备创造和影响未来的能力。例如,从特定学科的角度来看,在数学中,预测是模拟和预测等特定类型数据分析的关键能力;在科学中,它可以作为假设形成的科学过程的一部分。预期使个人达到社会成熟的程度,使他能够采用不同的观点,做出独立的判断,并对自己的决定和行动负责。学生应该能够对现实生活和未来感到兴奋,而不是相信未来是由自然或其他人在他们的控制之外决定的。没有这些,学生将很难应对世界上的挑战和机遇。他们应该做好准备,满怀信心地预测和影响变化。为此,他们不仅要有知识基础(如历史、环境变化、当前人口变化、当前新闻事件)、认知技能(如分析或批判性思维技能,或一般问题解决技能)来预测未来的需求,或今天的行动对未来的影响,而且要有社会和行为的组成部分,如动机、情感、承诺和价值观。

	21	行动	作为一种能力,行动涉及的能力,以意愿和能力为明确的目的。它涉及个人倾向于根据他们正在学习或想要学习的东西,或对某种情况给出反应;运用所获得的技能来行动,或对某种情况作出贡献,并评估行动的影响。在特定主题的环境中,如在科学中,行动可以作为假设测试和在实验室中进行实验的科学过程的一部分。
面向 2030 的变革能力和能力发展	22	反思	反思是指在决定、选择和行动之前采取批判性立场的能力,例如,从假定的、已知的、明显的和可接受的情况后退一步,从其他不同的角度比较给定的情况,从眼前的情况看到一个人的决定和行动的长期及间接影响。这使个人能够达到一种社会成熟的水平,使他们能够采用不同的观点,做出独立的判断,并对自己的决定和行动负责。反思性方法是基于一个人类发展的模型,在这个模型中,个人能够将不断增加的复杂性集成到他们的思维和行动中。 它包括将当前的经验与以前的学习联系起来。反思还包括从多个来源获得认知和情感信息:视觉、听觉、动觉和触觉。要进行反思,我们必须对信息进行处理、综合和评价。最后,反思也意味着将我们所学到的应用到新语境中,而不仅仅是我们在最初的情境中所学到的东西。反思性方法基于一个人类发展的模型,在这个模型中,个人能够将不断增加的复杂性集成到他们的思维和行动中。在特定主题的语境中,如在科学中,它可以作为科学过程的一部分发生,就像人们对实验研究结果的反应一样。

（续表）

面向 2030 的复合能力,面向 2030 个人、社会和环境福祉所必需的知识、技能、态度和价值观	23	全球胜任力	全球胜任力是指能够审视地方、全球和跨文化问题,理解和欣赏他人的观点和世界观,与不同文化的人进行公开、适当和有效的互动,以及为集体福祉行事。
	24	媒介素养	媒介素养被定义为批判性思考和分析媒体阅读内容的能力,包括社交媒体和新闻网站。这包括识别"假新闻"或分辨真实与否的能力,以及能够评估、评价和反思所给出的信息,以便对其做出明智和道德的判断。
	25	可持续发展素养	可持续发展素养是指促进可持续发展所需的知识、技能、态度和价值观。要建立可持续发展素养,需要了解社会、经济和环境系统如何相互作用和支持生活,认识和欣赏影响可持续发展的不同观点,参与支持更可持续生活方式的活动。
	26	计算思维/编程/编码	计算思维涉及制订问题和开发可通过计算机技术实施的解决方案。编程和编码涉及开发有关指导计算机和机器人等设备所需的语言、模式、过程和系统的知识、理解与技能。
	27	财经素养	财经素养是将财经知识和技能应用于涉及现实情况的财务问题和决策的能力。它涉及对财经概念和风险的知识与理解,以及应用这些知识与理解的技能、动机和信心,以便在一系列财经背景下做出有效决策。财务决策是每个人所有年龄段生活的一部分,包括进入工作世界、管理自己的预算、购买商品、为未来节省开支、了解信贷和贷款支付、退休计划等。财经知识有助于个人驾驭这些决策并加强他们的个人财务状况,以及整个社会的财务状况,因为它促进了包容性增长和更具弹性的财经体系与经济。
	28	企业家精神	企业家精神被定义为增值的能力。它涉及评估情况、组织资源、创造和发展增值机会。此价值可能是产品、服务、想法,或解决问题、满足需求的解决方案。

二、学科领域内容编码框架

经合组织课程内容图谱分析项目学科领域内容编码框架,分为艺术(视觉艺术、音乐、舞蹈、戏剧、媒体艺术)、人文/社会科学(地理、历史、公民、经济学/商业研究)、数学(计量、数据与概率、方程和代数、函数、几何)、国语(阅读、写作、口语、听力)、体育/健康、科学/自然科学(生物、物理、化学、地球科学/空间/天文)、技术(工艺/设计和技术、信息技术、家政)等七大学科领域。每个学科领域内的每个学科内容都进行了编码,最初是由经合组织根据对一些国家的课程的初步分析和经合组织学科专家①的建议而制定的一个草稿。然后,根据课程内容图谱分析项目试点研究的反馈、国际工作组会议的讨论,经合组织在制定《学习框架 2030》过程中进一步完善了这个框架。

开发完成后,将学科领域内容编码框架草案分发给由经合组织"未来的教育和技能:教育 2030"项目非正式工作组成员提名的专家,并就专家提出的内容项目提供建议和反馈。随后,根据学科专家的反馈和建议,对框架草案进行了调整和进一步发展,并将其用于试点研究。

在试点研究完成后,参与研究的四个国家就学习领域编码框架草案提供了进一步的反馈,并在 2017 年 10 月于巴黎举行的第六次经合组织"未来的教育和技能:教育 2030"项目非正式工作组会议上获得了参与国家和地区的反馈。

为了确保内容的国际比较有效性,同时避免内容重复,2018 年 9 月 4 日至 5 日,在巴黎举行的主要研究项目的课程内容图谱分析项目筹备研讨会期间和之后,根据与会者的意见进行了最终的微调。我们以艺术学习领域内容编码框架为例(见表 3-5)。

---

① 经合组织为这项任务所从事的学科领域专家的样本,是基于需要,从不同国家获得咨询意见、专家的可靠性和专家知识的鉴定。

表 3-5 艺术学习领域内容编码框架

内容代码	学科/内容/观念/活动
视觉艺术/美术	
AVA 1	当地和全球公认的艺术家及其作品和艺术思潮对文化遗产的贡献。
AVA 2	视觉艺术的历史,包括主要的视觉艺术风格。
AVA 3	在绘画、雕塑、陶瓷、纺织品等不同艺术作品中使用的艺术技巧和美学特征。
AVA 4	制作和创作各类艺术作品(如绘画、雕塑、陶瓷、纺织品等)的活动。
AVA 5	通过视觉艺术作品表达情感和想法的活动。
AVA 6	在视觉艺术/艺术家的工作中,如何像艺术家一样思考;视觉艺术/美术对现实生活/现实世界有何贡献和联系(认识论知识)。
AVA 7	视觉艺术/美术中的道德和伦理问题(如版权意识)。
音乐	
AMU 1	当地和全球公认的音乐家和作曲家及其作品(当代和古典)对文化遗产的贡献。
AMU 2	音乐的历史和知识,包括主要的音乐风格和作品。
AMU 3	在不同的音乐作品中使用不同的音乐风格和作曲。
AMU 4	为各种目的而生产和创作音乐及演奏音乐作品(乐器和声乐)的活动。
AMU 5	通过音乐表达情感和想法的活动。
AMU 6	如何像音乐家一样思考和欣赏音乐,音乐如何帮助和联系现实生活/现实世界(认识论知识)。
AMU 7	音乐中的道德和伦理问题(如版权意识)。
舞蹈	
ADA 1	当地和全球公认的舞蹈家和编舞家及其作品(当代和古典)对文化遗产的贡献。
ADA 2	舞蹈的历史和知识,包括主要的表演风格。
ADA 3	在不同的舞蹈表演中使用的舞蹈形式、舞蹈片段和舞蹈元素。
ADA 4	制作和创作编排舞蹈和即兴舞蹈的活动。
ADA 5	通过舞蹈表达情感和想法的活动。

内容代码	学科/内容/观念/活动
舞蹈	
ADA 6	舞蹈家的工作,如何像舞蹈家一样思考;舞蹈对现实生活/现实世界有何贡献和联系(认识论知识)。
ADA 7	舞蹈中的道德和伦理问题(如舞蹈编排的版权,对某些舞蹈形式的偏见)。
戏剧	
ADR 1	当地和全球公认的演员、剧作家及其作品(当代和古典)对文化遗产的贡献。
ADR 2	戏剧的历史,包括主要的戏剧风格。
ADR 3	不同戏剧表演中戏剧的元素和惯用方式。
ADR 4	身体、手势和声音的使用,以及剧本和无剧本戏剧的制作与创作、排练和表演活动。
ADR 5	通过戏剧表达情感和思想的活动。
ADR 6	戏剧艺术家的工作,如演员、编剧等,如何像戏剧家一样思考;戏剧对现实生活/现实世界有何贡献和联系(认识论知识)。
ADR 7	戏剧中的道德和伦理问题(如剧本版权、表达和偏见)。
媒体艺术	
AMA 1	本地和全球公认的媒体艺术家的贡献。
AMA 2	媒体艺术的历史,包括主要的媒体风格。
AMA 3	在不同媒体艺术作品中的技术和符号元素。
AMA 4	制作、创作和展示媒体艺术作品的活动。
AMA 5	通过媒体艺术作品表达情感和思想的活动。
AMA 6	艺术家在媒体艺术中的工作,如何像媒体艺术家一样思考,媒体艺术对现实生活/现实世界有何贡献和联系(认识论知识)。
AMA 7	媒体艺术中的道德和伦理问题(如版权意识、个人数据保护)。

　　课程图谱分析项目研究中的七大学科领域的编码最初是由参与国提名的学科专家和其他专家通过网络研讨会作出的贡献。

编写编码的原因是：

- 确保分析过程中能获得准确和可比的数据。
- 为了确保分析是在一个适当的层次上进行，而不是在一个表面层次上。例如，代数和概率都包含在数学课程中，而培养的具体能力在这些方面可能会有所不同。
- 认识到学科领域在不同国家的构成和目的方面会有所不同（如前文提及的舞蹈）。

第四章

我国美术课程内容图谱分析研究

　　根据习近平总书记在全国教育大会上的讲话精神，2018年6月19日，教育部基础教育课程教材发展中心、课程教材研究所在北京召开"经合组织课程内容图谱研制项目工作会"，要求将我国义务教育阶段各学科的课程标准放在国际视野中来反观和思考，参与经合组织的课程内容图谱研制工作。2018年9月4日至5日，教育部"经合组织课程内容图谱研制项目组"还赴法国参加了在巴黎经合组织总部召开的"课程内容图谱研制工作坊"（见图4-1）。

　　本章主要介绍美术学科参与经合组织课程内容图谱的整个研制过程。

图4-1　2018年9月4日至5日出席在法国巴黎经合组织总部召开的"课程内容图谱研制工作坊"的各国代表成员

第一节

研制的方法

　　我们采用经合组织提供的《2030 能力/素养框架》和《视觉艺术内容框架》，与我国《义务教育美术课程标准(2011 年版)》(以下简称《美术课程标准》)文本进行比较分析，其中着重比较分析《美术课程标准》中的"前言""课程目标""实施建议"以及初中阶段的"课程内容"部分。除此之外，《美术课程标准》修订组编写的《义务教育美术课程标准(2011 年版)解读》，以及目前正在使用的初中美术教科书也是作为比较分析的参考材料。在比较分析的基础上再赋以分值，最终以"热图"方式呈现，用来说明我国《美术课程标准》中各项能力的广度与深度。旨在通过参与经合组织"课程内容图谱研制项目"，了解国际基础教育视觉艺术课程发展的现状与趋势，为修订我国义务教育美术课程标准提供建议。

《2030 能力/素养框架》的解读与分析

一、《2030 能力/素养框架》的解读

经合组织提供的能力/素养框架分为 5 个类别、28 个能力条目,具体如下:

第一,基本素养包括读写能力、计算能力、ICT 素养/数字素养、数据素养、体育健康素养。

经合组织认为,"在全球化趋势下,数字化、气候变化和人工智能的发展对教育目标和方法都构成了根本性的挑战"[1],因此这些基本素养被认为"是 21 世纪学生成长的必要条件,也是作为人类智力的重要方面"[2]。

第二,面向 2030 的技能、态度和价值观。包括合作/协作、批判性思维、解决问题、自律/自我控制、同理心、尊重、坚毅力/适应性、信任、学会学习。

经合组织认为,"技能是所有能力中的一部分,包括调动知识、技能、态度和价值观,以应对各种复杂的需求"[3]。经合组织还认为,"态度和价值观是指对影响个人、社会和环境保护方面作出选择、判断、行为和行动的原则与信念。价值观也指人们在个人和公共生活中做决定时所认为的重要指导原则。它决定人们在做出判断时会优先考虑什么,以及他们在寻求进步时会努力追求什么",并认为"态度以价值观和信仰为基础,并对行为产生影响。态度也反映了对某事或某人做出积极或消极反应的倾

① OECD. Future of Education and Skills 2030 Concept Note:OECD Learning Compass 2030 [R]. Paris:OECD Publishing,2019:3.
② OECD. Future of Education and Skills 2030 Concept Note:OECD Learning Compass 2030 [R]. Paris:OECD Publishing,2019:6.
③ OECD. Future of Education and Skills 2030 Concept Note:Skills for 2030 [R]. Paris:OECD Publising,2019:1.

向,态度还可以根据特定情境和情况而发生改变"①。

第三,面向 2030 的关键概念。包括学生主体、共同体。

经合组织认为,"当学生成为学习的主体时,也就是说,当他们在积极地决定将要学习什么和如何学习时,他们才会表现出极大的学习动机,并且更有可能为自己的学习确定目标。这些学生也更有可能学会如何学习"②。经合组织认为,"'共同体'意指与其他人,如父母、同伴、教师和社区之间的关系。父母、同伴、教师以及广阔的社区影响着学生的主体意识,同时学生的主体意识也会影响到他们的教师、同伴和父母,这样就形成了影响儿童发展和幸福感的良性循环"③。

第四,面向 2030 的变革能力和能力发展。包括创造新价值、承担责任、调和矛盾与困境、期望、行动、反思。

经合组织将"变革能力"定义为:"学生为改变社会、塑造美好未来生活所必需的知识、技能、态度和价值观的能力类型。这些变革能力可以在各种各样的环境和情境中使用,并且只有人类才具备的"④。变革能力中的预期、行动、反思,是指一个迭代的学习过程,学习者在此过程中会不断地改进和提高自己的思维,并有意识地、负责任地为集体福祉而行动。经合组织认为,"虽然预期、行动和反思本身就是能力,但当它们结合在一个循环系统中时,则可以加速发展学生主体和变革能力,以帮助其塑造未来个人和社会的福祉"⑤。

第五,面向 2030 的复合能力。包括全球胜任力、媒介素养、可持续发展素养、计算思维、财经素养、企业家精神。

经合组织认为,复合能力是指综合多种才能的能力,如全球胜任力,需要具备语言、开放与尊重、沟通与协作、自觉与自信、道德与责任等方面的综合能力。

总之,经合组织制订的《2030 能力/素养框架》为世界各国培养不同年级段学生的能力/素养提供了努力方向,同时,也为各国研制课程标准提供了参考。

---

① OECD. Future of Education and Skills 2030 Concept Note：Attitudes and Values for 2030 ［R］. Paris：OECD Publishing,2019：3.

② OECD. Future of Education and Skills 2030 Concept Note：Student Agency for 2030 ［R］. Paris：OECD Publishing,2019：1.

③ OECD. Future of Education and Skills 2030 Concept Note：Student Agency for 2030 ［R］. Paris：OECD Publishing,2019：6.

④ OECD. Future of Education and Skills 2030 Concept Note：Transformative Competencies for 2030 ［R］. Paris：OECD Publishing,2019：3.

⑤ OECD. Future of Education and Skills 2030 Concept Note：Anticipation-Action-Reflection Cycle for 2030 ［R］. Paris：OECD Publishing,2019：3.

二、《2030 能力/素养框架》的分析

我们在逐条分析经合组织能力/素养框架的过程中发现，某些能力条目英语表述与中文表述会有理解上的差异。比如，"Empathy"，可译为"移情"，也可译为"同理心"。在艺术理论中"移情"，是指人观察事物时的心境变化。而在心理学中"同理心"是指对他人的情感体验"将心比心""换位思考"，即对他人的处境既能感同身受，又能表达尊重和理解的能力。通过对"同理心"内涵的分析，我们认为《美术课程标准》中"认知作品的思想内涵、形式与风格特征、相关的历史与社会背景，以及作者的思想、情感和创造性的劳动，并用语言、文字、动作等多种方式表达自己的感受与认识"（第10—11页）等，与"同理心"素养是相对应的。

又如，"Literacy"，含有识字、素的意思，译为"读写能力"。《2030 能力/素养框架》中是指"为评估、使用和参与书面、口头、视觉和多模式文本的能力"。在视觉艺术学科中，"Literacy"可理解为"视觉素养"（Visual Literacy），即指"通过观看，形成观察、理解和产生意图的能力；运用和创作视觉艺术作品来交流各自想法的能力"①。为此，我们认为《美术课程标准》中"欣赏不同时代和文化的美术作品，了解重要的美术家及流派"（第25页）、"选择传统媒介和新媒材，探索不同的创作方法，发展具有个性的表现能力，表达思想与情感"（第23页）等，与"读写能力"素养是相对应的。

《2030 能力/素养框架》中有些条目是近年来教育界才流行开来的。比如，"Global Competency"，目前国内有各种译法，如"全球胜任力""全球能力"和"全球素养"等。经合组织对"全球胜任力"作出的定义为："在尊重人性尊严的前提下，个人拥有从多元观点批判性地分析全球与跨文化议题的能力；能充分理解差异是如何影响自我及他人的观点、判断与诠释的；能够开放、适宜、有效率地与不同文化背景的人沟通的能力"②。为此，我们认为《美术课程标准》中"了解人类文化的丰富性，在广泛的

---

①　Syllabus Art（Primary & Lower Secondary）[R]. Singapore：Curriculum Planning & Development Division Ministry of Education，2009：1.

②　PISA 发布了 2018 年全球胜任力框架，中国高等教育将如何应对"全球胜任力"趋势？[EB/OL].（2018 - 01 - 15）[2018 - 08 - 15]. https://www.applysquare.com/topic-cn/iIStmG0iB/.

文化情境中认识美术的特征、美术表现的多样性以及美术对社会生活的独特贡献"（第 3 页）、"认识美术的不同门类及表现形式，尊重人类文化遗产"（第 25 页）、"以创作与展示等方式表达自己对美术与人类生存环境、美术与传统文化、美术与多元文化之间关系的认识和理解"（第 27 页）等内容，就是要让学生具有全球意识和开放的心态，尊重世界文化的多样性和差异性，因此，与"全球胜任力"素养是相对应的。

再如，"媒介素养"（Media Literacy），也是近年来教育界经常提及的，它是指帮助学生掌握基本、必要的媒介知识，从而知道怎样合理地获取、利用信息，辨别和传播信息的能力。《美术课程标准》中"学习图像传达与交流的方法、形成视觉文化的意识"（第 1 页）、"欣赏新媒体艺术作品，了解科技发展与美术创作的关系"（第 25 页）、"根据学生的学习需求，开展计算机和网络美术教学，鼓励他们主动检索美术信息，利用数码相机和计算机创作美术作品，互相交流"（第 30 页）等内容，与"媒介素养"是相对应的。

我们在对经合组织《2030 能力/素养框架》逐条分析的过程中还发现，"Student agency""Co-agency"等都是国际教育界新近提出的新理念，各国教育界对这些理念在内涵的理解上还有所不同。2018 年 9 月 4 日在法国巴黎召开的"课程图谱分析工作坊"会议上，曾专门针对"Student Agency"一条进行过讨论。其中立陶宛、爱沙尼亚、希腊、日本、斯洛文尼亚、葡萄牙等国的与会代表认为，这一词在其本国语中没有相对应的词，无法直接翻译。韩国与中国的代表都认为在本国语中是"学生主体"或"学生主导"的意思。爱尔兰的代表则认为是"指导自己的行动"以及"独立决策"的含义。目前，我国将"Student agency"译为"学生主体"。《2030 能力/素养框架》将其解释为：动机、目的性、成长心态、自我导向学习和自我效能。为此，我们根据解释，寻找到《美术课程标准》中有关"'欣赏·评述'学习领域的教学应注重学生的积极参与，努力激发学生的主体意识"（第 11 页）、"在教学过程中，应特别注重以学生为主体的研讨和探索"（第 11 页）等内容，与"学生主体"素养是相对应的。"Co-agency"，译为"共同体"。《2030 能力/素养框架》中将其解释为："共同体"指的是帮助学习者朝着他们所珍视的目标前进的互动的、相互支持的关系。为了帮助发展（学生）主体，教育工作者不仅要认识到学习者的个性，还要认识到影响他们学习的更广泛的关系——与他们的老师、同伴、家庭和社区的关系。在这种情况下，每个人都应该被看作学习者，不仅是学生，而且是教师、学校管理者、家长和社区。根据这一解释，我们寻找到《美术课程标准》中"广泛利用美术馆、图书馆、博物馆、艺术家工作室、艺术作坊、动植物园、公园、游乐场、商店、社区、村庄等校外的课程资源,开展多种形式的美术教育活动"
"开展学生之间、学校之间、省市之间和国际的学生美术作品、教师美术教学成果等方
面的交流"(第 34 页),与"共同体"(Co-agency)能力之间有对应之处。

　　总之,只有通过将《2030 能力/素养框架》中每一能力条目与《美术课程标准》中
的内容作分析比较,才能找到我国《美术课程标准》与经合组织所提出的能力方面存
在的差距与不足。

《视觉艺术内容框架》的解读与分析

一、《视觉艺术内容框架》的解读

经合组织提供的视觉艺术内容框架共有 7 个条目：

- 当地和全球公认的艺术家及其作品和艺术思潮对文化遗产的贡献。
- 视觉艺术的历史，包括主要的视觉艺术风格。
- 在绘画、雕塑、陶瓷、纺织品等不同艺术作品中使用的艺术技巧和美学特征。
- 制作和创作各类艺术作品(如绘画、雕塑、陶瓷、纺织品等)的活动。
- 通过视觉艺术作品表达情感和想法的活动。
- 在视觉艺术/艺术家的工作中，如何像艺术家一样思考；视觉艺术/美术对现实生活/现实世界有何贡献和联系(认识论知识)。
- 视觉艺术/美术中的道德和伦理问题(如版权意识)。

经合组织《教育 2030 学习指南》文件中将知识分为：1.学科知识(disciplinary knowledge)，也称内容性知识，是指学科专业方面的知识。2.程序性知识(procedural knowledge)，也称操作性知识，是指对某件事采取一系列的步骤或行动来完成的知识。3.认识论知识(epistemic knowledge)，也称认知性知识，是指像学科专家一样来看待学科知识在产生过程中至关重要的概念、理论及其特征，以及它们在学科中所起作用方面的知识。4.跨学科知识(interdisciplinary knowledge)，即具有跨不同学科进行迁移,或结合不同学科的知识来处理复杂问题方面的知识。

《视觉艺术内容框架》七个内容条目中的第一、二、三条主要涉及有关视觉艺术史、艺术家、艺术作品的风格和流派、艺术技巧和美学特征等方面的内容。这些都是美术学科最本体的知识内容,属于学科知识。第四条主要涉及制作和创作各类艺术作品活动方面的内容;第五条主要涉及利用艺术作品表达情感和想法方面的内容。由于制作和创作艺术作品以及利用艺术作品表达情感和想法时,都需要运用一系列的程序步骤和各种行动来解决艺术创作和表达中的各种问题,因此,第四、五条内容涉及程序性知识。第六条中"在视觉艺术/艺术家的工作中,如何像艺术家一样思考",属于认识论知识,主要是培养学生具有自我意识、自我反思和自我调节的元认知能力。第六条"视觉艺术/美术对现实生活/现实世界有何贡献和联系",第七条"视觉艺术/美术中的道德和伦理问题",都会涉及运用跨学科方面的知识来进行分析和解决问题。

由此可见,《视觉艺术内容框架》不仅包括视觉艺术教什么、学什么方面的内容,而且包括视觉艺术怎么教、怎么学方面的内容。经合组织《未来的教育和技能:教育2030》文件中指出:"素养/能力的养成不仅仅是指知识与技能的获得,它还包括用来应对各种复杂需求的知识、技能、态度与价值观。未来的学生既需要广泛的知识,也需要专业方面的知识。因此,学科知识仍是重要的,它是发展新知识的原材料,也是跨越学科边界进行思考的基础与'连接点'。"并认为:"认识论知识,如知道如何像数学家、历史学家或科学家一样思考,也将是重要的,使学生能够扩展他们的学科知识。"[1]因此,《视觉艺术内容框架》七个内容条目所涵盖的视觉艺术史、艺术创作、艺术评论、美学以及艺术思维和伦理道德方面的内容,这也是今后世界各国研制义务教育视觉艺术课程标准时可供参考的内容。

二、《视觉艺术内容框架》的分析

我们将经合组织《视觉艺术内容框架》与我国 2011 年版《美术课程标准》中学习内容作了比对(见表 4 - 1)。

---

[1]　OECD. The Future of Education and Skills:Education 2030 [R]. Paris:OECD Publising,2018:5.

表 4-1   经合组织《视觉艺术内容框架》与我国《美术课程标准》比对

内容代码	视觉艺术的7个条目内容	对应《美术课程标准》中的内容概述	对应《美术课程标准》中的具体内容（页码）	对应情况
AVA 1	● 当地和全球公认的艺术家及其作品和艺术思潮对文化遗产的贡献。	● 我国课标主要强调让学生逐步形成热爱中华优秀传统文化和尊重世界文化多样性的价值观。	● 尊重人类文化遗产。（第25页） ● 珍视和保护人类文化遗产。（第26页）	完全对应。
AVA 2	● 视觉艺术的历史，包括主要的视觉艺术风格。	● 我国课标中主要让学生了解中外著名美术家及流派。	● 了解中外美术史上的重要美术家及流派。（第26页）	完全对应。
AVA 3	● 在绘画、雕塑、陶瓷、纺织品等不同艺术作品中使用的艺术技巧和美学特征。	● 我国课标中主要让学生在美术创作、制作过程中，学习造型元素和形式原理，提高造型能力和审美能力。	● 了解物品功能与造型完美统一的设计原则和要求。（第24页） ● 了解中国传统工艺的制作方法与特点。（第25页）	完全对应。
AVA 4	● 制作和创作各类艺术作品（如绘画、雕塑、陶瓷、纺织品等）的活动。	● 我国课标中有关各类美术作品的创作活动，是课标学习内容的主体。	● 学习速写、素描、色彩画、中国画和版画等表现方法，进行绘画练习。（第23页） ● 学习雕、刻、塑等方法，创作雕塑小品。（第23页）	完全对应。
AVA 5	● 通过视觉艺术作品表达情感和想法的活动。	● 我国课标中非常强调通过艺术活动来表达自己的思想和情感。	● 选择传统媒介和新媒材，探索不同的创作方法，发展具有个性的表现能力，表达思想与情感。（第23页）	完全对应。

（续表）

内容代码	视觉艺术的7个条目内容	对应《美术课程标准》中的内容概述	对应《美术课程标准》中的具体内容(页码)	对应情况
AVA 6	● 在视觉艺术/艺术家的工作中,如何像艺术家一样思考;视觉艺术/美术对现实生活/现实世界有何贡献和联系。	● 我国课标中主要强调了美术与人类生活之间的关系。	● 让学生在实际生活中领悟美术的独特价值。(第3页) ● 了解美术与人类生存环境、传统文化、多元文化之间的关系。(第26页)	部分对应。 ● 没有明确提出"像艺术家一样思考"的学习要求。
AVA 7	● 视觉艺术/美术中的道德和伦理问题(如版权意识)。	● 我国课标中主要强调了社会责任感。	● 提高审美品位和审美能力,增强对自然和人类社会的热爱及责任感。(第1页)	少量对应。 ● 我国课标中较少提到有关道德和伦理方面的要求,包括版权意识。

通过将经合组织《视觉艺术内容框架》与我国《美术课程标准》中学习内容比对分析发现,我国《美术课程标准》中有关尊重和保护人类的文化遗产,了解中外美术史中的重要美术家及流派,了解不同美术门类的艺术特点,制作和创作各类艺术作品,学会使用不同媒材来表达思想与情感等方面内容,能与经合组织的《视觉艺术内容框架》完全对应。也就是说,我国《美术课程标准》中有关学科知识、程序性知识方面的要求与经合组织的内容要求是相符合的。而对于如"如何像艺术家一样思考"以及有关"版权意识""道德和伦理问题"方面内容是欠缺的,也就是说,我国《美术课程标准》中有关跨学科方面知识,特别在认识论知识方面是缺乏的。

赋值标准与方法

我们按照经合组织课程内容图谱研制项目组所提供的 4 级标准进行赋值。为了对《美术课程标准》中的内容做到较为准确的赋值,我们还专门对澳大利亚、加拿大、日本、韩国、立陶宛等国学者就自己国家课程标准的赋值情况进行了研究。

一、世界上一些国家的赋值标准及方法

(一)澳大利亚赋值标准及赋分

澳大利亚国家课程,就学习领域而言由三大部分组成:1.内容(content),分内容描述(content descriptions)和内容详解(content elaborations);2.标准(standards),也就是成就标准(achievement standards);3.综合能力和跨学科优先项目。

澳大利亚专家主要依据国家课程学习领域"内容"部分中的"内容描述",以及"标准"部分进行赋值。"内容"部分中的"内容详解"作为教师在课堂教学中讲授内容的准则;"综合能力"是对七项能力(也就是核心素养)的阐述;"跨学科优先项目"是指三个跨学科学习的主题,这些内容都不作为赋值的依据。

（二）加拿大 BC 省赋值标准及方法

加拿大 BC 省的课程，由前言（front matter）、课程目标（goal）、基本原理（rationale）、目的（intent）、学习标准（leaning standards）、"大概念"（big ideas）和内容详解（elaborations）等几部分组成。

加拿大专家主要依据"学习标准"中出现的能力/素养进行赋值，并赋值为 3 级或 4 级。至于 3 级与 4 级之间的区分，主要看能力/素养是作为主要培养目标，还是次要培养目标。在"课程目标""基本原理"以及一些附加的文件中出现的能力/素养，都将被赋值为 2 级。"大概念"和"内容详解"部分出现的能力/素养被赋值为 1 级。

（三）韩国赋值标准及方法

韩国国家课程由两大部分组成：1.总指导方针（general guidelines）；2.学科课程（subject curriculum），包括学科能力（subject competencies）、教学和评估的标准与建议。

韩国专家主要依据"学科课程"中出现的能力/素养被赋值为 3 级或 4 级。而在"总指导方针"中出现的能力/素养被赋值为 2 级。

（四）日本赋值标准及方法

日本国家课程由总则（general provisions）和学科特定的内容条款（subject-specific provisions）组成。课程实施指南（curriculum guidelines）是指导教师教学的文件，也用作赋值的依据。

日本专家主要依据"学科特定的内容条款"来赋值，"总则"则作为赋值时的参考。在"课程指南"中出现能力/素养则被赋值为 2 级。

（五）立陶宛赋值标准及方法

立陶宛的国家课程，是由综合能力（general competencies）、学科大纲（subject syllabus）和总指导方针（general guidelines）组成的。

立陶宛专家主要依据"学科大纲"中明确提及的能力/素养赋值为 4 级。如果在总指导方针中提及"综合能力",则赋值为 3 级(经合组织专家 Phil Lambert 博士则建议赋值为 2 级)。

从以上这些国家学者的赋值标准及方法来看,这些国家将课程文件的"学科特定目标与内容""成就标准"(相当于我国《美术课程标准》"课程内容")中的能力/素养,作为研制课程图谱的最主要依据,一般被赋值为 3 级或 4 级。日本的"课程实施指南"(相当于我国课程标准解读,以及课程标准中的"实施建议")也作为研制课程图谱的参考依据,并被赋值为 2 级。由此可见,赋值的高低取决于能力/素养在课程中是作为主要培养目标还是次要培养目标,而不是根据能力/素养出现的频数来赋值。除此之外,爱沙尼亚将教科书也作为赋值的参考依据。

二、我国美术学科的赋值标准及方法

根据各国学者的赋值经验,我们将我国《美术课程标准》《义务教育美术课程标准(2011 年版)解读》以及人民教育出版社初中《美术》教材作为赋值依据。具体赋值标准如下:

《美术课程标准》第一部分"前言",在"课程性质""课程基本理念""课程设计思路"中出现能力/素养的一般赋值为 2 级。第二部分"课程目标",在"总目标""分目标"中出现能力/素养的一般赋值为 3 级。第三部分"课程内容",在"内容说明"中出现能力/素养的一般赋值为 3 级;在"课程内容"(目标、学习活动建议、评价)中出现能力/素养的一般赋值为 4 级。第四部分"实施建议"(教学建议、评价建议、教材编写建议、课程资源开发与利用建议)中出现能力/素养的一般赋值为 2 级。

《义务教育美术课程标准(2011 年版)解读》中出现能力/素养的一般赋值为 2 级。

美术教材中出现能力/素养的一般赋值为 2 级。

我们分析《美术课程标准》的具体能力/素养时,特别是区分 3 级与 4 级时,主要看能力/素养在美术课程中的受重视程度,以及在课程内容中的执行程度。比如,《美术课程标准》"课程内容"中"通过描述、分析、比较与讨论等方式,认识美术的不同门类及表现形式,尊重人类文化遗产,对美术作品和美术现象进行简短评述,表达感受和见解"(第25页),这一条是体现"读写能力"的素养,并且是"欣赏·评述"学习领域的主要教学目标,因此赋值为4级。又如,"课程内容"中"表达自己对美术与人类生存环境、美术与传统文化、美术与多元文化之间关系的认识和理解"(第27页),这一条虽然含有"同理心"的素养,但在当时修订《美术课程标准》时根本没有将其与"同理心"相联系,因此赋值为3级。

还如,"美术课程特别重视对学生个性与创新精神的培养,采取多种方法,帮助学生学会运用美术的方法,将创意转化为具体成果"(第3页),这一条与"创造新价值"素养有关,但它属于前言"课程基本理念"中的一部分,因此被赋值为2级。

三、二维矩阵图与赋值

我们对我国《美术课程标准》和《义务教育美术课程标准(2011年版)解读》以及人民教育出版社初中《美术》教材进行分析后,最终形成了二维矩阵图。表4-2反映了我们赋值的情况,表格中的横向首行为《视觉艺术内容框架》的7个内容条目,以内容代码形式出现;第二行是《美术课程标准》《义务教育美术课程标准(2011年版)解读》以及人民教育出版社初中《美术》教材中与《视觉艺术内容框架》7个条目相对应的内容,前面的数字表示赋值的层级(其中层级1表示在这个学习领域没有,参第106页表3-3)。左侧纵向列为《2030能力/素养框架》中的能力/素养条目。

表 4-2　二维矩阵图与赋值表

能力/素养条目	AVA 1	AVA 2	AVA 3	AVA 4	AVA 5	AVA 6	AVA 7
基本素养　读写能力	4. 尊重人类文化遗产。（第24页） 4. 珍视和保护人类文化遗产。（第25页）	4. 欣赏不同时代和文化的美术作品，了解重要的美术家及流派。（第24页） 4. 通过查阅或搜集资料的方式了解中外著名美术家及其流派。（第25页） 4. 知道中国美术史中5位以上有代表性的美术家及其作品，外国美术史中2个以上的重要流派及其代表人物与作品。（第26页）	4. 学习速写、素描、色彩画、中国画和版画等表现方法。（第23页） 4. 学习雕、刻、塑等方法。（第23页） 4. 知道视觉传达设计、工业设计和环境设计的分类。（第24页） 4. 了解中国传统工艺的制作方法与特点。（第25页） 4. 分析设计作品的实用性与审美性。（第25页）	4. 进行绘画练习。（第23页） 4. 创作雕塑小品。（第23页） 4. 进行多种形式的设计和制作练习。（第23页）	4. 选择传统媒介和新媒材，探索不同的创作方法，发展具有个性的表现能力。（第22页） 4. 进行创意设计和工艺制作，改善生活与生活环境的设计和工艺作品。（第23页） 4. 表达设计意图和描述他人的设计和工艺作品。（第23页） 4. 对美术作品和美术现象进行简短评述，表达感受和见解。（第25页）	3. 了解和认识美术与生活的关系及美术的文化价值。（第25页） 3. 调查、了解美术与人类生存环境的关系。（第26页） 3. 邀请当地工艺艺术家、民间艺人，了解中国传统工艺的制作方式与特点。（第25页）	2. 提高和审美品位和审美能力，增强对自然和人类社会的热爱及责任感，形成创造美好生活的愿望与能力。（第1页）

（续表）

能力/素养条目		AVA 1	AVA 2	AVA 3	AVA 4	AVA 5	AVA 6	AVA 7
基本素养	计算能力	1.	1.	1.	3. 结合数学、物理、化学、生物等学科内容创作图表。（第26页）	1.	1.	1.
	ICT素养/数字素养	1.	4. 利用互联网、辞书或美术专业书籍等，了解中外美术史中的重要美术家及流派。（第26页）	4. 利用网络查找的方法了解与研究民间传统工艺或现代工业设计。（第24页）	4. 选择计算机、照相机和摄像机等媒介，进行表现活动。（第23页）4. 设计班级主页和学生个人网页。（第27页）	4. 运用各种信息技术，收集班级的各种信息，参与网络交流。（第27页）	1.	1.
	数据素养	1.	1.	1.	1.	1.	1.	1.
	体育健康素养	1.	1.	1.	3. 在具体的美术教学活动中，有意识地培养健康乐观的心态和持之以恒的学习精神，充满自信地参与美术学习。（第30页）	2. 在美术学习中自由抒发情感，创意表达个性和自信心，养成健康人格。（第2页）	1.	1.

（续表）

能力/素养条目	AVA 1	AVA 2	AVA 3	AVA 4	AVA 5	AVA 6	AVA 7
合作/协作	2. 分小组讨论:我们能为古城古镇的保护做哪些工作?(《美术》九年级上册,人民教育出版社,2012年版,第9页)	1.	2. 学生们在小组讨论之后,写下或说出自己对作品的简单看法。(《义务教育美术课程标准(2011年版)解读》,北京师范大学出版社,2012年版,第148页)	4. 以团队合作的方式,选择某一主题,进行设计练习,共同完成作品。(第24页)	4. 以团队合作方式,共同完成作品,并进行展示。(第24页)	3. 在生活中发现与美术相关的问题,与同学合作确定研究课题。(第27页)	1.
批判性思维	1.	2. 20世纪外国美术与以前传统的写实美术相比,有哪些区别? 它们在哪些方面有新的突破和发展?(《美术》九年级下册,人民教育出版社,2012年版,第11页)	1.	2. 选择一本自己喜欢的书,根据书籍内容,思考与采用哪种造型装订形式进行重新设计。(《美术》八年级上册,人民教育出版社,2012年版,第13页)	1.	2. 对现实生活中发生的美术现象及相关图片报道,进行简单的解读、分析和评论。(第25页)	2. 艺术家如何借助艺术形象表达真善美的主题。(《美术》八年级下册,人民教育出版社,2012年版,第7页)
面向2030的技能							
态度和价值观							

（续表）

能力/素养条目		AVA 1	AVA 2	AVA 3	AVA 4	AVA 5	AVA 6	AVA 7
面向2030的技能、态度和价值观	解决问题	2. 怎样理解保护世界遗产的重大意义？保护世界遗产，我们应当做些什么？（《美术》九年级下册，人民教育出版社，2012年版，第16页）	3. 将美术学科与其他学科融会贯通的方法，提高综合解决问题的能力。（第8页）	4. 以美术知识结合其他学科以及在生活中所获得的知识，提出自己的研究方案。（第27页）	4. 初步具备用设计改善物品和环境的意识。（第24页）	4. 鼓励学生独立思考，发现创意，并运用美术语言和多种媒材创造性地加以表达，解决问题。（第29页）	3. 在生活中发现与美术相关的问题，与同学合作确定研究课题。（第27页）	1.
	自我调节/控制	1.	1.	1.	1.	1.	1.	1.

（续表）

能力/素养条目	AVA 1	AVA 2	AVA 3	AVA 4	AVA 5	AVA 6	AVA 7
面向2030的技能、态度和价值观、同理心	1.	2. 认知作品的思想内涵、形式与风格特征,相关的历史与社会背景,以及作者的思想、情感和创造性劳动,并用语言、文字、动作等多种方式表达自己的感受和认识。（第10—11页）	3. 评述他人的设计和工艺作品。（第24页）	1.	3. 以创作与展示方式表达自己对美术与人类生存环境、美术与传统文化、美术与多元文化之间的关系的认识和理解。（第27页）	1.	1.

（续表）

能力/素养条目	AVA 1	AVA 2	AVA 3	AVA 4	AVA 5	AVA 6	AVA 7
面向2030的技能、态度和价值观 尊重	4. 认识美术的不同门类及表现形式，尊重人类文化遗产。（第25页）	2. 逐步形成热爱祖国优秀文化传统和尊重世界文化多样性的价值观。（第3页）2. 珍视优秀的民族民间美术与文化遗产，增强民族自豪感，养成尊重世界多元文化的态度。（第8页）	1.	3. 尊重每一个学生学习美术的权利，关注每个学生在美术学习和表现中的发展。（第28页）	1.	3. 了解和认识美术与生活的关系及美术的文化价值，珍视和保护人类文化遗产。（第26页）	1.

（续表）

能力/素养条目		AVA 1	AVA 2	AVA 3	AVA 4	AVA 5	AVA 6	AVA 7
面向2030的技能、态度和价值观	坚毅适应力	1.	3. 学生在美术学习过程中，丰富视觉、触觉和审美经验，获得对美术学习的持久兴趣，形成基本的美术素养。（第6页）	3. 体验造型活动的乐趣，敢于创新与表现,产生对美术学习的持久兴趣。（第7页）	4. 使学生始终保持浓厚的学习兴趣和创造欲望。（第10页）	2. 以灵活多样的教学方法激发学生的学习兴趣，并使这种兴趣转化为持久的情感态度。（第3页）	3. 在具体的美术教学活动中，有意识地培养学生健康乐观的心态和持之以恒的精神，使他们充满自信地参与美术学习。（第30页）	1.
	信任	1.	1.	1.	2. 必须坚信每个学生都具有学习美术的潜能，能在他们不同的潜质上获得不同程度的发展。（第2页）	2. 鼓励学生参与评价的过程，与教师共同完成对美术学习的评价。（第31页）	1.	1.

（续表）

能力/素养条目	AVA 1	AVA 2	AVA 3	AVA 4	AVA 5	AVA 6	AVA 7
面向2030的技能、态度和价值观 学会学习	2. 在美术学习中学会欣赏重不同时代和文化的美术作品。（第2页）	3. 学会通过美术馆、博物馆、网络、书刊等多种渠道收集信息，不断提高学生的欣赏和评述能力。（第11页）	2. 让学生在实际生活中领悟美术的独特价值。（第3页）	3. 帮助他们学会学习，有效掌握基本的美术知识与技能。（第29页）	3. 鼓励他们主动检索美术信息，利用数码相机和计算机创作美术作品，互动交流。（第30页）	1.	1.
面向2030的关键概念 学生主体	1.	3. "欣赏·评述"学习领域的教学应注重学生的积极参与与力激发学生的主体意识。（第11页）	3. 引导学生主动寻找与尝试不同的材料，探索各种造型表现方法。（第10页）	3. 在教学过程中，应特别注重以学生为主体的研讨和探索。（第11页）	2. 鼓励他们主动检索美术信息，利用数码相机和计算机创作美术作品，互动交流。（第30页）	1.	1.

（续表）

能力/素养 条目	AVA 1	AVA 2	AVA 3	AVA 4	AVA 5	AVA 6	AVA 7
面向2030的关键概念 共同体	2. 可以通过走访当地老人或专家学者来搜集当地古城古镇建筑的资料。（《美术》九年级上册,人民教育出版社,2012年版,第25页）	1.		3. 广泛利用美术馆、图书馆、博物馆、艺术家工作室、艺术作坊、动植物园、游乐场、村庄商店、社区、村庄等校外的课程资源,开展多种形式的美术教育活动。（第34页）	3. 开展学生之间、学校之间、省市之间和国际间的学生美术作品、教师美术教学成果等方面的交流。（第34页）	2. 策划在班级、学校或社区举办一次民俗文化展。（《美术》九年级上册,人民教育出版社,2012年版,第31页）	1.
面向2030的变革能力和能力发展 创造价值	4. 认识美术的不同门类及表现形式,尊重人类文化遗产,对美术作品和美术现象进行简短评述,表达感受和见解。（第24页）	4. 对不同时代和文化的美术作品,尝试运用描述、分析、解释、评价等美术欣赏方法进行学习和研究。（第25页）	3. 进行初步的设计和制作活动、体验设计、制作的过程,发展创新意识和创造能力。（第7页）	4. 了解不同媒材的特性,合理运用媒材巧妙地运用媒材的质感、肌理与形状,体现设计创意。（第24页）	4. 选择传统媒材和新媒材,探索不同的创作方法,发展具有个性的表现能力,表达思想与情感。（第22页）	3. 营造有利于激发学生创新精神的学习氛围。（第29页）	2. 重视对学生个性与创新精神的培养。（第3页）

（续表）

能力/素养条目		AVA 1	AVA 2	AVA 3	AVA 4	AVA 5	AVA 6	AVA 7
面向2030的变革能力和能力发展	承担责任	1. 2. 保护世界遗产,我们应当做什么?(《美术》九年级下册,人民教育出版社,2012年版,第16页)	1.	1. 2. 提高审美品位和审美能力,增强对自然和人类社会的热爱及责任感。(第1页)	1. 2. 将搜集到的文字、图片资料,以及自己拍摄、绘制的作品进行展示、宣传。(《美术》九年级上册,人民教育出版社,2012年版,第27页)	1.	1.	1.
	协调困难	1.	1.	1.	1.	1. 2. 在合作学习中,要积极地相互支持配合,特别是面对面的促进性的互动;……有效地解决组内冲突。(《义务教育美术课程标准(2011年版)解读》,北京师范大学出版社,2012版,第207页)	1.	1.

（续表）

能力/素养条目	AVA 1	AVA 2	AVA 3	AVA 4	AVA 5	AVA 6	AVA 7
预期	1.	1.	2. 收集、欣赏优秀的雕塑作品，讨论什么样的雕塑作品更适合我们的校园。(《美术》七年级上册，人民教育出版社，2012年版，第32页)	1.	3. 增强以设计和工艺改善环境与生活的愿望。(第7页)	2. 增强对自然和人类社会的热爱及责任感，形成创造美好生活的愿望与能力。(第1页)	1.
行动	1.	1.	2. 学习编结艺术的基本结的编结方法。为你想要祝福的人创作一件中国结。(《美术》九年级上册，人民教育出版社，2012年版，第13页)	3. 运用各种工具、媒材进行创作，表达情感与思想，改善环境与生活。(第6页)	2. 去一次当地的节令庙会或节令集贸市场，寻找其中的民间美术作品并摄影，做好文字记录，整理一份考察资料。(《美术》九年级上册，人民教育出版社，2012年版，第35页)	2. 策划在班级、学校或社区举办一次民俗文化展。以小组或班级为单位，进行现场布置和展示。(《美术》九年级上册，人民教育出版社，2012年版，第31页)	1.

面向２０３０的变革能力和能力发展

（续表）

能力/素养条目	AVA 1	AVA 2	AVA 3	AVA 4	AVA 5	AVA 6	AVA 7
反思 （面向2030的变革能力和能力发展）	1.	1.	2.搜集民间美术作品，探寻民间美术作品中蕴含了哪些民俗文化。（《美术》九年级上册，人民教育出版社，2012年版，第29页）	2.学生在档案袋中汇集美术学习全过程的资料，包括研习记录、构想草图、设计方案、创作过程、自我反思（如对自己的学习历程与作品特征的描述、评价、改进的设想、他人（如教师、同学、家长）的评价等。（第31页）	1.	2.思考如何将民间美术中的图案、色彩等元素运用于现代生活之中。（《美术》九年级上册，人民教育出版社，2012年版，第29页）	1.

（续表）

能力/素养条目	AVA 1	AVA 2	AVA 3	AVA 4	AVA 5	AVA 6	AVA 7
全球胜任力	4. 认识美术的不同门类及表现形式，尊重人类文化遗产。（第25页）4. 珍视和保护人类文化遗产。（第26页）	4. 了解中外著名美术家及流派。（第25页）	4. 欣赏中外优秀的建筑作品。（第25页）	1.	4. 以创作与展示方式表达自己对美术与人类生存环境、美术与传统文化、美术与多元文化之间关系的认识和理解。（第27页）	2. 了解人类文化的丰富性，在广泛的文化情境中认识美术表现的特征、美术表现的多样性以及美术对社会生活的独特贡献。（第3页）	1.
媒介素养	4. 欣赏新媒体艺术作品，了解科技发展与美术创作的关系。（第25页）	2. 根据学生的学习需求，开展计算机和网络美术教学，鼓励他们主动检索美术信息，利用数码相机和计算机创作美术作品，互相交流。（第30页）	2. 学习图像传达与交流的方法，形成视觉文化的意识。（第1页）	4. 选择计算机、照相机和摄像机等媒介，进行表现活动。（第23页）	4. 运用各种信息技术，收集各级的各种信息，设计班级主页和学生个人网页，组成班级网，参与网络的交流。（第27页）	1.	

面向2030的复合能力

（续表）

能力/素养条目		AVA 1	AVA 2	AVA 3	AVA 4	AVA 5	AVA 6	AVA 7
面向2030的复合能力	可持续发展	2. 我们能为古城古镇的保护做哪些工作?（《美术》九年级上册，人民教育出版社，2012年版，第27页）	1.	1.	3. 关注身边的事物和环境，初步用设计改善具备用品和环境的意识。（第24页）	1.	3. 了解美术与人类生存环境、传统文化、多元文化之间的关系。（第26页）	1.
	计算思维	1.	1.	1.	1.	1.	1.	1.
	财经素养	1.	1.	1.	1.	1.	1.	1.
	创业精神	1.	1.	1.	1.	1.	1.	1.

总之,将《2030 能力/素养框架》《视觉艺术内容框架》与我国《美术课程标准》《义务教育美术课程标准(2011 年版)解读》以及人民教育出版社初中《美术》教材进行分析比较和赋值所形成的二维矩阵图,为下一步研制课程图谱,即"热图"奠定了基础。

研究结果

一、美术学科的"热图"

美术学科课程图谱研制的结果是用颜色的深浅代表 4 个等级标准所形成的"热图"来呈现的,用以说明我国《美术课程标准》中对学生所要获得的各项能力/素养的广度与深度。表 4-3 是我们经过对比分析后,最终形成的美术学科课程图谱分析的"热图"。"热图"中的左侧纵向列为《视觉艺术内容框架》的 7 个内容条目,横向列为《2030 能力/素养框架》的 28 个能力/素养条目。表中 4 级为主要培养目标;3 级、2级、1 级为依次递减。

表 4-3 美术学科"热图"

代码	内容条目	基本素养					面向 2030 的技能、态度和价值观									面向 2030 的关键概念		面向 2030 的变革能力和能力发展						面向 2030 的复合能力					
		读写能力	计算能力	ICT／数字素养	数据素养	体育／健康素养	合作／协作	批判性思维	解决问题	自我调节／自我控制	同理心	尊重	坚毅力／适应力	信任	学会学习	学生主体	共同体	创造价值	承担责任	协调矛盾和困境	期望	行动	反思	全球胜任力	媒介素养	可持续发展素养	计算思维／编程／编码	财经素养	企业家精神
		(1)	(2)	(3)	(4)	(5)	(6)	(7)	(8)	(9)	(10)	(11)	(12)	(13)	(14)	(15)	(16)	(17)	(18)	(19)	(20)	(21)	(22)	(23)	(24)	(25)	(26)	(27)	(28)
AVA 1	当地和全球公认的艺术家及其作品和艺术思潮对文化遗产的贡献	4	1	1	1	1	2	1	2	1	1	4	1	1	2	2	2	4	2	1	1	1	1	4	4	2	1	1	1

（续表）

	读写能力	计算能力	ICT/数字素养	数据素养	体育/健康素养	合作/协作	批判性思维	解决问题	自我调节/自我控制	同理心	尊重	坚毅力/适应力	信任	学会学习	学生主体	共同体	创造价值	承担责任	协调矛盾和困境	期望	行动	反思	全球胜任力	媒介素养	可持续发展素养	计算思维/编程/编码	财经素养	企业家精神
基本素养						**面向2030的技能、态度和价值观**									**面向2030的关键概念**		**面向2030的变革能力和能力发展**						**面向2030的复合能力**					
AVA 2 视觉艺术的历史，包括的视觉主要的艺术风格	4	1	4	1	1	1	2	3	1	2	2	3	1	3	3	1	4	1	1	1	1	1	4	2	1	1	1	1
AVA 3 在绘画、雕塑、陶瓷、纺织品等不同艺术作品中使用的艺术技巧和美学特征	4	1	4	1	1	2	1	4	1	3	1	3	1	2	3	1	3	2	1	2	2	2	4	2	1	1	1	1

（续表）

	基本素养					面向 2030 的技能、态度和价值观									面向 2030 的关键概念		面向 2030 的变革能力和能力发展						面向 2030 的复合能力					
	读写能力	计算能力	ICT／数字素养	数据素养	体育／健康素养	合作／协作	批判性思维	解决问题	自我调节／自我控制	同理心	尊重	坚毅力／适应力	信任	学会学习	学生主体	共同体	创造价值	承担责任	协调矛盾和困境	期望	行动	反思	全球胜任力	媒介素养	可持续发展素养	计算思维／编程／编码	财经素养	企业家精神
AVA 4 制作和创作各类艺术作品（如绘画、陶瓷、雕塑、纺织品等）的活动	4	3	4	1	3	4	2	4	1	1	3	4	2	3	3	3	4	2	1	1	3	2	1	4	3	1	1	1
AVA 5 通过视觉艺术作品表达情感和想法的活动	4	1	4	1	2	4	1	4	1	3	1	2	2	3	2	3	4	1	2	3	2	1	4	4	1	1	1	1

（续表）

	基本素养					面向 2030 的技能、态度和价值观									面向2030的关键概念		面向 2030 的变革能力和能力发展						面向 2030 的复合能力					
	读写能力	计算能力	ICT/数字素养	数据素养	体育/健康素养	合作/协作	批判性思维	解决问题	自我调节/自我控制	同理心	尊重	坚毅力/适应力	信任	学会学习	学生主体	共同体	创造价值	承担责任	协调矛盾和困境	期望	行动	反思	全球胜任力	媒介素养	可持续发展素养	计算思维/编程/编码	财经素养	企业家精神
AVA 6　在视觉艺术/艺术家的工作中,如何像艺术家一样思考;视觉艺术/美术对现实生活/现实世界有何贡献和联系(认识论知识)	3	1	1	1	1	3	2	3	1	1	3	3	1	1	1	2	3	1	1	2	2	2	2	1	3		1	1

面向 2035 的美术课程与教学

（续表）

	读写能力	计算能力	ICT/数字素养	数据素养	体育/健康素养	合作/协作	批判性思维	解决问题	自我调节/自我控制	同理心	尊重	坚毅力/适应力	信任	学会学习	学生主体	共同体	创造价值	承担责任	协调矛盾和困境	期望	行动	反思	全球胜任力	媒介素养	可持续发展素养	计算思维/编程/编码	财经素养	企业家精神
	基本素养					面向 2030 的技能、态度和价值观									面向 2030 的关键概念		面向 2030 的变革能力和能力发展						面向 2030 的复合能力					
AVA 7 视觉艺术/美术中的道德和伦理问题（如版权意识）	2	1	1	1	1	1	2	1	1	1	1	1	1	1	1	1	2	1	1	1	1	1	1	1	1	1	1	1

通过美术学科"热图"可以看出,在"基本素养"类别中,由于"读写能力"与我国《美术课程标准》中提倡"欣赏不同时代和文化的美术作品,了解重要的美术家及流派"(第 25 页)、"选择传统媒介和新媒材,探索不同的创作方法,发展具有个性的表现能力,表达思想与情感"(第 23 页)等方面要求较为接近,所以"读写能力"能得到较好的体现,这与美术学科的特点也是相符合的。此外,在"ICT/数字素养"方面,由于 21 世纪初我国美术学科就已开始提倡运用计算机等现代媒体进行美术表现活动,在《美术课程标准》中"选择计算机、照相机和摄像机等媒介,进行表现活动"(第 23 页)、"利用互联网……了解中外美术史中的重要美术家及流派"(第 26 页)、"设计班级主页和学生个人网页,组成班级网,参与网络的交流"(第 27 页)、"根据学生的学习需求,开展计算机和网络美术教学,鼓励他们主动检索美术信息,利用数码相机和计算机创作美术作品,互动交流"(第 30 页)等,都与"ICT/数字素养"有关,表明这方面的素养在我国美术学科中也有较好的体现。

在"面向 2030 的技能、态度和价值观"类别中"合作/协作""解决问题""同理心""尊重""坚毅力/适应力"和"学会学习"方面,我国《美术课程标准》中也都有所体现,但在"批判性思维""自我调节/控制""信任"等方面是缺乏的。据《2030 能力/素养框架》对"批判性思维"的解释:批判性思维被定义为对观点和解决方案的质疑与评估。这一定义体现了元认知、社会和情感技能(在文化背景下的反思和评价)、态度和价值观(道德判断,与自己目标和价值观的整合)等多种要素,以及许多认知技能的组合,包括体验、观察、分析、概念化、综合、评估、反思和沟通。由于"批判性思维"是一种更高阶的认识论技能,包括归纳和演绎推理,进行正确的分析、推理和评估,为此,面向教育 2035 的我国美术课程应该倍加关注。

在"面向 2030 的关键概念"类别中"学生主体"方面,我国《美术课程标准》中虽然也有所体现,但是面向教育 2035 的我国美术课程仍应要重视和强调。正如经合组织所指出的:"学生主体含有学生参与社会的责任感,旨在能更好地影响他人、事件和环境的意思。为此,要制订有关学生主体能力方面的指导目标和确定实现目标的行动",并认为"学生主体体现的是行动而不是被行动;塑造而不是被塑造;做出负责任的决定和选择,而不是接受他人的决定和选择"[①]。

在"面向 2030 的变革能力和能力发展"类别中"创造价值"方面,据《2030 能力/素

---

① OECD. Future of Education and Skills 2030 Concept Note:Student Agency for 2030〔R〕. Paris:OECD Publishing,2019:3.

养框架》：创造力是支撑创造新价值的关键结构之一。创造力被称为"跳出框框的思维"，被定义为以新的视角处理问题或情境的能力，从而产生看似非正统的解决方案。我国《美术课程标准》，从"前言"中提出"构建面向 21 世纪的创造力"，到"课程基本理念"中提出"注重创新精神"培养，再到"课程内容"中强调"探索不同的创作方法""进行创意设计"，以及"实施建议"中倡导"营造有利于激发学生创新精神的学习氛围"等，表明当时修订课程标准时，对"创意能力"的培养是格外强调的。但是，在课程标准中对"承担责任""协调困难""反思"等方面的能力/素养的培养，却是非常欠缺的。

在"面向 2030 的复合能力"类别中"全球胜任力""媒介素养"方面，在《美术课程标准》都有很好的体现，但在"可持续发展"方面的素养，还有待加强。

总之，绘制的"热图"与我国《美术课程标准》中所要求的能力/素养，其深度与广度基本相符合，表明我们的分析研制工作是有效而准确的。

二、研制后的反思

通过美术学科课程内容图谱分析研制，我们有以下几方面的反思。

（一）对价值观的反思

经合组织认为"价值观是指人们在所有的个人和公共生活中作决定时所认为的重要指导原则。价值观决定人们在做出判断时会优先考虑什么，以及他们在寻求进步时会努力追求什么"[1]。经合组织曾对世界上一些国家的课程作了调查，发现各国最常提到的价值观包括尊重（尊重自己、尊重他人、尊重国家、尊重多样性和环境）、同理心、正直和坚毅不屈，并认为"这些价值观将有助于塑造一个建立在个人、社区和全球福祉基础上的共同未来"[2]。

---

① OECD. Future of Education and Skills 2030 Concept Note：Attitudes and Values for 2030 ［R］. Paris：OECD Publishing，2019：3.

② OECD. Future of Education and Skills 2030 Concept Note：Attitudes and Values for 2030 ［R］. Paris：OECD Publishing，2019：5 - 6.

习近平总书记近年来多次发表讲话,要求青少年学生"树立正确的世界观、人生观、价值观",并认为"青年的价值取向决定了未来整个社会的价值取向,而青年又处在价值观形成和确立的时期,抓好这一时期的价值观养成十分重要。这就像穿衣服扣扣子一样,如果第一粒扣子扣错了,剩余的扣子都会扣错。人生的扣子从一开始就要扣好。'凿井者,起于三寸之坎,以就万仞之深'"①。可见,习近平总书记对青少年学生树立和培育社会主义核心价值观的高度重视。

中华人民共和国成立以来,我国学校课程一贯重视正确价值观的培养,如《美术课程标准》中提出"以社会主义核心价值体系为导向"(第1页),"逐步形成热爱祖国优秀文化传统和尊重世界文化多样性的价值观"(第3页)等。当前,我国社会正处于快速转型之中,经济全球化、社会思潮多元多样,使人的思维方式和行为方式发生改变。面对社会的诸般变化,反思我国《美术课程标准》,一方面,教育理念和教学内容、教学方式需要积极主动求变,以适应时代的需求;另一方面,对于如何弘扬和践行社会主义核心价值观还需要进一步的研究和加强。

(二) 对跨学科学习的反思

2001年以来,我国《美术课程标准》开始设立"综合·探索"学习领域,这一领域强调"(1)融美术各学习领域("造型·表现""设计·应用"和"欣赏·评述")为一体;(2)美术与其他学科相综合;(3)美术与现实社会相联系",以此"开展跨学科学习活动"。经过二十余年的实践,虽然各版本的教科书中也都有这方面的学习内容,但是在实际教学中还存在着各种问题。经合组织认为,跨学科知识对于理解和解决复杂问题越来越重要。为此,该组织为学生设计了五种课程方法,帮助他们获得跨学科方面的知识:

> ● 学生可以学习跨不同学科迁移的关键概念或"大概念"。"大概念"是宽泛的、跨学科的概念,它超越了特定学科领域,设法解决更深层次的理解。教授"大概念"可以促进深度学习并使知识和技能更有效地迁移。关键概念或"大概念"存在于每个学科中,在不同的学科中被认为是"元概念"或"宏观概念"。

---

① 2014年5月4日,习近平总书记在北京大学师生座谈会上的讲话。

● 学生可以学习识别跨学科的各种概念之间的相互联系。在教育和生活中，一切都是相互联系的。由于学科之间相互影响，以相互联系的方式呈现知识是有用的，反映了我们所生活的世界的复杂性。

● 学生可以通过主题学习，将不同学科联系起来。为了避免课程超载，一些国家将跨学科的问题/现象/主题嵌入现有的课程，而不是创建新的学科来探索跨学科的问题/现象/主题。

● 跨学科学习可以通过合并相关学科或创建新学科来组织和促进。学科重组是认识跨学科知识的重要性，同时是应对课程超载和学科竞争的策略之一。

● 在课程中基于项目学习可以为促进跨学科研究创造空间，因为学生需要结合不同学科的知识来处理复杂的课题。基于项目的学习不仅指教学方式，也指课程的方法。①

反思我国《美术课程标准》中的"综合·探索"学习领域，在跨学科学习的理念、方法以及组织教学的方式上，面向教育 2035 的我国美术课程还有待改进和提高的地方。

（三）对认识论知识的反思

经合组织认为"认识论知识是对学科专家如何工作和思考的理解。这些知识能帮助学生找到学习的目的，理解学习的应用，拓展他们的学科知识"②。为此，现今提倡的"像艺术家一样思考"，就属于认识论知识。其在艺术学科的具体表现是：对艺术充满好奇心的探索；用艺术智慧进行创造；反复考虑和选择各种可能性的因素；反思各种选择和想象的条件；交流各种想法与观点；记录对艺术的理解与能力的成长；将自己与艺术家、艺术作品和世界相联系；通过持之以恒的学习，拓展艺术能力。③

---

① OECD. Future of Education and Skills 2030 Concept Note：Knowledge for 2030［R］. Paris：OECD Publishing，2019：6.

② OECD. Future of Education and Skills 2030 Concept Note：Knowledge for 2030［R］. Paris：OECD Publishing，2019：1.

③ OECD. Nancy Walt，Arnold Toutant，Rod Allen. BC's Redesigned Curriculum-Theoretical Underpinning［R］. Paris：OECD Publishing，2017：125.

近年来,世界上已有越来越多的国家在课程内容设计中嵌入了"认识论知识"。经合组织认为:"认识论知识可以通过问题来激发,诸如'我在这门课上学到了什么,为什么?''在我的生活中,我能用这些知识做什么?''这个学科领域的某些专家是怎么想的?''医生、工程师、艺术家和科学家等专业人员遵循了什么样的道德行为准则?'"①

反思我国《美术课程标准》,其中有关认识论方面的知识是缺乏的,对培养学生像艺术家一样思考,即自我意识、自我反思和自我调节的元认知能力也是欠缺的。为此,面向教育 2035 的我国美术课程也应增加认识论方面的知识。

(四) 对创新能力的反思

经合组织指出,"人工智能正在为技术带来深度和规模方面的挑战。社会将需要确定人类智能需要什么,人类智能如何与人工智能协同工作,人类智能和人工智能如何相互补充"②等。为此,经合组织认为,创新能力在各个领域中都需要运用。经合组织还认为,"创新者与非创新者技能的最显著区分是创造力。更具体地说,是'提出新想法和解决方案'和'质疑不同想法的意识'的能力"③,并指出"人工智能似乎不太可能取代需要创造力的工作""换言之,尽管计算机正在进入许多领域,但它们不太可能取代那些工作需要创新思维的工人。因此,为了适应当前技术的发展趋势,工人们和未来的学习者都需要获得创意方面的技能"④。

反思我国《美术课程标准》,尽管对创新能力的培养已格外关注,但在当今人工智能时代到来之际,在面向教育 2035 的我国美术课程中对创新能力的培养,怎么强调都不为过。

---

① OECD. Future of Education and Skills 2030 Concept Note：Knowledge for 2030 [R]. Paris：OECD Publishing，2019：8.

② OECD. Future of Education and Skills 2030 Concept Note：Skills for 2030 [R]. Paris：OECD Publishing，2019：5.

③ OECD. Future of Education and Skills 2030 Concept Note：Skills for 2030 [R]. Paris：OECD Publishing，2019：5.

④ OECD. Future of Education and Skills 2030 Concept Note：Skills for 2030 [R]. Paris：OECD Publishing，2019：5.

（五）对提高版权意识的反思

版权，亦称著作权，是指文学、艺术、科学作品的作者对其作品享有的权利（包括人身权、财产权）。提高版权意识，就要尊重他人的劳动成果。美术学科在学习过程中，经常会在网络上下载、书报杂志上翻拍利用一些艺术作品或图像。为此，国外一些课标中有让学生"从个人、经济和法律的角度，评估视觉艺术剽窃和侵犯版权的影响"，了解"受版权保护的艺术、设计作品，涉及使用、滥用、擅用（剽窃）等方面问题"①。

反思我国《美术课程标准》，缺少了对版权意识的教育，缺少了对于侵犯他人著作权要受到法律制裁的认识。为此，面向教育 2035 的我国美术课程中也要增加"普及版权意识"方面的教育内容，培养学生做遵纪守法的合格公民。

三、研制后的收获与启示

（一）收获

2018 年参与经合组织"课程图谱研制项目"研究之后，我们有以下几方面收获：

第一，拓宽了我们的视野，提供了国际课程比较研究的新思路。

第二，了解国际基础教育课程改革现状、发展趋势以及未来对人才的需求。

第三，为我国义务教育艺术课程改革提供了方向。

第四，使我们认识到不同学科在核心素养培养方面是有所侧重的。对于美术学科来说：读写能力、批判性思维、解决问题、合作/协作、创造价值等能力/素养的培养是非常重要的。

第五，我们通过比较认识到，经合组织《2030 能力/素养框架》是针对世界上各个国家的，无法顾及每个国家的政治、历史、经济、社会的国情和价值观之间的差异。因

---

① 胡知凡.核心素养与世界中小学美术课程［M］.上海：上海教育出版社，2020：209.

此,面向教育 2035 的我国美术课程应既关注世界教育发展趋势,又应根据自己的国情和社会特点加以改革。

(二)启示

参与经合组织"课程图谱研制项目"研究之后,对研制我国新课标有所启示。2022 年 4 月,教育部颁布"2022 年版艺术课标",并作了以下几方面的改变:

第一,与世界上一些发达国家,如美国、加拿大、澳大利亚的艺术课程标准相同,把舞蹈、戏剧(含戏曲)、影视(含数字媒体艺术)纳入"2022 年版艺术课标",改变了中华人民共和国成立以来音乐与美术分学科的课程标准。

第二,与世界上一些发达国家,如美国、加拿大、澳大利亚的艺术课程标准相同,采用"合—分—合"的框架结构。这种框架结构既考虑到艺术各学科的共性,又兼顾个性,确保了"2022 年版艺术课标"能在中小学艺术教学中得到很好的落实与实施。

第三,"2022 年版艺术课标"除根据艺术学科学习特点提出审美感知、艺术表现、创意实践、文化理解这四个核心素养之外,还特别强调学生之间合作与协作的意识、开放与包容的心态、人类命运共同体的意识。

第四,"2022 年版艺术课标"美术学科"内容要求"中,首次明确强调"了解知识产权的知识,知道在利用图像作品和文字资料时,须尊重他人的知识产权",在"学业要求"中提出"尊重他人的知识产权,同时保护自己的知识产权"①。

第五,"2022 年版艺术课标"在课程理念中强调跨学科的理念,提出"以各艺术学科为主体,加强与其他艺术的融合;重视艺术与其他学科的联系,充分发挥协同育人功能"②。美术学科在第二学段(3—5 年级)还特别设立了"融入跨学科学习"的学习任务,强调"将美术与自然、社会及科技相融合,探索各种问题,提高综合探索与学习迁移的能力"③。

第六,"2022 年版艺术课标"特别强调"培育和践行社会主义核心价值观,着力加强社会主义先进文化、革命文化、中华优秀传统文化的教育"④,通过美育和艺术教

---

① 中华人民共和国教育部.义务教育艺术课程标准(2022 年版)[S].北京:北京师范大学出版社,2022:67.
② 中华人民共和国教育部.义务教育艺术课程标准(2022 年版)[S].北京:北京师范大学出版社,2022:2.
③ 中华人民共和国教育部.义务教育艺术课程标准(2022 年版)[S].北京:北京师范大学出版社,2022:56.
④ 中华人民共和国教育部.义务教育艺术课程标准(2022 年版)[S].北京:北京师范大学出版社,2022:1.

育,立德树人、以美育人、以美化人,提高中小学生的审美和人文素养。

总之,我国的艺术教育课程改革一方面能很好地融入世界艺术课程改革的大潮,使我国艺术课程从"以学科为本课程"向"以素养为本课程"的范式转变,另一方面还根据我国现有国情和社会特点制定出具有中国特色的艺术课程标准。

第五章

美术学习的评估

我国中小学美术学科对学生学习评价的研究起步较晚,以往大都根据学生平时成绩作为他们的学业考核。2001 年,《基础教育课程改革纲要(试行)》提出:"改变课程评价过分强调甄别与选拔的功能,发挥评价促进学生发展、教师提高和改进教学实践的功能。"①2001 年教育部颁布的《全日制义务教育美术课程标准(实验稿)》指出:"评价体系应以学生在美术学习中的客观事实作为评价的基础,注重评价与教学的协调统一,尤其要加强形成性评价。既要关注学生掌握美术知识、技能的情况,更要重视对学生美术学习能力、学习态度、情感与价值观等方面的评价;强化评价的诊断、发展功能以及内在激励作用,弱化评价的甄别与选拔功能。"②并提出了:重视学生的自我评价、对学生美术活动表现的评价、采用多种评价方式评价学生的美术作业等。此后,2012 年教育部颁布的《义务教育美术课程标准(2011 年版)》和 2022 年教育部颁布的《义务教育艺术课程标准(2022 年版)》中对美术学习评价都给予了高度重视,强调"评价是检验、提升教学质量的重要方式和手段。要充分发挥评价的诊断、激励和改善功能,促进学生发展。"③可见,评价已逐渐成为美术教学过程的重要环节。

① 钟启泉,崔允漷,张华.基础教育课程改革纲要(试行)解读[M].上海:华东师范大学出版社,2001:5.
② 中华人民共和国教育部.全日制义务教育美术课程标准(实验稿)[S].北京:北京师范大学出版社,2001:29.
③ 中华人民共和国教育部.义务教育艺术课程标准(2022 年版)[S].北京:北京师范大学出版社,2022:114.

评估与评价的区别

国外学者研究认为，英文中"assessment"一词源自拉丁语词根"Assidere"，意思是"坐在旁边"。尽管这个词的原意与"评估"似乎并不搭界，但教师在评估学生学习时，确实需要"坐在旁边"观察并与学生交谈，以此获得和了解学生的学习情况。并认为，英文中"assessment"（译作"评估"）、"testing"（译作"测试"）和"evaluation"（译作"评价"），三个词都是"评估"方面的术语，但它们的含义是有区别的。其中，"assessment"是一个广义的术语，指的是收集和综合信息是为了更好地了解和描述学习过程。"testing"是一种评估。测试通常在规定时间内使用纸笔或计算机进行考试，并限制考生获取资源（如参考资料等），在有限范围内接受答题。"evaluation"是指根据既定标准和表现标准对知识、理解、技能熟练程度或产品、表现质量做出判断的过程。[①]

在中文中，教育"评估"与"评价"的含义也有一些区别。教育"评估"是根据既定的目的，确定相应的目标，建立科学的指标体系，通过系统地收集信息和定性、定量分析，依据客观的价值标准，对教育系统的功效和工作状态作出评议和估价的过程。教育"评价"是通过系统地收集信息，对教学目标及实现目标的教育活动进行分析和价值判断的过程。[②] 可见，"评估"的本质是事实判断，"评价"的本质是价值判断。

---

① Jay McTighe，Steve Ferrara. Assessing Student Learning by Design Principles and Practices for Teachers and School Leaders［M］. New York：Teachers College Press，2021：xii.

② 顾明远.教育大辞典（简编本）［M］.上海：上海教育出版社，1999：236.

课堂评估目的与原则

一、课堂评估目的

2020年10月,中共中央、国务院印发的《深化新时代教育评价改革总体方案》提出"教育评价事关教育发展方向,有什么样的评价指挥棒,就有什么样的办学导向",并指出"坚持立德树人,牢记为党育人、为国育才使命,充分发挥教育评价的指挥棒作用,引导确立科学的育人目标,确保教育正确发展方向""坚持科学有效,改进结果评价,强化过程评价,探索增值评价,健全综合评价,充分利用信息技术,提高教育评价的科学性、专业性、客观性""改进美育评价。把中小学生学习音乐、美术、书法等艺术类课程以及参与学校组织的艺术实践活动情况纳入学业要求,促进学生形成艺术爱好、增强艺术素养,全面提升学生感受美、表现美、鉴赏美、创造美的能力"。可见,评价在立德树人的过程中发挥着"指挥棒"的作用,其主要目的是改进教师的教学方式和学生的学习方式与学习动机,检验和提升教学质量。

美国学者麦格泰格和威金斯(2004)认为,课堂评估有三个主要目的,即诊断、形成和评价。由于课堂评估的目的和评估时间不同,评估方式分为诊断性评估、形成性评估和终结性评估。诊断性评估(diagnostic assessment)有时被称为预评估(pre-assessments),是在新的教学单元或课程之前采用的,以帮助教师衡量学生先前的知识和技能水平,从而确定新教学的最佳起点。形成性评估(formative assessment)是指在教育、教学活动实施的过程中,为了解动态过程的效果,及时反馈信息,及时调节,使计划、方案不断完善,以便顺利达到预期的目的而进行的评估。简而言之,就是在教学过程中,对学生的学习情况进行评估,及时反馈学习中的真实情况。终结性评估(summative assessment)是指在教学活动结束后为判断其效果而进行的评估。在一个单元学习结束之后,或一个学期的教学结束之后,都可以对学生的最终学习结果进行评估。因此,终结性评估也可以称为总结性评估。

麦格泰格和威金斯认为,终结性评估具有对学生学习的最终结果进行评价(assessment of learning)的特点,而形成性评估往往与教学结合使用,为教师和学生提供有关学习过程的反馈,具有为了学习而评估(assessment for learning)的特点。教师利用形成性评估的结果为学生提供反馈,帮助他们改进学习,如表 5 - 1 所示课堂评估的三种目的。①

表 5 - 1　课堂评估的三种目的

为了学习的评估		对学习结果的评估
诊断	形成	评价
在新的教学之前进行评估,以检查学生先前的知识和经验、可能的误解或兴趣。诊断性评估(也称为预评估)提供信息,以协助教师规划和指导可能需要的差异化教学。	为学生和教师提供反馈,以提高学习和表现。形成性评估可以包括正式的(如每周的小测验)和非正式的方法(如对学生学习时的观察)。由于这种持续性的评估(ongoing assessments)主要目的是提供反馈,因此不应对其进行评分或分等级。	根据确定的学习目标,对所掌握或熟练程度的评估。终结性评估通常会得出分数或等级。
评估方式:预测试、技能检测、调查、图表。	评估方式:智力竞赛、口头提问、观察、草图、说出自己的想法、演出彩排、分组赛。	评估方式:测试、期末考试、表现性任务、最终项目、学习档案袋。

---

① Jay McTighe, Steve Ferrara. Assessing Student Learning by Design Principles and Practices for Teachers and School Leaders [M]. New York: Teachers College Press, 2021: 17.

二、课堂评估原则

美国学者麦格泰格（Jay McTighe）和费拉拉（Steve Ferrara）在《为教师和学校领导设计评估学生学习的原则与实践》一书中提出了课堂评估的五个原则，用来帮助教师和学校领导指导课堂评估：①

（一）评估应服务于学习

课堂评估的主要目的是为教学提供信息和改善学习水平。麦格泰格和费拉拉认为，评估应被视为一个持续性的过程（an ongoing process），而不只是在单元或课程结束时评估学生的学习。教师在教学开始时应采用预先评估的方式，来确定学生的先验知识和技能水平，并在整个单元或课程教学中定期进行评估，以帮助他们根据学生的学习需求调整教学方式。

总之，评估结果不仅仅为学生评分提供数据，还为反馈和改善教学提供"燃料"。

（二）利用多种评估方式提供更多证据

麦格泰格和费拉拉认为，评估是我们根据学生所知道、理解和能做的事情，通过评估将获得的信息进行推断的过程。然而，评估结果是否有效和可靠与推断有关。由于所有评估方式都会受到测量误差的影响，为此，我们应考虑多种评估方式（即各种证据来源），这样的推断才更为可靠。麦格泰格和费拉拉将课堂上采用单一评估方式比喻为拍一幅学生照片，只提供学生某一时刻学习的画面。因此，这种单一评估方式作为学生取得重要学习成果的结论是不合适的。而采用多种评估方式进行评估，犹如一本相册，其中有学生在不同时间、镜头、背景和构图中拍摄的照片。这样的相册相比单张照片而言提供了更丰富、更公平和更完整的学生学习成果。

---

① Jay McTighe，Steve Ferrara. Assessing Student Learning by Design Principles and Practices for Teachers and School Leaders [M]. New York：Teachers College Press，2021：1 - 7.

总之，为了了解学生通过学习能知道什么和能做什么，有必要采用多种评估方式进行评估，以便提供学生更多的学习证据。

（三）评估应与学习目标保持一致

麦格泰格和费拉拉还认为，评估应该与学习目标保持一致性。由于学习目标中涉及知识目标、技能与过程目标、理解目标、品格目标等不同类型的目标，因此，需要相关的各种评估方式，以便为所有目标收集适当的证据。例如，如果我们想了解学生是否知道乘法表或化学符号，那么客观的测试项目——如多项选择题、匹配题、单选题或填空题——将以一种有效的方式提供适当的证据。当我们想了解学生对技能与过程目标的熟练程度，如绘画、写作或体育课中的技能时，就需要采用某种类型的表现性评估。

格兰特·威金斯（1998）在其经典著作《教育评估》中曾提出通过两个问题来衡量评估学习目标能否达到一致性：

● 学生能否通过你的测试，或者根据你的表现标准执行任务，但不能有效地证明达到目标中知识、理解能力和技能水平的熟练程度？

● 一个学生是否在你的考试中表现不佳，或者没有达到你的表现标准，却仍然达到了目标中的知识、理解能力和技能水平？

威金斯认为，如果任何一个问题的答案都是肯定的，那么表明你的评估与学习目标没有达成一致性。为此，学习目标是决定评估的性质，而不能当作外部因素来看待。

（四）评估应体现最重要的东西

麦格泰格和费拉拉指出，我们的评估往往向学生传递了强烈的信息，即什么学习成果是有价值的。这里提出了一个关键问题：我们是评估所有有价值的学习成果，还是只评估那些最容易测试和评分的东西？显然，在目前的课堂教学评估中，还是以评估学生知识技能掌握的情况为主。例如，在英语课程标准中，听力和口语被认为是阅读与写作的基础，而在评估中却很少针对听力和口语进行标准化的测试。事实上，这些没有通过标准化测试和评估的东西,并不意味着它们不重要,甚至可以在课堂教学评估中被忽略。相反,课堂是使用一系列评估方式的理想环境,不同的评估方式可以为一系列重要的学习目标提供形成性的反馈和评估证据,包括科学调查、历史探究、研究、论证、多媒体交流、创造性设计和团队合作的能力等。

(五)评估应该是公平的

麦格泰格和费拉拉还认为,课堂评估应该是公平的,简单地说就是让所有学生都有平等地展示他们所知道、理解和能做事情的机会。也就是说,测试的项目、条件(如严格的时间限制)和评分程序通常是标准化的。标准化评估有助于实现可比性,也有利于公平、公正,因为所有学生都以相同的方式进行评估。

同时,麦格泰格和费拉拉也指出,公平有时也是相对的,评估的目的是让学习者能够以适当的方式展示他们的学习能力。因此,那些有阅读困难或英语不流利的学生可能无法理解笔试题或任务说明,即便他们可能理解测试内容。在这种情况下,一刀切的评估将不能公平地代表他们的学习能力。为此,通常大规模的测试允许为有残疾和语言限制的考生提供特定的服务。对于课堂教学中的评估,教师可有更大的灵活性,以确保对所有学生都是公平的。

第三节

课堂评估与学习目标

一、学习目标

课堂评估首先要明确学习目标。为此,麦格泰格和费拉拉提出了四种不同类型的学习目标,即知识目标、技能与过程目标、理解目标和品格目标,并认为每一种学习目标都需要特定类型的评估证据,为此,应采用不同的评估方法进行评估。[①]

(一) 知识目标

知识目标(knowledge goals)规定了我们希望学生知道的知识。这类知识侧重于事实信息、词汇术语和基本概念等方面的陈述性知识。对知识目标的评估,可以通过选择题、测试试卷或通过教师的直接提问来获得评估证据。通常对知识目标的评估往往只有一个正确答案,也就是说你要么知道,要么就不知道。

(二) 技能与过程目标

技能和过程目标(skill and process goals),说明学生应该能够做什么。这种目标本质上属于程序性知识,评估时需要学生通过表现技能以及过程,来证明和展示其能力。因此,技能和过程目标最适合通过学习者的表现(perform)来评估,使用的方法包括直接观察(如体育技能),对产品或工作情况完成后的检查(如评估文学作品、绘

---

① Jay McTighe,Steve Ferrara. Assessing Student Learning by Design Principles and Practices for Teachers and School Leaders [M]. New York:Teachers College Press,2021:11 - 14.

画作品），特别是那些需要通过手和身体来完成的产品或工作，如绘画、乐器演奏等，都要通过表现来评估。

总之，知识目标评估通常只有单一的"正确"答案，而对技能和过程目标的评估最好使用基于表现的衡量标准。此外，对学生的表现，应按照从新手发展到专家的熟练水平来划分不同的表现水平。事实上，对于许多学科来说，包括研究、论证、多媒体交流、文学或历史解读、实验探究和小组合作，都可以根据表现性评估的要求，从新手到专家来划分不同的表现水平，提供最合适的证据。

（三）理解目标

理解目标（understanding goals），是指希望学生深入理解所学内容或单元中的"大概念"。具体来说，当学生在学习过程中能够有效地做好两件事时，表明他们已理解了：能应用他们所学习的知识与技能；能解释他们的想法并能进一步迁移，即在新情况下使用知识。学习者达到真正的理解表现为：

- 给出"为什么"，而不仅仅是"什么"。
- 用他们自己的话解释一个抽象的概念。
- 能有效地说服他人。
- 用新的例子来说明原理。
- 能证明他们的结论是正确的。
- 能捍卫自己的立场，并进行反驳。

（四）品格目标

品格目标（dispositional goals），也称为思维习惯，包括开放的心态、控制冲动和同理心等。品格目标较难以评估，需要针对不同情况寻找各种证据，包括学习者的自我评估等方式。为此，对于品格目标的评估需要采用不同的定性方法。比如，根据品格目标制订一套可观察的指标进行长期观察。如果说传统的评估方式提供了学生学习时的即时"照片"，那么对品格目标的评估，犹如运用摄像机来记录学生随着时间推移的学习情况，也就是说需要寻找学生在不同环境下应用各种思维习惯的证据。

二、学习目标与课程标准

麦格泰格和费拉拉认为,学习目标在一定程度上是由国家、州或地区制定的课程标准确定的。事实上,不同学科课程标准的"内容标准"里,都明确地包含了知识、技能和过程、理解三种目标。虽然品格目标没有那么明显,但在有些学科课程标准中还是存在的,如美国《国家核心艺术标准》(2014)将创造力作为艺术学习中一种有价值的工作习惯。此外,许多教师在教学中重视并鼓励学生发展富有成效的品格,如灵活和开放的思维、对他人富有同理心、愿意接受反馈等,都属于品格目标。① 以下是美国《国家核心艺术标准》中有关知识、技能与过程、理解方面的表述(见表5-2)。

表 5-2 美国《国家核心艺术标准》中有关知识、技能与过程、理解方面的表述

课程标准	知识	技能与过程	理解
美国《国家核心艺术标准》(2014)	视觉艺术:理解来自不同地方和时代的人们所创造各种各样艺术的原因。	戏剧:作为创造性的团队,为戏剧/戏曲作品共同做出解释性选择。	音乐:解释如何将对音乐结构和音乐要素的理解用于表演曲目的选择。

按照麦格泰格和费拉拉的"知识目标""技能与过程目标"以及"理解目标"划分,我国《义务教育艺术课程标准(2022年版)》(以下简称"2022年版艺术课标")中,美术学科"课程内容"的"内容要求"部分就是"知识目标","学业要求"部分就是"技能和过程目标","教学提示"里有"理解目标"。我们以第二学段"学习任务1:感受中外美术的魅力""学习任务2:表达自己的想法"为例。② 表5-3展示了"2022年版艺术课标"美术学科的知识、技能与过程、理解目标。

---

① Jay McTighe,Steve Ferrara. Assessing Student Learning by Design Principles and Practices for Teachers and School Leaders [M]. New York:Teachers College Press,2021:14.

② 中华人民共和国教育部.义务教育艺术课程标准(2022年版)[S].北京:北京师范大学出版社,2022:54-58.

表 5－3　"2022 年版艺术课标"美术学科的知识、技能与过程、理解目标

课程标准	知识 【内容要求】	技能与过程 【学业要求】	理解 【教学提示】
学习任务 1：感受中外美术的魅力	● 欣赏中外著名艺术家的美术作品，如绘画、雕塑、书法、篆刻、摄影、设计、建筑、媒体艺术等，了解不同美术门类的特点。 ● 欣赏中国民间美术作品，如剪纸、皮影、年画、泥塑、刺绣、蜡染等，了解作品的材料、用途和特点。 ● 学会用感悟、讨论、比较等方法，运用线条、形状、色彩、肌理等造型元素，以及对称、重复、对比、变化等形式原理，欣赏、评述中外美术作品。	● 知道中外著名艺术家及其作品，以及美术的不同门类。 ● 知道中国民间美术作品及其不同种类。 ● 能运用美术语言及 1～2 种方法，评述中外美术作品，与同学分享和交流自己的体会。	中国传统美术具有强大的生命力和凝聚力。
学习任务 2：表达自己的想法	● 通过调和不同的颜色，认识原色、间色、复色、对比色和邻近色的特点。 ● 观察室内或室外物体在空间中"近大远小"的变化规律，了解平行透视的知识。 ● 根据自己对生活的感受与想法，使用不同的工具、材料和媒介，采用写实或夸张等手法进行表现。	● 能使用传统或现代的工具、材料和媒介，创作不同表现形式的美术作品，表达自己对生活的看法。 ● 在创作美术作品时，能提出各种构想，并尝试运用各种表现形式和方法，创作富有创意的美术作品。 ● 知道中国传统绘画技法是由我国历代画家不断探索、总结而成的。	美术是认识与表现自我和他人的重要方式。

（续表）

课程标准	知识 【内容要求】	技能与过程 【学业要求】	理解 【教学提示】
学习任务 2：表达自己的想法	● 在中国画学习中，尝试运用毛笔、宣纸等绘画工具和材料，体验笔法（中锋、侧锋）、墨法（焦、浓、重、淡、清）的特点。 ● 在吹塑板、雪弗板、木板等材料上，通过剪贴、针刻、雕刻的手法，以及拓印、压印等方法，创作黑白或套色版画。 ● 根据自己的想象与构思，用纸、泥等材料，以及折、叠、捏、塑、组合等方法，塑造立体造型作品。 ● 选择身边的物品或自己制作的泥塑作品，用数码相机、摄像设备拍摄，结合计算机动画软件制作定格动画作品。	● 在活动结束后，能收拾、整理工具和材料，保持课桌和教室的整洁。	

此外，"2022 年版艺术课标"中提出的"发展创新思维""学会尊重、理解和包容"等属于品格目标的要求。因此，我们在进行课堂评估时，应依据课程标准，结合学情，根据教学内容制订出更为具体和更有针对性的学习目标。

麦格泰格和费拉拉认为，一旦教师确定了学习目标，确定了评估的目的和对象，就要准备如何选择具体的方法用来收集学习证据。麦格泰格和费拉拉提供了五种评估方式（见表 5 - 4）。

表 5 - 4　评估方式框架

我们如何评估学生的学习？ 考虑到评估的学习目标和目的以及受众，什么方法最合适？

（续表）

选择题	简答题	基于表现的评估		聚焦过程的评估
		产品	表现	
● 多项选择 ● 单选 ● 匹配 ● 技术强化项目（如对几个要素进行排序）	● 填空 ● 单词 ● 短语 ● 简答 ● 段落 ● 图标 ● 推特 ● "展示你的作品" ● 表述（如填写） ● 流程图 ● 概念图 ● 标注图表 ● 技术强化项目（如填充数据表）	● 论文 ● 研究论文博客/期刊实验室报告 ● 故事/戏剧 ● 信息图表 ● 诗词 ● 作品集 ● 艺术展 ● 科学项目模型 ● 后期剪辑 ● 播客	● 口头报告 ● 舞蹈/运动 ● 科学实验 ● 演示 ● 体育阅读① ● 短视频演讲 ● 辩论 ● 音乐表演 ● 演示文稿（PPT） ● 音乐演奏会	● 口头提问 ● 观察（"观察儿童"） ● 采访 ● 会议 ● 过程描述 ● 边想边说 ● 学习笔记 ● 交互式笔记本 ● 学生自评

总之，制订学习目标应以课程标准和教学内容为依据，在评估过程中应采用不同的评估方式评估学习目标中的"知识目标""技能与过程目标"和"理解目标"。

三、"教—学—评"一致性

"2022年版艺术课标"中指出，要强化考试评价与课程标准、教学的一致性，促进"教—学—评"有机衔接。所谓"教—学—评"一致性，是指教师的教学与学生的学习目标和评估要保持一致，旨在将评估融入教学过程，使评估与教学环节相互交织、相互促进。具体来讲，要以课程标准为依据，根据教学内容或教材中的单元内容设计学习目标，依据学习目标和学业质量标准的要求设计出相应的评估标准，将评估作为一

---

① 体育阅读：是指通过阅读与体育相关的内容，包括体育新闻、赛事报道、运动员传记、体育书籍等，来深入了解体育领域的知识和文化。

个持续不断的动态过程,与教学相互渗透。它不仅关注学生在最终评估中的表现,也注重评估教师的教学能力和课堂实施。崔允漷教授等认为,"教—学—评"一致性的含义有以下几点:①

第一,清晰的目标是"教—学—评"一致性的前提和灵魂。没有清晰的目标,就无所谓"教—学—评"的活动;没有清晰的目标,也就无所谓一致性,因为判断"教—学—评"是否一致的依据就是教学、学习与评价是否都是围绕共享的目标展开的。

第二,"教—学—评"一致性涉及两种理解:一是针对教师而言,二是针对教师与命题专家而言。前者是指教师在特定的课堂教学活动中,教师的教、学生的学以及对学习的评价应该具有目标的一致性;后者是指教师的教、学生的学与命题专家的命题应保持目标的一致性。

第三,"教—学—评"一致性指向有效教学。教学"有效"的唯一证据在于目标的达成,在于学生学习结果的质量,在于何以证明学生学会了什么。

第四,"教—学—评"一致性的实现取决于教师的课程素养与评价素养。课程素养表现为坚持博雅教育(素质教育)的理念、确定和叙写清晰的目标、选择和组织合适的素材或活动、采用与目标相匹配的方法、实施基于目标的评价。评价素养则表现为坚持育人理念、确定清晰的目标、设计与目标相匹配的评价任务、获取与目标达成相关的学习信息、解释这些信息并做出反馈或进行指导。

麦格泰格和费拉拉认为,在课堂评估中应考虑三个相关因素②:

- 有针对性的学习目标,即有针对性的学习目标是什么,如何更好地评估这些目标。
- 评估的目的,即评估的目的是什么。
- 评估信息的受众者,即评估结果适用于谁,如何使用这些结果。

由此可见,学习目标的设计成为最重要的一环,评价起到检测学习目标达成情况的作用。我们以上海松江区某教师开发的"非遗传承——丝网版画"单元案例为例。

---

① 崔允漷、夏雪梅.“教—学—评一致性”:意义与含义[J].中小学管理,2013,1:4-6.
② Jay McTighe, Steve Ferrara. Assessing Student Learning by Design Principles and Practices for Teachers and School Leaders [M]. New York:Teachers College Press,2021:9.

······· **教育案例** ·················

上海松江区车墩镇丝网版画属于该区的非物质文化遗产。松江区某中学美术教师决定利用当地这个资源来组织单元教学活动。

该教师先研读了"2022年版艺术课标"中第四学段的学段目标,"继承与发展文化遗产"的学习任务和学业要求,以及第四学段的学业质量标准,再设计出供学生学习的单元学习目标:

1. 规划走访、调查活动的过程,拍摄或记录丝网版画的工艺和印制方法。

2. 运用感光制版法创作丝网版画。

3. 解释"中华优秀传统文化需要创造性转化、创新性发展"的道理。

然后,根据学习目标设计了三个学习活动:

1. 走访、调查丝网版画的传承人,了解丝网版画的历史与特色。

2. 用感光法创作一幅丝网版画。

3. 撰写300～500字学习丝网版画的体会,并对保护丝网版画提出自己的想法与建议。

接着,教师针对学习目标,依据学业质量标准研制了单元评价标准和评价量规:

表5-5　单元评价标准和评价量规

维度	评价维度	合格	基本合格	不合格
搜索信息	走访丝网版画的传承人,搜集丝网版画的图片和文字资料,用视觉笔记形式作采访记录。	走访丝网版画的传承人,搜集图文资料,并详细地作采访记录。	能走访丝网版画的传承人,但搜集和采访的信息有限。	没有走访丝网版画的传承人,只是利用网络进行搜集。
创作表现	用版画工具和材料(菲林片、丝网、感光胶、亚克力板、垫板、吹风机、油墨等),采用感光制版法,创作一幅丝网版画。	能用版画工具和材料,采用感光制版法创作一幅丝网版画,印刷图样清晰,具有创意。	能用版画工具和材料,采用感光制版法创作一幅丝网版画,印刷图样不够清晰,缺少创意。	用版画工具和材料完成一幅丝网版画,曝光不足,印刷图样不清晰,作品缺乏想象力和创意。

（续表）

维度	评价维度	合格	基本合格	不合格
分享交流	能结合"中华优秀传统文化需要创造性转化、创新性发展"的道理，撰写 300～500 字的学习体会，并在班级进行交流。	能结合"中华优秀传统文化需要创造性转化、创新性发展"的道理，撰写 300～500 字的学习体会，并能与同学分享交流。	能撰写 200～300 字左右的学习体会，但对"中华优秀传统文化需要创造性转化、创新性发展"的道理阐述不够，能与同学分享交流。	只能写 100～200 字左右的学习体会，没有阐述"中华优秀传统文化需要创造性转化、创新性发展"的道理，也没有与同学分享交流。

评估证据：视觉笔记、丝网版画、学习体会、口头交流情况等。
评估方法：基于表现的评估。

从以上案例可以看出，教师依据课程标准设计了单元学习目标，再依据学习目标设计了三个学习活动，然后根据课程标准中的学业质量研制了本单元的评价标准和量规，使课程标准与单元学习目标、单元学习活动和单元评价标准纵向保持一致性，这种做法体现了"教—学—评"一致性。

总之，正如崔允漷教授所说的：教师的教，是为了学习目标而教；学生的学，是为了学习目标而学；课堂的评，是对学习目标而评，这才能真正做到"教—学—评"一致性。

表现性评估与表现性任务

一、表现性评估的特点

"2022 年版艺术课标"中提出了"表现性评价",虽然对于中小学美术教师来说还有些陌生,但可以预料表现性评估在课堂教学的评估中会越来越受到重视与推广。

表现性评估(performance-based assessments),也可翻译为"基于表现的评估"①,于 20 世纪 90 年代在美国兴起。威金斯(1989)认为,表现性评估也被称为真实性评估(authentic assessments),即指评估学生在学校以外的更大世界中运用知识与技能的能力。② 我国学者王斌兴(2004)认为,表现性评估具有以下一些特点:③

1. 表现性评价不是评价学生知识与技能的记忆和再现。表现性评价关注的是学生对知识的应用能力和技能的实践水平,评价学生的思维水平和创新能力,以及情感态度与价值观。

2. 表现性评价是在学校环境下,在现实的生活背景中呈现需要学生解决的现实问题。

3. 表现性评价让学生完成的任务一般是比较复杂的,答案不是唯一的,是多样的。

---

① "performance"一词,英文中有:表现、表演、业绩、绩效或工作情况等意思。因此"performance-based assessments"表现性评估也可译为:业绩评估、绩效评估。

② Jay McTighe, Steve Ferrara. Assessing Student Learning by Design Principles and Practices for Teachers and School Leaders [M]. New York: Teachers College Press,2021:27.

③ 王斌兴.新课程学生评价[M].北京:开明出版社,2004:104 - 105.

4. 表现性评价要有可供参考的表现性评价标准,并引导学生反思和主动发展。

5. 表现性评价要有教师、学生和家长多方参与,评价是教育和学习的一个组成部分。

6. 表现性评价可以判断学生的学业等级,也可以检索和分析学生学习的需求和帮助。

7. 表现性评价能够更好地发现学生的学习特长和学习个性,展示学生的学习成果和成绩,激励学生的进步和发展。

总之,表现性评估主要通过学生参与表现性任务过程,考查学生在完成论文、艺术作品、作品集、艺术展、模型等"产品"(products),以及学生在口头汇报、短视频演讲、舞蹈、演唱、演奏、演示文档等"表现"(performances)时,运用知识与技能解决问题,运用批判性思维进行反思和质疑,以及与他人交流合作等多种复杂能力的状况。因此,既注重评估学生知识与技能的掌握情况,也注重评估学生学习过程中素养的表现情况,这是表现性评估的特点。

二、表现性目标的设定

表现性目标(performance objectives)是帮助学生在完成表现性任务时所需要获得的体现多种能力的综合表现目标。设定表现性目标时,其一,应考虑"学习者需要学习什么";其二,应考虑"他们是否学习了他们应该学习的内容";其三,应考虑表现性评估标准能否体现学生应该学习的内容,并向学习者提供有价值的反馈。①

我们以美国华盛顿州教育部门研发的五年级"设计水族馆瓷砖墙腰线"视觉艺术表现性任务为例。②

---

① Jeroen J.G. van Merrienboer, Paul A. Kirschner. Ten Steps to Complex Learning: A Systematic Approach to Four-Component Instructional Design (Third Edition) [M]. New York: Routledge, 2018: 84.

② Office of Superintendent of Public Instruction. Performance Assessments for the Arts: Aquarium Tiles (Grade 5) [S]. Washington, 2015.

设计水族馆瓷砖墙腰线

当地水族馆内墙面上,准备用有纹样的瓷砖墙腰线做装饰,并征求社会各方面人士对瓷砖墙腰线纹样的建议。水族馆工作人员希望所装饰的瓷砖墙腰线带有节奏感的纹样底纹和代表水族馆特点的动物浮雕,且不能用文字或印刷品来替代。

水族馆工作人员要求所在社区的小学生也参与这个项目的设计,每人提交一份详细的铅笔素描草图。为了让设计的瓷砖墙腰线能被采纳和选取,必须提供一份有关瓷砖墙腰线的设计思路,并描述是如何满足水族馆的要求的。

对于这个表现性任务,需要考虑的是"如何设计一件符合水族馆要求的瓷砖墙腰线""如何使设计的瓷砖墙腰线既独特又有创意",在此基础上再设定如下表现性目标:

- 分析水族馆的需求,绘制草图并提供其设计思路。
- 计划用手工刀在黏土上刻画底纹和水族馆动物浮雕。
- 解释瓷砖墙腰线上的纹样和动物是如何既满足水族馆要求,又具有独创性的。

可见,表现性目标指明学生将要处理的问题、将要从事的任务,但并不指定将从这些活动中学到什么。

国外学者认为:一套完整的目标描述了表现性任务的不同方面,是期望学习者得到学习经历的结果。还认为:行为动词能清楚地说明学习者在完成任务或学习经历之后所能做到的程度。它应该表明可观察到的、可实现的和可测量的行为。通常,我们会使用"领悟""理解""意识到""熟悉"或"知道"等这类行为动词,但"这些动词应该避免出现在表现性目标中,因为它们没有描述学习者在训练后能够做什么,而是描述他们需要知道什么才能做到这一点。"①为此,国外学者建议采用 2001 年安德森和克

---

① Jeroen J.G.van Merrienboer, Paul A.Kirschner. Ten Steps to Complex Learning：A Systematic Approach to Four-Component Instructional Design(Third Edition)［M］. New York：Routledge，2018：91－92.

拉斯沃尔根据布鲁姆教育目标分类法修订版中的认知领域行为动词来设定表现性目标。[①] 表 5-6 是认知领域行为动词,供教师在设定表现性目标时参考。

表 5-6　认知领域行为动词与样例

认知领域	行为动词	样例
知识利用	创造	创造富有想象力的,既是原创的又是有价值的艺术作品。
	发展	发展视觉对图像和环境的记录与观察能力。
	讨论	讨论来自不同社会和文化背景的艺术作品。
	评价	评价艺术家在社会中的不同作用。
	尝试/实验	尝试用绘画、雕塑或摄影等形式创作艺术作品。
	表达	表达对自然和人造环境的看法,思考它们对全球环境影响的各种问题。
	操作	按照程序和安全的操作方法创作艺术作品。
分析	分析	分析艺术作品所反映的各种观念和审美选择。
	应用/运用	运用美术语言创作艺术作品。
	比较	比较超现实主义艺术家运用的各种技术。
	联系/连接	将自己的想法与艺术家的想法进行联系。
	考虑/思考	考虑不同观众对这幅作品的反应。 思考是什么社会或历史因素影响了自己的艺术作品。
	反思	反思自己的作品,并像艺术家一样写一份创作说明(或自我评论)。
领会	沟通/交流	在创作过程中与同学交流各种想法,通过反馈信息修改和完善作品。
	描述	描述艺术作品创作过程的顺序。

① 1956 年,布鲁姆将教学目标分为认知领域、情感领域和动作领域。其中认知领域由低到高是:知识(知道)、理解(领会)、应用、分析、综合、评价等六个层次。2001 年,安德森和克拉斯沃尔发布了修订版的布鲁姆教育目标分类学,将认知领域分为记忆、理解、应用、分析、评价、创造等六个层次。其中,将知识从认知领域移除,作为一个单独维度,分出事实性知识、概念性知识、程序性知识和元认知知识。2007 年马扎诺和肯戴尔将认知领域又分成四个层次:检索、理解、分析和知识利用,并对认知领域里的行为动词进行了分类。

（续表）

认知领域	行为动词	样例
领会	解释/阐释	解释艺术是如何影响家庭、学校、社区的。 阐释艺术作品中的意图和意义。
	表现/描绘	用各种形式,如绘画、雕塑或摄影,表现与自己、他人和周边环境相关的图像或物品。
提取	演示/说明	说明自己不同阶段的创作过程,收集小组同学的各种反馈信息。
	识别/确认	识别艺术作品所反映的特定时代、地区和文化的属性。 确认自己的艺术作品中是如何表现特定的人、事物或经历的。
	使用	使用透明和不透明的水彩颜色,体会不同的特性和表现效果。

从以上表格中可以看出,目标的陈述都是采用"认知领域行为动词＋名词"的方式撰写的。其中"认知领域行为动词"是描述预期的认知过程,也是描述学生在学习过程中的行为;"名词"一般描述期望学生掌握和建构的知识,也就是学生所要完成的任务内容。为此,采用"认知领域行为动词＋名词(完成任务的内容)"的方式撰写表现性目标,对评估学生的表现能起到"可观察、可实现和可测量"的作用。

三、表现性任务的设计

表现性评估往往与表现性任务(performance tasks)相联系,即在完成一项任务的过程中,针对学生运用所学知识与技能解决某个新问题或创造某种新产品而进行的评估。麦格泰格等认为,表现性任务无论是作为丰富的学习活动还是作为评估,最有效的表现性任务都有其重要的特征,也可以说是设计表现性任务的基本标准(见表5-7)。①

---

① Jay McTighe, Kristina J. Doubet, Eric M. Carbaugh. Designing Authentic Performance Tasks and Projects: Tools for Meaningful Learning and Assessment [M]. Alexandria, Virginia: ASCD, 2020: 19.

表 5 - 7　表现性任务设计的基本标准

说明:3＝该特征在表现性任务中得到了强烈的反映。 　　　2＝该特征在一定程度上反映在表现性任务中。 　　　1＝该特征尚未反映在表现性任务中。			
标准	**分数**		
	3	**2**	**1**
该项目符合学生的学习目标,包括教学内容标准和 21 世纪的技能。			
该项目基于一个或多个具有挑战性的问题。			
该项目需要学习者持续的探究。			
该项目通过以下一种或多种方式反映真实性: a. 呈现向现实世界的挑战。 b. 使用真实世界的流程、任务、工具(包括技术)和表现标准。 c. 对他人有影响。 d. 关注学生的个人兴趣和经历。			
学生在项目中有以下一种或多种发表意见和选择的权利: a. 确定项目重点并生成驱动性问题。 b. 指定任务和角色。 c. 确定和获取所需的资源。 d. 决定最终产品。			
该项目为观众提供了一个真实的公共项目。			
该项目包括反馈和修订的机会。			
该项目允许学生进行反思。			

　　麦格泰格等认为,表现性任务的设计可先确定学习目标,再考虑目标所隐含的关键特征,然后生成初始任务的想法,为表现建立一个真实的情境,在此基础上再制订评分量规,具体的设计过程如下(见表 5 - 8):[1]

---

① 　Jay McTighe, Kristina J. Doubet, Eric M. Carbaugh. Designing Authentic Performance Tasks and Projects: Tools for Meaningful Learning and Assessment [M]. Alexandria, Virginia: ASCD, 2020: 20.

表 5-8　设计表现性任务的过程

1. 确定学习目标。	通过这项任务,制订或评估哪些学习目标? 确定学习目标应依据以下内容: ● 课程标准——国家、州或地区课程标准中确定的基于学科的目标。 ● 与州、地区或学校教学相关的成果(如"毕业生肖像"[①]、21世纪技能[②]、思维习惯)。
2. 考虑目标中所隐含的关键特征。	学生必须展示哪些重要品质才能达到标准和其他确定的目标? 这些将作为评判学生表现的成功标准。
3. 考虑其中一个或两个框架。	这项任务将如何涉及更高层次的思考? 考虑以下几点: ● 知识深度。 ● 理解方面。
4. 生成初始任务的想法。	学习者将如何展示他们的理解能力和熟练程度? 初始任务如何来发展和加深学生的理解能力与熟练程度,并提供评估证据?
5. 检查有效性和一致性。	这项任务在多大程度上为学习目标提供可接受的证据? 考虑这个问题:学生能否在没有证明学习目标的证据情况下完成这项任务,并达到评估标准?
6. 为表现建立一个真实的情境。	该任务将如何为学生的表现建立一个真实的情境? 在建立情境时,要考虑在现实世界中学习的应用以及学生的兴趣和经验。
7. 制订评价量规。	如何评估学生的表现? 怎样才能达到更好?
8. 根据需要区分任务。	可用什么方式来区分该任务? 可通过调整情境、受众者、产品选项、期限和支持程度来实现。
9. 使用审查标准来评估整个草案任务和量规。	根据审查标准对任务进行自我评估。如果可能的话,从同事和专家那里获得反馈,然后根据需要进行修改。
10. 为学生制订详细的指导方案。	一旦任务草案达到审查标准,就要为学生制订详细的指导方案。包括指南、相关资源和回应表格。

　　我国学者王斌兴(2004)认为,表现性任务是为了达到某种教育目的,或强化某一教育意图,特别设计或指定的学习任务。它可以是一项与教学内容相关的研究性作

---

① 　指美国一些州的教育委员会采取"毕业生肖像(Portrait of a Graduate)"的方式,来定义学生在高中毕业前应该掌握的技能。
② 　指批判性思维、创造力、协作能力、沟通能力、信息技术使用能力等。

业,也可以是一个综合实践活动;既可以是文本的,也可以是实物的、表演的或口头的。采用哪一种表现性任务,要根据学生发展的需要、学生评价的需要和学校教育的实际。①

1. 要明确评价的目的性。是为了激发学生对某方面或某领域的学习兴趣,还是强化学生研究性学习能力的提高,等等。

2. 设计和选择表现性任务,要有明确的学习任务,是创作一件作品,还是完成一项调研;是组织一次综合展览,还是进行一项观察实验;等等。

3. 设计和选择表现性任务,还要精心地策划完成任务的活动形式。是口头讲演,还是现场表演;是一项设计,还是一次实地考察;等等。设计和选择表现性任务,还要考虑任务对学生的适合性,相对特定年段的学生,任务不可过难、过于复杂,也不可过于简单。

表 5 - 9 是我们依据"2022 年版艺术课标"美术学科的学习内容设计的表现性任务。

表 5 - 9　依据课程标准设计的表现性任务

第四学段(8—9 年级)"学习任务 3:我们与设计同行"的内容要求: 对所居住地区的革命遗址、古建筑或古村落进行调研,了解其在历史上的作用,撰写调研报告。	
表现性任务	**参观中共一大纪念馆(6 课时)** 上海是中国共产党的诞生地、初心始发地、伟大建党精神孕育地。2021 年 6 月,在新业路边上的黄陂南路 374 号,建成了崭新的中共一大纪念馆。纪念馆内《伟大的开端——中国共产党创建历史陈列》全景式地讲述建党历史,带领观众深入感悟伟大建党精神的丰厚内涵。学校准备组织学生参观中共一大纪念馆。参观时,要求学生利用视觉笔记、摄影或微电影形式进行记录。回学校后,利用美术课的时间,创作一幅表现中共一大会址的版画,并利用班会课时间举办"参观中共一大会址"主题班会,分享、交流各自参观的体会。

（续表）

表现性目标	● 描述中国共产党的建党历史,感悟伟大建党精神。 ● 运用版画、摄影或微电影等形式记录和表现中共一大会址。 ● 阐释和交流"利用美术形式继承与传播革命精神"的观点。
驱动性问题	● 为什么说中共一大会址体现了伟大建党精神? ● 在参观中共一大会址时,是什么使我感动? ● 如何利用美术形式继承与传播革命精神?
任务形式	● 参观中共一大会址。 ● 用视觉笔记、摄影或微电影形式进行记录,并创作一幅表现中共一大会址的版画作品。 ● 举办"参观中共一大会址"的主题班会,展示和交流参观成果,表明"利用美术形式继承与传播革命精神"。
评估要点	● 参观中,能有目的地记录、拍摄和收集图片与文字资料。 ● 能用记录、拍摄和收集的图片资料,创作一幅表现中共一大会址的版画作品。 ● 能积极参与班级的主题班会,展示自己的参观成果。
评估证据	● 视觉笔记、摄影作品、微电影作品、演示文稿(PPT)或口头演讲。

威金斯和麦格泰格(2012)还提出了"GRASPS"框架,用来研制表现性任务,以此进行表现性评估。所谓 GRASPS,是指 goal(目标)、role(角色)、audience(观众)、situation(情境)、product(产品)、performance(表现)、success(成功)的首字母组合(见表 5 - 10)。

表 5 - 10　"GRASPS"框架

● 与现实世界相关的目标(goal)。
● 学生承担着一个有意义的角色(role)。
● 真实(或模拟)的观众(audience)。
● 真实世界的情境(situation)。
● 学生生成最终的产品(product)或表现(performance)。
● 学生产品和表现作为评估学习证据的成功标准(success)。

我们根据威金斯和麦格泰格设计的"GRASPS"框架,研制成以下表现性任务。

> **学校标志设计（与现实世界相关的目标）**
>
> 　　四川都江堰市北街小学始建于清光绪二十九年（1903 年），至今已有 120 多年历史。办学之初，学校便确立了"科学做事，文明做人"的校训。（真实世界的情境）
>
> 　　为了纪念建校 120 周年，学校向所有学生征集学校的标志，并将从中挑选出一个最能代表学校特点的标志，作为今后学校的校标使用。为此，希望所有同学积极参与，并能被选中。（学生承担着一个有意义的角色）
>
> 　　每位参与设计的同学需要提交一份设计意图，说明如何将学校的特点，通过图形、文字和色彩反映在标志设计之中。此外，还必须提交一幅设计草图和正式设计完稿的学校标志。（学生生成最终的产品）
>
> 　　学生根据这个真实情境的任务要求，搜集有关学校历史沿革方面的文字和图片资料，了解校名和校训的由来，实地考察学校教学楼的特点等，运用先前所学设计方面的知识来构思标志，并画制设计草图，在草图基础上，经过反复修改最终完成一个学校标志，与同学进行交流与分享。

　　对于表现性任务的评估，威金斯和麦格泰格（2012）认为，可以从内容、过程、质量和影响等四个维度来进行评估。[①] 我们依据威金斯和麦格泰格设计的成功标准，也就是评估标准，对"学校标志设计"表现性任务进行评估（见表 5 - 11）。

表 5 - 11　"学校标志设计"评估

维度	威金斯和麦格泰格设计的成功标准	"学校标志设计"评估
内容	评估学生对内容标准中规定的事实、概念与原则方面知识的理解程度。使用的描述性术语包括：正确的、清楚的、完整的、娴熟的、有见识的等。	学生在标志设计中能正确地解释图形、文字、色彩方面的知识。

① Jay McTighe，Kristina J. Doubet，Eric M. Carbaugh. Designing Authentic Performance Tasks and Projects：Tools for Meaningful Learning and Assessment［M］. Alexandria，Virginia：ASCD，2020：67 - 68.

（续表）

维度	威金斯和麦格泰格设计的成功标准	"学校标志设计"评估
过程	评估学生在任务中使用方法和程序的有效性，以及规定的技能表现的熟练程度。使用的描述性术语包括：合作的、协调的、高效的、有条不紊的、清晰的等。	学生在标志设计中能运用想象、联想、归类、重组方式进行构思与想象；在完成任务过程中，能展现出多方面的能力。比如，分析、解决问题方面的能力，合作与交流方面的能力等。
质量	评估产品或表现的整体质量和工艺技术。使用的描述性术语包括：创新的、有条理的、完美的、精心设计的、精心制作的等。	学生设计的标志（产品）具有创意新颖、造型美观、寓意深刻、便于识别的特点。
影响	评估既定的目标和受众的总体结果。使用的描述性术语包括：有趣的、增长见识的、有说服力的、令人满意的、成功的等。	学生设计的标志能反映出学校的特点，并获得学校师生员工（受众者）的认可或好评。

　　麦格泰格和费拉拉还认为，尽管表现性评估有许多好处，但也有其缺点。学生在从事高品质的产品或为表现作准备时，所花费的时间可能与其他学科的教学相冲突。有时，学生会因为关注"表面效果"而偏离方向，如只关注装饰一块科学展览的展示板，而忽略了对科学实验方面的评估。此外，有些产品评估需要有特定的资源，包括材料资金以及展示和储存的空间等。

　　由于基于表现的评估很少有单一的正确答案，为此，判断学生的产品和确定表现标准并被用于评估，可能是一个耗时的过程。此外，教师在评估学生的工作时必须注意，应避免其判断不会受到外部变量的过度影响，如整洁程度、拼写、学生的行为或之前的表现等。①

---

① Jay McTighe, Steve Ferrara. Assessing Student Learning by Design Principles and Practices for Teachers and School Leaders [M]. New York：Teachers College Press，2021：31.

第五节

评估工具的设计

一、量规

英文"rubric"(量规)一词起源于拉丁语单词"rubrica",意思是"红土",用来标记有意义的东西。今天在教育领域里,量规是对学生的作品、成果表现进行评估或者等级评定的一套标准。它可根据不同的学习活动,设计不同的评价量规,持续不断地对学生进行评价、反馈。因此,评价量规是一种有效的教学工具,是连接教学与评价的一座重要桥梁。

量规一般包含三个要素:一是评价标准,指决定表现性任务、行为或作品质量的各个指标;二是等级标准,说明学生在表现任务中处于什么样的水平;三是具体说明,描述评价标准在质量上从差到好(或从好到差)的序列,评价标准在每个等级水平上的表现是什么样的。在课堂教学评估中有三种基本类型的量规:整体性、分析性和发展性量规。

(一) 整体性量规

整体性量规(holistic rubrics)提供学生表现的整体印象,产生单一的等级或分数。整体性量规可以用来衡量学生作品的整体质量或影响。表 5 - 12 是用来评估"阅读"的整体性量规。

表 5-12　评估"阅读"的整体性量规

等级	评估标准
4	读者表现出对文本的深入理解,并有大量的证据表明,能清晰而有推理地理解所陈述的观点。文本和读者的思想或经历之间产生了多重联系。解释是深入的,并能适当地引用文本来支持自己的观点。读者明确地采取了一个批判性的立场,例如分析作者的风格,质疑文本,提供不同的解释,从多个角度看待文本。
3	读者表现出对文本的扎实理解,有明确的证据表明,能清晰而有推理地理解所陈述的观点。文本和读者的思想或经历之间产生了联系。能适当地参考文本来作出自己的解释。读者或许会展示其对文本的一种批评性立场。
2	读者表现出对文本的肤浅理解,对文本中的观点理解有限。文本和读者的思想或经历之间没有任何联系。读者没有提供任何关于批判性立场的解释或证据。
1	读者表现出很少或没有对文本理解的证据。

美国《国家核心艺术标准》在每个学段中都设计了"基于标准的整体性量规",提供教师和学生进行评估所用。以五年级学段基于标准的整体性量规为例(见表 5-13):[①]

表 5-13　美国《国家核心艺术标准》五年级学段整体性量规

表现标准	没有证据	有限的证据	充足的证据	有力的证据
创造	表现标准达到的等级	表现标准达到的等级	表现标准达到的等级	表现标准达到的等级
对于艺术创作,结合各种想法生成创新观念。	在艺术创作生成各种想法的过程中,不考虑作品的主题、风格和技法,不愿意研究有个人意义的场景。	在艺术创作生成各种想法的过程中,无效地结合作品的主题、风格和技法,无效地研究有个人意义的场景。	在艺术创作生成各种想法的过程中,能结合作品的主题、风格和技法,并能研究有个人意义的场景。	在艺术创作生成各种想法的过程中,能有效地结合作品的主题、风格和技法,并能有效地研究有个人意义的场景。

---

① NCCAS. National Coalition for Core Arts Standards Visual Arts Model Cornerstone Assessment:5th Grade,2014[EB/OL].[2016-06-17]. http://www.nationalartsstandards.org.

（续表）

表现标准	没有证据	有限的证据	充足的证据	有力的证据
创造	表现标准达到的等级	表现标准达到的等级	表现标准达到的等级	表现标准达到的等级
通过使用和照管工具、材料与设备，证明其技艺得到了提高。	通过适当地使用和照管工具、材料与设备，没有显示其技艺得到了提高。	通过适当地使用和照管工具、材料与设备，有时显示其技艺得到了提高。	通过适当地使用和照管工具、材料与设备，显示其技艺得到了提高。	通过适当地使用和照管工具、材料与设备，包括美术教室，显示其技艺得到了很大提高。
识别、描述和形象化地记录个人有意义的场景或对象。	创作一件艺术作品，不交流有关个人有意义的场景，也不会从所观察和诠释的艺术作品主题、风格或技法中获得启发。	创作一件艺术作品，交流有关个人有意义的场景，但不会从所观察和诠释的艺术作品主题、风格或技法中获得启发。	创作一件艺术作品，交流有关个人有意义的场景，会从所观察和诠释的艺术作品主题、风格或技法中获得启发。	创作一件艺术作品，交流有关个人有意义的场景，并明显地从所观察和诠释的艺术作品主题、风格或技法中获得启发。
使用艺术词汇，建立创作说明，描述艺术创作中个人所做的各种选择。	建立创作说明，但不使用艺术词汇，也不描述个人所做的各种选择。	建立创作说明，但不包括艺术词汇。	在创作说明中使用艺术词汇来解释所做的各种选择，交流想法或反映从艺术作品中得到的启发。	在创作说明中使用艺术词汇，详细地解释所做的各种选择，交流想法或反映从艺术作品中得到的启发。
展示	表现标准达到的等级	表现标准达到的等级	表现标准达到的等级	表现标准达到的等级
在博物馆或其他场馆的展览中，对某一特定的观念或主题，如何进行介绍和提供信息。	提供作品展览的场所或陈列的展板，没有引起各种想法和信息的交流。	提供作品展览的场所或陈列的展板，冲击了各种想法和信息的交流。	提供作品展览的场所和陈列的展板，影响了各种想法和信息的交流。	提供作品展览的场所和陈列的展板，令人信服地影响了各种想法和信息的交流。

（续表）

表现标准	没有证据	有限的证据	充足的证据	有力的证据
回应	表现标准达到的等级	表现标准达到的等级	表现标准达到的等级	表现标准达到的等级
比较自己与他人对艺术作品的诠释。	对一件艺术作品,只提供自己的诠释,而不去比较同学的诠释。	诠释同一件艺术作品时,能确定自己与同学之间某些明显的相似处和不同之处。	诠释同一件艺术作品时,能确定自己与同学之间明显的相似处和不同之处。	诠释同一件艺术作品时,能确定自己与同学之间明显而又微妙的相似处和不同之处。
通过分析形式、结构、情境、主题、视觉元素的特点和所使用的媒介,确定作品中各种想法和情绪的传递方式来诠释艺术。	几乎没有描述形式、结构、情境、主题、视觉元素的特点和所使用的媒介,也没有有关作品中各种想法和情绪的结论。	描述形式、结构、情境、主题、视觉元素的某些特点和所使用的媒介,有限地得出有关作品中各种想法和情绪的结论。	描述形式、结构、情境、主题、视觉元素的特点和所使用的媒介,得出有关作品中各种想法和情绪的结论。	描述形式、结构、情境、主题、视觉元素的特点和所使用的媒介,非常合理地得出有关作品中各种想法和情绪的结论。
连接	表现标准达到的等级	表现标准达到的等级	表现标准达到的等级	表现标准达到的等级
通过艺术创作,运用规范和专业的艺术与设计词汇,以新的方式看待周边的环境。	在艺术创作中,不会运用新学到的词汇来交流个人有意义的场景。	在艺术创作中,会运用一些新学到的词汇来交流个人有意义的场景。	在艺术创作中,会运用新学到的词汇,以新的方式来交流个人有意义的场景。	在艺术创作中,明确地运用新学到和以前学到的词汇,以创新的方式来交流个人有意义的场景。
确定艺术是如何用于传递和改变个人与社会的信仰、价值观或行为的。	经过创作说明或小组讨论,无法解答"艺术怎样改变个人与社会信仰、价值观或行为?"这一问题。	通过创作说明或小组讨论,最低限度地解答了"艺术怎样改变个人与社会信仰、价值观或行为?"这一问题。	通过创作说明或小组讨论,充分地解答了"艺术怎样改变个人与社会价值观或行为?"这一问题。	通过创作说明和小组讨论,深入地解答了"艺术怎样改变个人与社会信仰、价值观或行为?"这一问题。

从以上美国《国家核心艺术标准》的整体性量规可以看出,量规分别是从创造、展示、回应、连接四个维度制定表现标准,然后划分出四个表现等级水平,再按照低到高不同等级序列描述表现等级水平,用来区分不同程度的理解、熟练程度或质量。以上整体性量规为不同艺术门类的学习提供了通用的表现标准,所以也被称为通用量规(generic rubric)。

(二)分析性量规

分析性量规(analytic rubrics)也包含表现等级水平,但将表现性任务的产品或表现划分为不同的元素或特征,并对每个元素或特征进行独立评判(见表 5-14)。[1]

表 5-14 口头演讲分析性量规

等级	内容	组织	演讲方式	行为规范
4	非常清晰、准确和完整。	组织连贯;符合逻辑;过渡自然;开头和结论有效。	流畅而完美的演说风格;音量优美合适,音调多样;有效的肢体语言和眼神交流,增强信息的传递。	卓有成效的语言运用强化了信息的传递;语法正确。
3	大体清晰、准确和完整。	整体组织良好,但偶尔会中断思维的连贯性;过渡较清晰;可辨别开头和结论。	有效的演说风格;足够的音量和语调;肢体语言和眼神交流都能传递信息。	能有效地使用语言来传递信息;有小的语法错误,但并没有影响所要传递的信息。
2	部分内容不清楚,或不准确。	组织有缺陷;思维连贯性不够;过渡不能令人信服;开头和结论无效果。	演说风格不统一;音量太小或太大;单调的演说风格;肢体语言和眼神交流不能强化信息的传递。	语言的使用并不总是与传递的信息保持一致;语法错误影响了信息的传递。

① Jay McTighe, Steve Ferrara. Assessing Student Learning by Design Principles and Practices for Teachers and School Leaders [M]. New York: Teachers College Press, 2021: 41.

（续表）

等级	内容	组织	演讲方式	行为规范
1	总体上,内容不清楚、不准确、不完整。	缺乏组织;思维不连贯;没有过渡;没有开头和结论。	由于音量小和紧张的演说风格,使得所传递的信息无法被理解;说话时没有眼神交流;姿势不佳。	语言惯例中有许多错误,使得传递的信息难以理解。

　　分析性量规非常适合对学生在涉及几个重要维度中的表现进行评判。在上面的例子中,量规确定了口头演讲的四个重要特征(内容、组织、演讲方式和行为规范),每个特征都在其 4 分等级上进行评估。因此,分析性量规为学生、家长和教师提供了有关表现方面更为具体的优势和劣势的反馈信息。

　　有些分析性量规是为特定任务而设计的。例如,表 5 - 15 中的量规用于评估比较马蒂斯(Henri Matisse)和范·奥尔斯伯格[①](Chris van Allsburg)的风格和技术并表明其偏爱的原因。[②]

表 5 - 15　为特定任务设计的分析性量规

等级	评价标准
3	● 能辨别马蒂斯和范·奥尔斯伯格作品的三个或更多的不同之处(例如,颜色的使用,细节或简化程度,线条和形状的使用,材料,处理方式)。 ● 能确定对其中一位艺术家风格的偏爱。 ● 能根据艺术家作品中的具体特点,从两个或更多的方面来说明其偏爱的理由。 ● 能恰当地使用各种艺术词汇。
2	● 能辨别马蒂斯和范·奥尔斯伯格作品的两个不同之处。 ● 能确定对其中一位艺术家风格的偏爱。 ● 能根据艺术家作品的具体特点,从一个方面来说明其偏爱的理由。 ● 能恰当地使用一至两种艺术词汇。

---

① 范·奥尔斯伯格,美国儿童文学作家、画家。1949 年出生于密歇根州,毕业于密歇根大学雕塑专业,曾在罗德岛设计学院任教。被誉为"美国深具才华的绘本大师之一",其作品构图精妙,具有雕塑般的独特质感,变幻的光影营造出亦真亦幻的超现实氛围,带给读者无尽的遐想。

② Jay McTighe, Steve Ferrara. Assessing Student Learning by Design Principles and Practices for Teachers and School Leaders [M]. New York: Teachers College Press,2021:43.

（续表）

等级	评价标准
1	● 没有清楚地辨别出马蒂斯和范·奥尔斯伯格作品之间的显著差异。 ● 能确定其中一位艺术家风格的偏爱，但不能提供其偏爱的理由或例子。 ● 没有使用恰当的艺术词汇。

（三）发展性量规

发展性量规（developmental rubrics）描述了从新手成为熟练专家的连续不断的发展过程。对于技能学科来说，如英语语言艺术、体育、艺术类学科，非常适合使用这类量规进行评价。以下是美国马萨诸塞州某教师为七年级"人像与面具"单元所设计的发展性量规（见表 5-16）。①

表 5-16 "人像与面具"单元的发展性量规

单元	4 级（高级）	3 级（熟练）	2 级（接近熟练）	1 级（新手）
第 3 课　自画像 脸部 从照片转换为自画像作品	能准确地将照片中各种线条和人物特征呈现到自画像中。	能准确地将照片中大部分线条和人物特征呈现到自画像中。	能较准确地将照片中部分线条和人物特征呈现到自画像中。	只有极少量的线条和人物特征呈现在自画像中。
第 4 课　自画像 脸部的明暗层次	自画像中有黑、白、灰、高光、阴影等五种明暗层次。	自画像中有四种明暗层次。	自画像中有三种明暗层次。	自画像中只有一两种明暗层次。
第 8 课和第 9 课 人物全身像 比例的精确性	全身各部位比例正确。	全身各部位比例大体正确。	全身某些部位比例正确。	全身极少部位比例正确。

---

① MA Department of Elementary and Secondary Education. Identity and Self-Portraiture，Visual Arts，Grade 7 [R]. 2016：6-9.

（续表）

单元	4级（高级）	3级（熟练）	2级（接近熟练）	1级（新手）
第8课和第9课 人物全身像 明暗层次和颜色搭配	作品中有五种明暗层次;运用的颜色能有效地突出人物形象。	作品中有明显的四种明暗层次;运用的颜色能较好地突出人物形象。	作品中有明显的三种明暗层次;运用的颜色没能有效地突出人物形象。	作品中仅有明显的一两种明暗层次;运用的颜色不能突出人物形象。
第8课和第9课 人物全身像 细节的表现	能将人物的姿势、服装（如果有的话）和象征物等有效地呈现在作品中。	能将人物的姿势、服装（如果有的话）和象征物等较好地呈现在作品中。	将人物的姿势、服装（如果有的话）和象征物等部分地呈现在作品中。	无法将人物的姿势、服装（如果有的话）和象征物等呈现在作品中。
第10课至第12课　面具	所塑造的面具特征明显,并显示出良好的塑造工艺技术。	所塑造的面具特征明显,并显示出较好的塑造工艺技术。	能看出面具特征,塑造工艺技术一般。	塑造的面具没有经过深思熟虑,其塑造工艺技术无法完成这件作品。
第10课至第12课　面具	面具上的装饰纹样和色彩具有很好的视觉效果。	面具上的装饰纹样和色彩具有较好的视觉效果。	面具上的装饰纹样和色彩选择只达到合格水平。	面具上的装饰纹样和色彩选择呈刚入门水平。

二、美术学习档案袋

学习档案袋（portfolio）,也称作品集,用以讲述学生自己的故事,讲述学生付出努力所取得的一点一点进步和成就,它是学生在学习成长中所留下的足迹。学习档案袋是于20世纪90年代,伴随着西方"教育评价改革运动"而出现的一种新型质性教育教学评价工具。学习档案袋一般是由学生自己做,主要用来证明学生所取得的成就和进步,同时也为教师提升教学效果,激发教学反思,建立师生之间的沟通,起到验证的作用。

美术学习档案袋主要有三种：一是最佳作品集，即只包括在特定时间段内，所有作品中最好的作品；二是扩展作品集，即包含大量定性和定量的证据的信息基础，涉及各种思维过程和艺术作品；三是过程作品集，即重点记录学生成长和学习过程的作品集。

学习档案袋中究竟放置哪些内容，并没有硬性的规定。关键是必须清楚建立学习档案袋的目的是什么，它的读者和观众是谁，如何使用学习档案袋，它对学生有什么帮助，这些都会影响学习档案袋内容的选择。① 美国学者唐纳·凯·贝蒂（Donna Kay Beattie）在其《艺术教育评价》一书中提出："一件好的美术学习档案袋的特征，在于其暗含信息的深度，而不在于其跨越了多长时间。"②美术学习档案袋内存放的内容包括：反映学生在一段时间内的各种学习证据，以及用来评价的各种工具（见表 5 - 17）。

表 5 - 17　美术学习档案袋内存放的内容

学习证据	● 学习过程中的文档，包括与创作有关的创作草图、素描稿、图片或录像资料、视觉笔记、创作中用文字记录的各种想法或反思、调查报告等。 ● 表明自己通过努力完成的"最佳作品"、最终的美术作品。 ● 用来展示和交流的文档，如有关策展方面的规划书、用来展示作品的文字说明、准备与同学交流的发言稿等。 ● 校外的学习证据，包括参观博物馆的经历、校外与艺术学习有关的各种证书、奖项等。
评价工具	● 调查表，包括外出调研表等。 ● 评价量规，包括学生自评、互评的评价量规等。 ● 检查表，包括教师和同学的检查表等。 ● 等级表，包括学生的成绩单等。

英国牛津国际文凭课程（简称 IB 课程）要求在美术学习档案袋中展示艺术创作过程中的一些证据，用以证明自己的学习成就，其中包括：③

● 已尝试和熟练使用了各种媒介和技术，并选择了符合你创作意图的

① 万伟，秦德林，吴永军.教学评价方法与设计[M].北京：教育科学出版社，2004：81.
② Donna Kay Beattie. Assessment in Art Education [M]. U.S.A：Davis Publications，1997：15 - 16.
③ Oxford IB Diploma Programme. Visual Art Course Companion [M]. Oxford University Press，2017：70.

各种材料、媒介和技术。

● 你的艺术创作中有对艺术家、艺术作品和艺术流派作深入研究方面的信息，并提供了如何影响你的艺术作品方面的证据。

● 你最初的创作构思和意图是如何形成的，以及你是如何将所使用的技术、媒介和所表达的观念建立起联系的。

● 如何评论和完善你的想法、技能、过程和技术，并反思你作为一个视觉艺术家的发展状况。

美术学习档案袋除纸质外，还可以采用数字化形式，即以数字化方式收集、保存和管理作品的信息，因此也称电子档案袋(electronic portfolios)。以下是美国伊利诺伊州斯普林布鲁克小学教师凯伦·波波维奇使用电子档案袋形式记录学生在艺术学习方面成就的体会。[①]

我开发的电子档案袋系统是在五年级的水平上实施的，当然也适合其他年级的水平。在开发过程中，我主要关注三个方面：

1. 设计一种以电子档案袋作为评估工具来衡量学生成绩的方法。

2. 有效地训练学生使用数字相机收集和管理他们数字图像的艺术作品。

3. 开发一个系统，让学生通过数字图像和反思作品来管理自己的数据收集系统，代表他们的艺术成就。

学习目标：

● 搜集各种纸质材料组合成一个学习档案袋，这被称为电子档案袋的"副本"(hard copy)。

● 使用数字相机拍摄纸质材料。

● 将数字图像制成演示文稿(PPT)。

● 每个学生要参加一定数量的反思活动。在这些活动中，写下自己在电子档案袋制作过程中的经历，反思通过各种艺术项目所获得的观念和技

① Charles M. Dorn，Stanley S. Madeja，F. Robert Sabol. Assessing Expressive Learning：A Practical Guide for Teacher-Directed Authentic Assessment in K－12 Visual Arts Education ［M］. New York：Routledge，2013：144－145.

能,并使用量规来评估自己。

电子档案袋在艺术教育课堂中的好处:

学生管理自己的电子档案袋有很多好处。其主要的好处是,这样的系统能够使教师和学生随着时间的推移而进行评估。每个艺术项目和定期的反思都储存在电子版和"副本"档案袋里。在撰写反思过程中,学生有机会反思他们的工作、成就和未来的目标。

我观察到,参与这个过程的学生对学习更负责、更有自豪感与自信心。在管理自己的电子档案袋时,学生在组织能力、批判性思维和对设计元素的理解方面都有很大的发展。

总之,学习档案袋主要帮助学生学会搜集学习证据;学会选择能展示与学习目标相一致的能力与成就;学会对自己的学习进行反思,表达各种想法,并为评估提供各种证据。

三、视觉笔记

"2022 年版艺术课标"中提出让学生学习绘制"视觉笔记"(visual arts journal)。所谓视觉笔记是一种书面形式的可视化记录。在美术学习过程中,通过绘画或文字,将自己的创作计划、构思、想法、反思,以及搜集到的图片资料或文字资料放入视觉笔记。因此,视觉笔记也是一种学习评价的工具。视觉笔记中可反映以下一些内容:[1]

你将记录:

● 利用文字、绘画、摄影,观察现实生活中的经历。

● 对书籍、电子媒介以及艺术家作品的视觉感受和语境思想方面的研究。

● 与老师在课堂上的互动与点评。

● 提交评估的作品所引用的参考资料。

---

① Oxford IB Diploma Programme. Visual Art Course Companion [M]. Oxford University Press,2017:2.

你将实验：

- 新的技能和工艺过程。
- 新的观念和工作方式。

你将练习：

- 改变现有的艺术创作方法。
- 为展览策展、作品集以及比较研究撰写文本。

你将反思：

- 为作品集和你的展览发展新的想法和评估计划。
- 参观博物馆和画廊，以及走访艺术家和工作坊。
- 关于你所面临的挑战以及如何改进你的艺术创作水平。
- 通过你的艺术创作实践来发展你的艺术家身份。

　　视觉笔记的页面可分成两部分，其中一半用来写或记录，另一半用来绘画。如果是有关艺术评论的视觉笔记，一半可用来粘贴从杂志上剪下的艺术作品或记录、搜集艺术方面的问题，另一半可用来撰写对作品或艺术问题的想法或评述，如图 5 - 1。

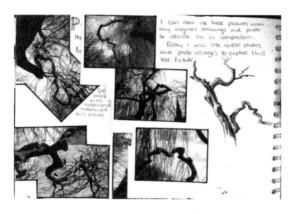

图 5 - 1　视觉笔记①

　　视觉笔记还可以把创作过程记录下来，其中包括草图、构思的过程和工作流程，以及在修改、完善作品过程中的反思。视觉笔记也可以作为课堂上的记录笔记，记录有关的知识、概念、问题等，也可以粘贴或记录同伴、老师的评论。

---

① 图片来源：Oxford IB Diploma Programme. Visual Art Course Companion ［M］. Oxford University Press，2017.

视觉笔记本一般利用画家常用的速写本来作记录,它既便于随身携带,也容易放入学习档案袋。

总之,视觉笔记"可用来阐明思维过程,指导你去探索和创作,还可评估你的作品结果"。[①] 因此,在美术学习过程中,视觉笔记也是反映学生学习的证据,为评价提供依据。

四、学习任务单

学习任务单是教师提供给学生进行自主学习以达成学习目的的一种支架,同时也是课堂教学过程中的一种评估工具。学习任务单的设计一定要与学习目标和学习内容相匹配,美术学科的学习任务单可提供与本课或本单元内容相关的文字或图像资料,以及学生需要思考的问题。

深圳龙华区温老师在讲授"文艺复兴美术——《蒙娜丽莎》作品赏析"时,其设计的学习任务单上不仅提供了《蒙娜丽莎》的图片和背景资料,还提供了一系列问题:

1. 蒙娜丽莎是谁?

2. 她生活在什么样的环境下?

3. 与中世纪的肖像画相比较,这幅作品有什么不同之处?

4. 她的微笑为什么会如此出名?

5. 达·芬奇在这幅画中使用到了哪种绘画手法来表现透视效果? 举例说明。

6. 这种绘画手法有什么优点?

教学中,温老师将学习任务单提供给学生,学生则根据学习任务单上的背景资料和思考题,写下自己的体会。

接着,温老师让学生在小组里汇报自己的体会,并要求他们相互之间进

---

① Donna Kay Beattie. Assessment in Art Education [M]. Davis Publications,1997:21.

行互评。教师通过学生之间互评,及时了解他们的学习情况。因此,学习任务单在过程性评价中可发挥很好的作用。

目前,我国一些中小学美术教师在课堂上已开始利用学习任务单形式开展评价,并取得了良好的评价效果,如图5-2,四川省都江堰市灌州小学美术教师王丽执教《塑—家乡的美食》一课使用的学习任务单。

图5-2　四川省都江堰市灌州小学美术教师王丽执教《塑—家乡的美食》一课使用的学习任务单

第六节

学业质量标准与评估

一、何谓学业质量标准

"2022年版艺术课标"还研制了学业质量标准。学业质量标准是学生在完成课程阶段性学习之后的学业成就表现。学业质量标准是以核心素养为主要维度，结合课程内容，对学生学业成就表现作出整体的刻画。学业质量标准是教师教学评估的重要依据，也是学生需要达成的学习目标。同时，它还为教材编写者提供指导，为考试命题提供主要依据。"2022年版艺术课标"中不设水平等级，只规定学生在每个学段学习结束之后应达到的合格标准。

二、学业质量标准的特点

进入21世纪以来，我国教育部先后颁布的《全日制义务教育美术课程标准（实验稿）》和《义务教育美术课程标准（2011年版）》，针对每个学段、每个学习领域都研制了"评价建议"或"评价要点"。当时研制"评价建议"或"评价要点"，是以"三维目标"为依据，即知识与技能（knowledge & skills）、过程与方法（process & steps）、情感态度和价值观（emotional attitude & values）。因此，以往课程标准中的"评价建议"或"评价要点"，既包含了对学生掌握知识、技能方面的评价，又有对学生情感态度和价值观方面的评价。

"2022 年版艺术课标"中的学业质量标准具有以下三方面特点：

首先，"2022 年版艺术课标"中的学业质量标准是依据核心素养、课程总目标、学段目标和学习任务的内容要求与学业要求来研制的，反映了核心素养的要求，并将其作为重要的育人目标，如"能根据学校或社区的学习、生活需要设计 2～3 件作品（如标识、海报、统计图表、手绘地图、书籍装帧、校服、立体模型等）"，蕴含了"艺术表现、创意实践"素养的育人目标；"能口头或用文字表述对'中国美术源远流长的历史和艺术成就'的理解"，蕴含了"文化理解"素养的育人目标。因此，"2022 年版艺术课标"研制的学业质量标准，不仅是评价学生应该掌握哪些知识和技能，更重要的是评价学生能否形成预期的核心素养。

其次，"2022 年版艺术课标"中的学业质量标准表述非常具体，指向性也很明确，如"介绍 2～3 件反映我国近现代以来追求民族独立解放和党团结带领人民进行革命、建设、改革的美术作品""能辨析世界美术史上 2～3 个主要流派（如古典主义、现实主义、浪漫主义、印象主义和现代主义等）""能采用不同的手段（如写实、夸张、变形、抽象等），创作至少 3 件富有创意的立体、平面和动态的美术作品（如绘画、雕塑、摄影、定格动画、微电影等）"。因此，"2022 年版艺术课标"中的学业质量标准便于教师用来教学评价，也便于学生用来制订学习目标。

再次，"2022 年版艺术课标"中的学业质量标准注重对学生在真实情境中解决问题时所反映出来综合能力的评价，如"能口头或书面表述对世界美术多样性的理解，形成开放的心态和全球意识。（文化理解）""能根据可持续发展的理念对社区环境或所居住地区的革命遗址、古建筑、古村落进行调研，并创作作品（如制作立体模型、拍摄微电影等），或撰写 300～500 字的调研报告。（艺术表现、创意实践）""能根据当地的实际情况，提出保护非物质文化遗产的建设性意见，撰写 300～500 字的报告。（文化理解）"等，都是针对学生在参与各种活动中所体现出的综合能力方面的评价。

总之，"2022 年版艺术课标"中的学业质量标准，对每个学段学生学习之后应知道什么，能做到什么，需要理解什么，以及最终与哪些核心素养相联系，都作了明晰的规定。因此，学业质量是可测、可评的，这为教师的教学评价、学生的学习评价，也为教材编写者提供了必要的原则与依据。

三、将学业质量标准转化为教学评价

我们可以采用以下几种方式，将"2022 年版艺术课标"中的学业质量标准转化成教学评价。

（一）依据学业质量标准进行教学评价

"2022 年版艺术课标"中的学业质量标准反映了不同学段学生学习结束之后能做什么、做到什么程度。比如，第二学段学业质量标准："能用剪、刻、折、叠、卷曲、捏塑、插接等方法制作 1～2 件工艺品（如剪纸、编织、刺绣、印染、陶艺、风筝等）"和"能口头或书面表述对'传统工艺师敬业、专注、精益求精的工匠精神'的体会"，是用来评价第二学段学生在完成"学做传统工艺品"任务之后的学业情况。

例如，某校五年级学生已学完"棒针编结"单元，教师可设计一个评价量规（见表5-18），依据以上学业质量标准，针对"棒针编结"的学习要求来评价学生的学业情况。

表 5-18　五年级"学做传统工艺品"评价量规

维度	评价内容（依据学业质量标准）	合格	基本合格	不合格
工艺	能用起针、下针、上针、加针、减针、收边等棒针编结针法制作 1 件手工作品（如围巾、手套等）。	能用棒针编结方法完成 1 件手工作品（如围巾、手套等）。	基本会用棒针编结方法进行编结。	不会用棒针编结方法进行编结。
	能口头或书面表述对传统工艺师敬业、专注、精益求精的"工匠精神"的体会。	能用口头或书面表述对"工匠精神"的理解。	知道"工匠精神"，但理解不深。	不知道"工匠精神"。

又如，若要了解九年级学生在美术欣赏方面的情况，教师可依据第四学段有关欣赏方面的学业质量标准设计评价量规：某校美术教师结合学校举办的中国共产党建

党100周年主题活动,组织学生观赏"光辉历程时代画卷——美术作品中的党史",并要求学生根据其印象最深的作品,从其形式、内容和创作背景与小组其他同学进行交流与分享,教师还设计了如下评价量规(见表5-19)来评价学生的学习情况。

表5-19 九年级美术欣赏内容评价量规

维度	评价内容(学业质量标准)	合格	基本合格	不合格
欣赏	● 能说出6件反映中国共产党成立以来各个历史时期经典美术作品的名称(包括绘画、雕塑等)。 ● 选择自己印象最深的一件反映中国共产党团结带领人民进行革命、建设和改革的美术作品,从作品的形式、内容与创作背景等方面与同学分享交流。 ● 能口头或书面表述对"美术是弘扬和传播红色革命文化的重要方式"的理解。	学生能回答其中的85%以上,表明其达到合格要求。	学生能回答其中的60%~85%,表明其达到基本合格要求。	学生只能回答其中的60%以下,表明其不合格。

总之,教师可依据课程标准中的学业质量标准进行教学评价。

(二)依据学业质量标准设计评价量规

在教学中,教师有时需要针对某项任务对学生的学业表现情况进行持续性的评价,为此,教师应依据课程标准中的学业质量标准,并将其改编成针对某项任务的评价量规来进行评价。我们以九年级学生创作一幅反映校园生活的美术作品为例:

某教师要求九年级学生创作一幅以表现"校园生活"为主题的美术作品。为了能对学生的创作过程进行持续性评价,教师设计了一个针对此项任务的评价量规。在维度设计时,有时为了使评价更具有针对性,评价维度还可在一级维度基础上进一步细分出二级维度。该教师将"创意""表现"和"回应"设计为一级维度,继而将"创意"细分为"搜集信息""探索想法"两个二级维度,将"表现"细分为"美术语言应用"和"创作手段"两个二级维度,将"回应"细分为"分享交流"一个二级维度,来评价学生的学习行为。

然后,该教师根据课程标准中的内容要求、学业要求和学业质量标准,制订出评价内容(即达到合格水平的描述),在此基础上再划分成合格、基本合格和不合格三个等次(见表 5 - 20)。

表 5 - 20　九年级"校园生活"美术作品的评价量规

一级维度	二级维度	评价内容(合格水平描述)	合格	基本合格	不合格
创意	搜集信息	搜集与"校园生活"主题相关的信息;能用图像和文字对创作过程进行详细、全面的记录。	能主动搜集与主题相关信息;能用图像和文字对创作过程进行全面记录。	能搜集与主题相关的信息,能记录自己部分的创作过程。	没有搜集与主题相关的信息,也没有用文字、图像记录创作过程。
	探索想法	通过想象、联想、归类、重组等方式进行构思和实践,作品有创意,并能表达自己的想法。	能运用想象等方式进行构思和实践,作品有创意,并能表达自己的想法。	能有一些想法,并进行构思和实践,但作品缺少创意,能部分表达自己的想法。	作品缺乏想象力和创意,也不能表达自己的想法。
表现	美术语言应用	有效运用线条、形状、色彩、比例、节奏等美术语言进行创作和表达。	能运用各种美术语言进行创作和表达。	能运用部分美术语言进行创作。	不会运用美术语言进行创作。
	创作手段	选择不同的手段(如写实、夸张、变形、抽象等)进行创作。	能选择不同的手段进行创作。	能选择部分手段进行创作。	只能选择一种手段进行创作。
回应	分享交流	与同学合作互助,并分享自己的创作成果。	能与同学分享自己的学习成果。	能与同学分享部分的学习成果。	不能与同学分享自己的学习成果。

接着,教师为了帮助学生在整个创作过程中进行自我监控和反思,又设计了一个供学生自我评价的量规,并从"创意、表现、回应"三个维度,依据"2022 年版艺术课标"中的学业质量标准制订评价内容,提供学生进行自我评价(见表 5 - 21)。

表 5 - 21 九年级"校园生活"学生自我评价量规

维度	评价内容	是	有时	不能	说明
创意	● 能以想象、联想、归类或重组的方式进行构思,并画出创作草图。 ● 能通过比较、尝试,选用合适的工具和材料进行创作。 ● 能对自己创作的作品进行反思和改进。				
表现	● 能采用写实、夸张、变形或抽象等手段创作作品。 ● 能熟练地运用线条、形状、色彩、空间、对称、均衡等美术语言进行创作。				
回应	● 能与同学分享自己创作时的感受和经验。				

可见,学业质量标准是评判学生在完成课程每个学段学习之后学业成就的"标尺",它不只是用来衡量学生在艺术学科知识与技能方面的掌握情况,还强调衡量学生运用艺术知识与技能来解决实际问题时所体现的综合能力。

总之,美术学习评估不只是指考试,更是"学习和教学中不可或缺的一个持续迭代过程,必须与课程目标、教学内容和教学方法保持一致性。评估不仅仅是设置评估任务和对学生的学习情况进行评分。评估还是用来通过收集学生学习的证据,以促进有意义和适合发展的模式进行学习。艺术领域学习的评估,其本质上是诊断性的。也就是说,旨在帮助学生认识到他们当前的优势和劣势,确定他们的学习目标,并提出步骤来缩小差距,以实现他们的目标"[1]。

---

① Singapose Ministry of Education. Art Syllabus (Lower Secondary) [R]. Singapore,2018:29.

第六章

艺术跨学科学习

　　我国在面向未来教育的改革潮流中，关于美育的政策呈现聚焦学科融合和跨学科学习的价值观与实践引导。然而，学校对于艺术跨学科学习的理念、方法及教学实施，对于诸如艺术跨学科学习有怎样的认知过程和实践方法、在不同学习任务之间如何进行实质性的认知迁移和理解建构等方面还有待提高。如何才能在学校环境中应用艺术跨学科学习，培养具有跨学科素养的新一代人才，以促进不同阶段的艺术学习衔接和进阶？了解跨学科研究的内涵、学校跨学科学习，以及我国学校美术教学方式的综合思想意涵，可以促进对艺术各学科理解及跨学科学习的本土认知，从而更好地促进学校艺术教育改革的未来发展进程。

学校教育中"跨学科性"词义内涵

一、跨学科研究类型与认识论模式

（一）跨学科研究的类型

跨学科是一个不断发展的教育和研究领域。整个 20 世纪不仅是学科制度与学科知识持续积累、强化时期，同时也是跨学科研究的成长与发展期。克莱因和纽维尔（Klein & Newell，1996）对于跨学科的定义具有代表性，即"借鉴了各学科的观点，并通过构建更全面的视角整合了各学科的见解"。促使跨学科研究与学习的四大驱动力源于"应对自然和社会复杂性""探究不局限于单一学科的愿望""解决社会问题""创造革命性见解和再生型技术"的需要，越来越强调社会参与和知识生产的共同创造。

胡托涅米（Huutoniemi）等人（2010）围绕"跨学科范围（即整合的内容）""跨学科互动类型（即互动的方式）""目标类型（即跨学科的原因）"①三个维度展开，指出跨学科研究的四种类型，即"多学科并置""跨学科整合""架桥与重组""跨学科混合"。这种分类"区分了学科互动的形式、教学和研究动机、整合程度和范围、互动模式以及组织结构"②。

---

① Huutoniemi，Katri，Julie Thompson Klein，Henrik Bruun，et al. Analyzing Interdisciplinarity：Typology and Indicators［J］. Research Policy 39，2010（1）：79 - 88.

② Klein，Julie Thompson. Typologies of Interclisciplinarity：The Boundary Work of Definition［M］//The Oxford Handbook of Interdisciplinarity［M］. Oxford：Oxford University Press（Second Edition），2017：21 - 34.

（二）跨学科研究的认识论模式

跨学科有两种不同趋向的认识论，学术界定义为"模式 1 跨学科""模式 2 跨学科"。两种取向目的均在于试图获得在整合知识和推理上的元认知。

20 世纪 40 年代，系统理论为综合性研究提供有力支撑，1972 年经合组织在跨学科研究与教育国际会议上首次提出"跨学科性"一词，呼吁政府、企业、大学一起，以价值观为导向，为社会创新展开研究。当时，皮亚杰认识到，跨学科只在相邻学科之间才有可能，他试图寻找一种认知论、认识论结构和方法将无法跨学科的学科，通过因果关系联系起来，探究跨学科元认知结构。换言之，是一种作为学科分支的模式，学术界称为"模式 1 跨学科"。

20 世纪 80 年代后出现的人与环境关系及社会发展复杂性的挑战，新型的科学与社会合作开始实践，称为"模式 2 跨学科"[①]。"经验知识"和"科学知识"被整合到基于案例研究的跨学科过程，这种以真实语境和结构为基础的研究，将各种形式的科学知识结合起来，联合不同知识与价值观并在实践中发展和有效利用它们，以促进跨学科研究和社会可持续发展中复杂问题的解决。从这种意义上看，"跨学科过程将跨学科研究与多方利益相关者话语的知识联系起来"[②]，是科学与社会之间"相互学习"的促进过程。因此，对"问题的定义、表述和解决应被视为跨学科活动""相互学习可视为科学与社会之间互动和共同解决问题过程中固有的适应过程"[③]，显示出跨越传统上分离的科学与实践领域的特征。总之，两种取向体现了从"为社会研究"向"与社会共同研究"的转向。

（三）跨学科过程中的知识整合路径

跨学科研究的核心假设是知识整合，能够将分散的学科见解转化为有价值的理解。研究者发现跨学科过程在思维模式，跨学科间，不同文化，不同人类系统的观点、

---

① Gibbons M., Limoges C., Nowotny H., et al. The New Production of Knowledge [M]. London：Sage，1994.

② Scholz R.W., Steiner G. The Real Type and Ideal Type of Transdisciplinary Processes：Part I—Theoretical Foundations [J]. Sustain Sci，2015(10)：527-544. https://doi.org/10.1007/s11625-015-0326-4.

③ Scholz R.W. Mutual Learning as a Basic Principle of Transdisciplinarity [M]//Scholz R.W., Häberli R., Bill A., Welti W（eds）Transdisciplinarity：Joint Problem-solving among Science，Technology and Society（Workbook II：Mutual Learning Sessions）. Zürich：Haffmans Sachbuch，2000：13-17.

价值观和偏好，以及跨学科过程整合方法等方面，可能会出现不同的知识整合类型。跨学科过程中如何建构整合知识？了解相关模式可以为跨学科学习提供认识论基础。

艾伦·雷普克（Allen F. Repko）将跨学科过程定义为：围绕如何研究问题，选定哪些问题适用于跨学科研究，并形成对这些问题全面认识而进行决策的使用方法和论证方法，同时提供了跨学科进程模式。包括"借鉴学科见解""整合学科见解"两个维度在内的 10 个步骤，它们是：1.界定问题或表述研究课题；2.为使用跨学科方法辩护；3.识别相关学科；4.进行文献检索；5.熟识每门相关学科；6.分析问题并评估每个见解或理论；7.识别见解或理论间的矛盾及其根源；8.创建概念与理论间的共识；9.构建更全面的认识；10.反思、检验和交流认识。[①] 此外，克莱因（Klein，2020）提出跨学科学习的动态认知观[②]，涉及 4 个核心过程：1.确立目的；2.权衡学科见解；3.建立整合杠杆；4.保持批判型立场。这些过程随着学习的迭代进展而形成递进循环。霍恩（Horn）等人（2024）提出"跨学科学习轨迹"[③]理念，将跨学科学习理解为发展参与跨学科行动的能力和培养跨学科态度。

二、学校教育中的跨学科研究聚焦

（一）学校教育中的跨学科研究

2010 年，加拿大出版《综合研究问题》特刊，从教育系统和教育水平、跨学科概念演变及跨学科实践三个方面，对不同英语国家涉及中小学跨学科教育的 9 篇文章进行了分析。研究发现了在中小学教育中实施跨学科的困难，尤其是在"课程和概念层

① 艾伦·雷普克，里克·斯佑斯塔克.如何进行跨学科研究（第二版）[M].傅存良，译.北京：北京大学出版社，2021：47。

② Frodeman，R. Klein J. Ed.. Oxford Handbook of Interdisciplinarity. Second Edition [M]. UK：Oxford University Press，2016.

③ Horn，A.，Visser，M.W.，Pittens，C.A.C.M，et al. Transdisciplinary Learning Trajectories：Developing Action and Attitude in Interplay [J]. Humanit Soc Sci Commun，2024（11）：149. https://doi.org/10.1057/s41599-023-02541-w.

面上缺乏明确性和可见性",停留在形式上。该特刊认为从跨学科视角来看,学科知识是"促进对自然、人类和社会现实更丰富、更复杂理解的不可或缺手段",学校的跨学科性需要利用与使用相关知识或常识、现行做法,但仅将学科纳入课程是不够的,教师应根据所选择的跨学科视角,注重"学习过程的双重目的:学习过程的整合、过程产物或知识的整合",认识到在教育层面上解释跨学科性的一体化概念。①

研究者定义了学校跨学科性,即"将两个或多个学校学科在课程、认知和操作层面上联系起来,从而从不同的角度(目标、研究对象、概念和观念、学习方法、技术能力等)建立互补或合作联系、相互渗透或相互作用的行为。这些互动旨在促进人类对过程和知识的整合。在教与学的实践中,教师的作用是创造被认为最好、最合适的条件,以促进和支持学生的学习过程。在学校利用跨学科性,就是通过调动各种相互关联的学科角度,引入通常有利于人类实施整合过程的条件。"②因此,中小学校跨学科教学方法中必须考虑各学科的目的和具体特性,以便结合各种学习情境(如问题、项目、重大科学问题或当前社会问题等)进行学习。这一研究将跨学科研究活动和跨学科教育活动作了区分。

(二) 艺术视角的认识基础

艾斯纳(Eisner)在他的学术著作和教学活动中,将基于艺术的方法确立为学术界的研究和教育方法。艾斯纳在《基于艺术的研究》一书中界定了基于艺术的教育研究领域、教育批评方法和叙事方法,为混合式学术研究开辟了道路;指出基于艺术的研究目的是"创造一种表现形式,使个人能够感同身受地参与他人的生活和所研究的情境。生活经验、主观性和记忆的作用被视为知识建构的驱动力"③。因而,基于艺术的研究是一种广泛的社会调查方法,以多种创造性的方式表现经验,并以艺术各种媒介表达意义,通过艺术作品让他人代入地重新体验世界,增进对人类状况和经验的理解。在社会科学领域,艺术元素可以参与研究的各个阶段,包括数据收集、分析、解释和表述,调动具身认知,使研究者发现那些容易被忽略的部分。

---

① Lenoir,Y.,Kleinii,J.T. Interdisciplinarity in Schools:A Comparative View of National Perspectives. Issues in Integrative Studies [J]. 2010(28):i - xxiii.
② Yves Lenoir,Abdelkrim Hasni. Interdisciplinarity in Primary and Secondary School:Issues and Perspectives [J]. Creative Education,2016(7):16.
③ Tom Barone Jr.,Elliot W. Eisner. Arts Based Research 1st Edition [M]. SAGE Publications,2011.

格雷姆·沙利文则将艺术的研究置于教育实践的中心,提出"艺术实践中复杂的探究系统在方法论上具有强大的突破性,它的认知转化能够产生新的洞察力、批判性和理解力"①,认为艺术研究与科学研究是一种互补关系,研究者应参与跨学科对话。从认识论视角来看,这表明艺术实践像所有领域的探究一样会产生知识,从而验证艺术创作中的学习和通过艺术创作的学习,是一种通过艺术的镜头和实践来探索、解释和理解任何想法、主题或现象的方式。艺术也可作为研究过程中的一种反思模式和媒介。麦金托什(McIntosh,2010)的研究揭示了视觉和文学形式的数据如何以深化所研究现象的方式进行表述和综合。艺术表现形式可以传达意义和情感,对人们的思维方式产生影响。② 还有研究者发现,社会科学和人文科学方法中的视觉转向,使视觉研究方法(摄影、摄像、制图、可视化等)与既定的文本研究方法(如访谈、话语分析等)并驾齐驱,成为科学研究与艺术研究之间具有前瞻性联系和相互理解的基础。③ 可视化不仅可以用来说明研究成果,而且可以作为一种研究过程和方法。

(三) 知识整合的艺术探究工具

马歇尔提出艺术整合探究模型,她认为在元认知和学科整合中,研究工作簿具有脚手架和结构的工具价值,并且有两个形式:教师指导的艺术课程项目研究,个人探究过程中的结构研究。通过研究工作簿工具,学习者以图像和人工制品形式呈现信息和想法,在使它们可视化的同时辅以文字和反思性写作。它有五个好处:结合视觉和语言扩大了学习范围;使学习过程可见和有形,"看见"对主题的探索、思考和解释的所有步骤;反思知识是如何整合及生成的;形成属于自己的个性化作品;成为学习评价的媒介。

可持续发展教育领域有许多是与环境相关的教育,研究者通过跨学科学习,将青少年参与认知(头脑)同通过参与过程产生的影响(心灵)联系起来,并通过青少年主

① Charles Garoian. Book Review:Art Practice as Research:Inquiry in the Visual Arts [J]. Studies in Art Education,2006,4S(1),IOS-112. https://www.researchgate.net/publication/260343661.
② Bogumil,Elizabeth,and Patricia Y Lara. Art as Mode and Medium:a Pedagogical Approach to Teaching and Learning about Self-Reflexivity and Artistic Expression in Qualitative Research [J]. International Journal of Research & Method in Education,2015.
③ Vytautas Michelkevicius. Mapping Artistic Research. Toward diagrammatic Knowing[M]. Vilnius:Vilnius Academy of Arts Press,2018:63－71.

导的项目产生可持续发展的行为（双手）。研究者还提出了参与式摄影促进社会变革的融合艺术与科学的学习框架，拓展了 STEAM 中艺术只作为科学的学习工具存在的研究类型。摄影是连接各种认识论的桥梁，培养学习者在研究过程中的代入感。这一模式的变革潜力"不仅在于超越认识论（即艺术与科学的融合）和学科（即研究合作）的界限，还在于跨越校园（即学校与社区的伙伴关系）和国家（即国际合作）的边界"①。

---

① Trott, C.D., Even, T.L., Frame, S.M. Merging the Arts and Sciences for Collaborative Sustainability Action: a Methodological Framework [J]. Sustain Sci, 2020(15)：1067 - 1085. https://doi.org/10.1007/s11625-020-00798-7.

国际艺术课程标准下跨学科学习模型及案例

一、跨学科学习模型与结构特点

（一）课程、知识共享与自主学习趋势

2021年，联合国教科文组织发布全球报告《一起重新构想我们的未来：为教育打造新的社会契约》，提出课程"支撑教育的两个重要过程：获取作为人类共同遗产一部分的知识，以及共同创造新知识和新的可能未来"，指出课程的设计和实施不应停留在狭隘地传递事实和信息上，而应着力培养能使学习者参与获取、应用和生产知识的概念、技能、价值观和态度。报告呼吁，教学法不再以教师主导的课程为重点，而是强调合作、协作和团结，敦促课程转向生态学习、跨文化学习和跨学科学习。

近十年来，经合组织教育研究与创新中心（OECD Centre for Educational Research and Innovation）开展了一系列创新教学相关研究项目，研究重点从对整体学习环境的关注，转向到以现代教学和学习为核心的创新教学法。研究确定了六大创新教学法群组：混合式学习、游戏化教学、计算思维、体验式学习、具身学习、多元读写和研讨式教学六大创新教学法群组。这些教学法与学生自然学习倾向，如玩耍、创造、表达、协作和发现等相匹配，并成为改善21世纪技能教学和学习者参与的关键杠杆。与此同时，创新教学法本质上是寻求具有交叉性质的新内容和技能,有助于优化内容组织、教学设计方式,并更好地连接和整合不同的知识领域。在学习理论发展中,学习从心"刺激—反应"为核心的前提逐渐转向,越来越强调学习者的自我建构,以及其与学习环境和学习共同体的互动。

(二)跨学科学习课程设计的结构特点

从列举的国际上在学校跨学科学习中探索出不同的模型(见表6-1)可以看出,这些模型将一种情境或一组密切相关的情境作为学习单元基础,符合系统思维理念,将课程变成一个更加"以探究为基础"的过程,强调主动学习和分析技能的发展。其中,在经合组织的跨学科主题学习设计案例中,除学习主题、学习目标、教学计划、学习评价的设计外,还对每一主题的"资源及灵感来源"加以说明,除了提供网络和印刷品以及其他资源的链接与说明外,为使主题具有更好的情境适应性,在"资源及灵感来源"部分提供了本主题"调整、拓展和充实的机会",包括可拓展的其他主题、可关联的其他学科、可参考的其他资源和可充实的活动机会等,这种设置对跨学科主题学习的灵活实施以及教材编写具有重要启示。

表6-1 跨学科主题学习的模型列举

名称	课程设计	特征
STEAM (美国)	基于"大观念"主题	依据"主题—话题—主导学科—任务"的基本架构,设计超越学科的跨学科主题学习活动。
多学科学习模块 (芬兰)	主题、项目或课程	规定特定学习阶段,基于社会现象,结合不同学科内容,多学科处理所选主题。
跨学科教育主题 (澳大利亚)	跨课程学习模式	确立三个跨学科教育主题,挖掘、整合八大学习领域中与之相关的内容来同时开展教学。
结构化的主题学习 (北爱尔兰、新西兰)	主题学习模式	围绕某一主题,将涉及不同学科的内容、问题和活动,综合应用多学科知识。

（续表）

名称	课程设计	特征
综合学习时间 （日本）	综合实践活动课	"体验学习"和"课题研究学习"两类活动方式。小组合作学习,跨年级集体学习或个人研究。
创造力和批判性思维的发展与测评 （经合组织）	遵循"教—学—评一致性"原则	对应创造力和批判性思维的评价维度和准则,确保学习步骤与评价量规具体维度的一致性,以评价引领学生的跨学科主题学习。

二、跨学科主题教学案例

 （一）描绘未来① ----------

小学:(7—11 岁)	跨学科(视觉艺术、健康、地理)
学生面临的挑战是以班级为单位,共同绘制一幅理想城市的公共地图。为此,学生参与了一系列视觉艺术活动,画出自己及最喜欢的地方和理想的工作场所。在这项活动中,学生认识到自己的动机、目标和自我形象,将幸福感与自然环境联系起来,并提出了有助于实现未来生活的愿景。他们倾听同伴的意见,互相帮助,以表达更准确、更清晰的目标,从而创建理想城市的集体愿景。	
时间分配	约 3 课时
主题内容	○ 使用视觉艺术技巧创作图画和交流计划。 ○ 了解健康、安全、充实、负责任和平衡的生活需要什么。 ○ 学习城市环境、城市规划和可持续发展方面的知识。

---

① 本案例是(匈牙利)Enikö Baranyai 为经合组织的 CERI 项目"培养和评估创造力与批判性思维能力"而创作的。本案例采用知识共享署名—非商业性—相同方式共享 3.0 IGO 许可(CC BY-NC-SA 3.0 IGO)发布。© 经合组织。

（续表）

创造性和批判性思维	本单元以创造性和批判性思维为重点： ○ 质疑各种假设，提出有关现在和未来城市的不同想法。 ○ 从多个角度考虑如何规划城市。 ○ 思考并评估城市愿景。
其他技能	合作、尊重/宽容差异。
关键词	城市、规划、城市化、地图、可持续性、未来、身份认同。

◆ 评估产品和过程

学生根据个人和集体的身份与愿望，合作创建一个城市。他们绘制一系列图画，并讨论和决定这些图画在地图上的位置。在最高水平的学习中，学生乐于探索生活中的各个方面，他们展示了现实的自我形象，表达了目标，并将他们的目标、活动和城市环境联系起来。他们能够表达自己身份的重要方面，也能够寻求其他视角，并对城市的布局和特征提出有趣、有创意和新颖的想法。他们能够意识到哪些城市特征可以更广泛地支持福祉，对他人的观点具有敏感性，并能够对自己所做的工作进行反思。

◆ 教学计划

本计划提出了实施活动的可能步骤，教师可以根据自己的教学情况对活动进行适当的修改。

步骤一 第1课时

教师和学生的角色

教师解释说，全班将绘制一张理想城市（建筑）环境的地图。学生将自己绘制城市路，并确定应包括哪些建筑和场所。学生面临的挑战是创建一个他们现在和将来都想居住的城市。每次练习结束后，他们都将创造出城市的另一个组成部分。

主题内容

○ 如果需要，教师可以在此步骤之前讨论影响城市的历史、地理或技术变化。在下面的"调整、扩展和丰富的机会"部分，还有一些关于初步活动的建议。

创造性和批判性思维

无

步骤二　第 1 课时

教师和学生的角色

我最喜欢的地方。

每个学生会收到一张 A5 纸,他们可以用 15 分钟时间画出自己当前最喜欢的地方,在那里,他们可以做自己真正喜欢做的事情(这些地方将是城市中的第一个项目)。教师可以讨论学生是如何进行绘画的,并根据课程安排强调不同的绘画技巧。

主题内容

○ 提高对绘画的掌握(可根据课程领域,如不同的视角、角度等,有针对性地进行)。

创造性和批判性思维

○ 观察和感受重要的相关经验。

步骤三　第 2 课时

教师和学生的角色

帽子里的未来。

每个人从帽子里抽出一个关于未来的问题。问题举例:小学毕业后,你想在哪个地方继续完成学业? 长大后你想做什么? 你想象十年后自己会在哪里?

学生用几分钟时间,以画画的形式回答(也可以要求学生用书面形式回答:具体方法因班级和课程而异)。然后,他们把纸片放回袋子里,再画一张出来。如果有人再次抽到相同的问题,他(她)需要把它放回去。

教师引导学生讨论答案,重点是共同点和不同点,以及城市如何满足每个人的需求。如果学生想分享哪些是自己的答案,他们可以自由分享。

本练习可持续 30 分钟左右,完成时不记名字。因此,学生不必害怕分享自己的想法。

与学生讨论他们对自己的目标有多远大以及实现目标需要做些什么的想法,也可能会很有意义。

主题内容

○ 提高表达自己身份和对未来期望的能力。
○ 提高对各种主题快速进行素描的能力。
○ 增进对城市环境和城市规划的了解。

创造性和批判性思维

○ 想象未来,并将其形象化为艺术作品。
○ 反思自己以前未曾审视过的身份领域,以创造出有意义的作品。
○ 从多个角度考虑问题。

步骤四　第 2 课时

教师和学生的角色

自我绘制。

每个学生会收到一张 A3 纸,他们会花大约 15 分钟时间画出自己的剪影,不一定要逼真。然后,他们需要在自己的剪影上写下至少 5 个关于自己的积极特征(教师也可以要求学生写下班上其他学生的积极特征)。如果教师认为有用,学生还可以在剪影外写上 5 个他们希望努力(或他们认为缺失)的、他们认为可能对他们的生活有益的特征。这些将是城市中的人们。如果学生希望分享他们的自我评价或对他人的(正面)评价,现在就可以进行。此时,教师也不妨引导全班讨论:需要在他们的城市中建设哪些有助于自我最佳实现的地方,例如,他们可以工作、玩耍、学习、锻炼、放松、想象或做梦和社交的地方,以及他们认为必要的其他地方? 如何组织这些活动?

主题内容

○ 绘制自己的剪影。
○ 认识自己和他人的长处,制订简单但具有挑战性的目标。
○ 拓展城市环境和城市规划方面的知识。

创造性和批判性思维

○ 确定并解释自己的优势和可能存在的局限性。
○ 提出并探索有关城市的不同寻常的新想法。

步骤五　第 3 课时

教师和学生的角色

工作场所。

每个学生有一张 A5 纸,用大约 15 分钟时间画出自己成年后想工作的地方(可以是办公室,也可以是自己能想象到的任何"工作场所",这些将被添加到城市中)。在此,教师可以让学生思考不寻常的职业或未来可能常见,但现在不常见或不存在的职业。教师还可以要求学生在绘画中使用与课程相适应的特殊技巧。学生讨论并决定将这些工作场所放置在城市的哪个位置。

主题内容

○ 提高对绘制建筑物或办公场所的掌握。教师可根据课程安排,选择侧重特定的技术绘画技巧。

创造性和批判性思维

○ 质疑假设,检查和分析城市中缺失的部分。
○ 提出并发挥不同寻常的想法,以产生有意义的成果。

步骤六　第 3 课时（如果时间充裕，可以扩展到更多的课时）

教师和学生的角色

反思和扩展地图。

学生可以在地图上添加其他项目（例如，喜欢在哪里度过空闲时间，在哪里做运动或闲逛）。教师可以要求学生思考城市还需要什么，为什么，以及如何建设一个真正有趣和新颖的城市，使其在现在和将来都能发挥作用。如果有时间扩展练习，可以要求学生绘制、描绘或建造这些地方的模型，并讨论和商定这些地方的位置。

全班集体观看地图，教师引导学生反思讨论他们对自己城市的看法、城市的优势和局限性，以及城市将如何帮助他们在未来过上美好的生活。活动结束时，可酌情要求学生以讨论或写作的形式进行反思：在绘画方面学到了什么？关于城市，学到了什么？对自己有了哪些认识？

主题内容

○ 了解健康、安全、充实和平衡的生活需要什么。
○ 考虑可持续发展以及城市如何随着时间的推移而变化。
○ 阐明所获得的关于绘画、城市和自身的知识。

创造性和批判性思维

○ 评估其解决方案的优势、局限性和新颖性。
○ 根据自己表达的目标、愿望，反思所选解决方案。

◆ **启发灵感的资源和范例**

　　网络和印刷品

○ 印在纸上的若干问题，用于"帽子里的未来"游戏。

　　其他

○ A5 和 A3 尺寸的技术图纸。A5 纸：学生人数的两倍。A3 纸：与学生人数相同。

○ 粘在一起的包装纸（取决于你要创建的城市的大小），这将是城市的面积。

○ 准备好的城市道路（50～60 条）。

○ 必要的绘画、绘图和建筑材料。

调整、扩展和丰富的机会

○ 作为初步或后续练习,教师可以引导学生讨论他们目前居住的城市、城镇、村庄及其优缺点。

○ 本课可重点关注可持续城市的创建(包括学习对汽车的依赖、绿地的重要性、回收利用和其他基础设施等)。

○ 可将当地规划办公室的参观纳入本单元,让学生有机会了解城市规划在现实世界中是如何运作的。

○ 该活动还提供了进一步联系读写能力(写自己和城市)、历史(城市的发展)和技术(不断变化的技术对城市规划的影响)的机会。

◆ **创造性和批判性思维评分标准**

● 对照经合组织的评分标准,绘制课程计划的不同步骤,以确定课程不同部分旨在培养的创造性和(或)批判性思维能力。

	创造力 提出新的想法和解决方案	步骤	批判性思维 质疑和评估想法及解决方案	步骤
探究	与同一学科或其他学科的其他概念和知识建立联系。	二、三	确定并质疑假设和普遍接受的观点或做法。	四、五
想象	产生并发挥不寻常和激进的想法。	四—六	根据不同的假设,从多个角度考虑问题。	三、五
行动	制作、表演或设想个人新颖的有意义的成果。	三、五、六	根据逻辑、伦理或美学标准,解释产品、解决方案或理论的优势和局限性。	四、六
反思	反思解决方案的新颖性及其可能产生的后果。	六	相对于可能的替代方案,思考所选择的解决方案(立场)。	三、四、六

（二）智能服装① --

中学：(11—14 岁)	跨学科(视觉艺术和技术)

学生面临的挑战是设计一件"智能"服装：这种服装不仅可以穿，还具有双重功能，并结合技术，以各种方式为人们提供帮助或支持。例如，可穿戴设备，由可清洗的智能材料组成的衣服，内含微型传感器，可测量穿戴者的心跳、位置和速度。这个项目就是要把各种应用结合到一种新的设计中去。

时间分配	5 课时
主题内容	○ 制作创意作品，探索想法，记录经验。 ○ 确定解决问题的技术或设计解决方案。 ○ 展示、分析和评价艺术作品。
创造性和批判性思维	本单元以创造性和批判性思维为重点： ○ 与其他学科的知识建立联系。 ○ 生成并发挥不同寻常的想法，创造出有意义的成果。 ○ 反思解决方案的新颖性及其可能产生的后果。
其他技能	解决问题。
关键词	设计、可穿戴设备、智能服装、时尚、创新。

◆ 评估产品和过程

这项活动鼓励学生发挥想象力，设计一件智能服装。最高级别的学生能将两种或两种以上有趣的功能完美地结合在一起，因此在产品的设计和构成方面承担了适当的风险。在他们的工作过程中，他们会考虑处理问题的几

---

① 本案例由荷兰教师为经合组织开发，用于 CERI 项目"培养和评估创造力与批判性思维能力"。本作品采用知识共享署名—非商业性—相同方式共享 3.0 IGO 许可(CC BY-NC-SA 3.0 IGO)。©经合组织。

种方法,乐于探索各种想法,对他们所冒的风险有很好的认识,能够证明他们为什么会做出这样的选择,并在反思过程中阐明其设计的潜在好处和缺点。

◆ **教学计划**

本计划提出了实施活动的可能步骤。教师可以根据自己的教学情况对活动进行适当的修改。

步骤一　第 1 课时

教师和学生的角色

单元导言和说明。一直以来,服装都是用来遮羞、防寒(防风)或装饰(时尚)的。但现在,服装界发生了一场革命。服装不仅要美观或实用,而且要聪明。目前,可穿戴设备的设计在不断增加,用能够对我们的身体信号、感官、温度或情绪做出反应的材料制成衣服。

先来一场头脑风暴:除了覆盖和保护身体的传统用途,衣服还能做什么? 在几分钟内提出尽可能多的用途。哪些想法最新颖? 指出 4 个最佳创意。

主题内容

○ 将技术、设计和时尚联系起来。

创造性和批判性思维

○ 就衣服的设计和功能提出不同寻常的想法。

步骤二　第 1 课时和第 2 课时

教师和学生的角色

教师介绍主题背景,使用 PPT 课件解释时尚主题。当学生看完课件和电影片段后,分配创作尽可能多的不同原创图画的任务,然后让学生根据自己的想法进行创作。

主题内容

○ 培养绘画和素描能力。

创造性和批判性思维

无

步骤三　第 2 课时

教师和学生的角色

学生自己研究。智能服装源于时尚和设计(时装设计师)、技术发展和生产(公司)之间的交叉融合。探索和思考服装帮助与支持人们的各种可能方式。搜索以服装、时尚和我们需要服装的各种情况为主题的图片。注重将想法或应用结合到服装项目中。

主题内容

○ 研究时尚和设计,寻找并组合相关的有趣实例。

创造性和批判性思维

○ 在服装的不同功能之间、艺术与技术之间以及不同想法之间建立不寻常的联系。

步骤四　第 3 课时

教师和学生的角色

教师介绍有关视觉方面的活动理论,讲解结构、色彩以及如何将这些元素融入服装。

主题内容

○ 拓展时装设计原则的知识。

创造性和批判性思维

无

步骤五　第 3 和第 4 课时

教师和学生的角色

设计一件智能服装。从之前的作业中选择两个最佳创意,在草图纸上展开。
边界条件:注意可行性、耐磨性和安全性。好好解释一下你的衣服的智能部分是什么。
思考题:你能想到智能服装的缺点吗?

主题内容

○ 熟练掌握绘画和设计技巧。

创造性和批判性思维

○ 产出有意义的作品,与学生已接触过的作品相比,感觉新颖有趣。

步骤六 第 5 课时

教师和学生的角色

将其中一幅草图进一步发展为最终作品。

考虑服装的背景:你为谁设计了这件服装? 他将在哪里穿? 在设计过程中考虑形式和视觉方面的发展。向全班展示作品。

教师引导学生讨论设计:哪些设计与众不同? 什么是真正有趣和与众不同的? 从这项活动中学到了什么?

主题内容

○ 制作有趣、合适的最终设计。

创造性和批判性思维

○ 评估和改进正在进行的工作,反思最终产品的新颖性。

◆ **启发灵感的资源和范例**

    网络和印刷品

○ PPT 演示。

○ 有 关 智 能 服 装 的 更 多 实 例,请 访 问:https://www.wareable.com/smartclothing/best-smart-clothing。

◆ **其他**

○ 笔、纸、记号笔。

○ 计算机、平板电脑或电话(用于研究)。

◆ **创造性和批判性思维评分标准**

● 根据经合组织的评分标准绘制课程计划的不同步骤,以确定课程不同部分旨在培养的创造力和(或)批判性思维能力。

	创造力 提出新的想法和解决方案	步骤	批判性思维 质疑和评估想法和解决方案	步骤
探究	与同一学科或其他学科的其他概念和知识建立联系。	——三	确定并质疑假设和普遍接受的观点或做法。	

（续表）

	创造力 提出新的想法和解决方案	步骤	批判性思维 质疑和评估想法和解决方案	步骤
想象	产生并发挥不寻常和激进的想法。	一至六	根据不同的假设,从多个角度考虑问题。	三、四
行动	制作、表演或设想个人新颖的有意义的成果。	五、六	根据逻辑、伦理或美学标准,解释产品、解决方案或理论的优势和局限性。	五、六
反思	反思解决方案的新颖性及其可能产生的后果。	五、六	相对于可能的替代方案,思考所选择的解决方案或立场。	五、六

 （三）看！有只独角兽①

　　本单元将向学生介绍充满童趣的艺术家考尔德·卡明（Calder Kamin）的艺术作品。她通常以神话传说中的神兽为主题,利用可回收的材料创作大型雕塑作品。学生观看《美国手工艺》节目中的一个片段,该片段展示了这位艺术家制作的一只充满想象力的独角兽,还将它放置在一片丛林之中,让路过的游客见到它。观看视频并参与讨论后,学生将以融合的理念来构思富有想象力的神兽。学生将回顾艺术家为何在作品中使用可回收的材料,然后他们也利用可回收的材料进行尝试和实验,构思自己想象中的神兽。最后,学生还将考虑以何种方式在学校展示他们的作品,以给大家带来惊喜。

---

① 本案例由宾夕法尼亚州希林顿的艾米·艾伯特—布鲁姆博士编写,宾夕法尼亚大学艺术教育荣誉教授玛丽莲·斯图尔特指导编写,2023 年 9 月。

年级:K-4	跨学科(视觉艺术、语言、科学、技术)

关键概念:艺术家在制作艺术作品时会使用各种材料进行尝试和实验。艺术家会将想象中的动物转化为艺术作品。艺术家会在他们的艺术作品中加入令人惊奇的元素。

关键问题:艺术家在创作艺术作品时为什么要研究材料? 艺术家如何将想象中的动物转化为艺术作品? 艺术家如何使他们的艺术给人们带来惊喜?

时间分配	4～6个45分钟的课时。
教学目标	学生将: ○ 了解游戏或实验各种材料是开发创作想法的一种方式。 ○ 发展一种富有想象力的神兽。 ○ 构想并实施用艺术作品给他人带来惊喜的方法。
词汇	野兽、实验、复合、装置、吉祥物、回收、改造。
跨学科联系	○ 语言艺术:研究传统和现代童话故事及其他故事中的神兽,有助于启发创造想象角色的灵感。 ○ 科学:考尔德·卡明提到,水稻中的雌激素会导致青蛙变异。这对学生来说是一个既有趣又容易接受的课程。 ○ 技术:科技正在创造出更多的人工复合体以帮助人类,诸如替换的人工关节、嵌入电子设备的助听器、用以增加行动能力的机器人助行器等。在教学中突出这些例子,对学生了解自己和他人有价值。
国家视觉艺术标准	本单元涉及美国《国家核心艺术课程标准》: ○ 视觉艺术/创造。 • 针对一个创造性的艺术或设计问题,集思广益,提出多种方法。 • 过程要素:调查/计划/制作。 • 锚定标准:产生并构想艺术观念和作品。 ○ 视觉艺术/创作。 • 利用观察和调查为制作艺术作品做准备。 • 过程要素:调查/计划/制作。 • 锚定标准:产生并构想艺术观念和作品。 ○ 视觉艺术/创作。 • 在制作艺术作品时,使用和保管材料、工具和设备,防止对自己和他人造成危险。

（续表）

国家视觉艺术标准	• 过程要素：调查。 • 锚定标准：组织和发展艺术观念和作品。 ○ 视觉艺术/展示。 • 调查并讨论展示艺术作品空间(包括电子空间)的可能性和局限性。 • 过程要素：选择。 • 锚定标准：选择、分析和解释用于展示的艺术作品。 ○ 视觉艺术/反思。 • 推测艺术家创作艺术作品的过程。 • 过程要素：感知。 • 锚定标准：感知和分析艺术作品。
教学资源和材料	教学资源 ○《美国手工艺》节目，考尔德·卡明的片段，以及《美国手工艺》网站(craftinamerica.org)。 ○ 考尔德·卡明的网站(calderkamin.com)。 ○ 复合体视觉范例：漫画人物、神兽、童话动物、卡通生物、电子游戏人物的图像，以及复合技术的图像，如供人类使用的机器人靴子。 ○ 为教室创作一句形象的名言。在白板或海报上写"游戏是实验的另一种学习方式。——考尔德·卡明"。 ○ 可选：足够两三名学生在课后共同寻找的动物图片或玩具。 工作表 ○ 工作表 1：你可以想象一种神兽。 ○ 工作表 2：森林里有一只独角兽。 材料： ○ 素描本；铅笔和记号笔；剪刀；可回收材料：塑料餐具、快餐盒、牛奶盒、瓶子、盖子、报纸、杂志、麦片、零食盒、记号笔盖、包装上的塑料碎片等。(在视频中，考尔德·卡明展示了一系列可回收材料，包括小型塑料玩具。) ○ 作为零散构件的材料：清管器、纽扣、彩线、珠子、纸板管、鸡蛋盒、布条、假毛皮、软木塞、纱线、压舌板、竹签、牙签等。 ○ 非电动手电钻和钻头(由于手电钻是常用工具，多用一个可能会有帮助)。 ○ 钢丝钳，用于切割钢丝的对角线切割器。 ○ 用至少 0.5 英寸(约 1.27 厘米)厚的废木片作为底座，以保护桌子不被钻孔损坏。 ○ 用于连接动物各部分的胶带、纱线、绳子、钢丝、黄铜扣件、白胶和热胶。 ○ 在学校悬挂和(或)以其他方式展示动物所需的铁丝、绳子、胶带和工具。

◆ **教学策略**

第一步：观看、学习与讨论（1 课时，45 分钟）

学生观看视频并回答黑板上的问题。全班讨论后，学生将使用工作表 1"你可以想象一种神兽"，想象并创造自己的神兽。学生将会看到几种组合方式，包括如何将各个部分组合成一个整体、如何重新思考并使用各个部分，以及如何将各个部分连接在一起。然后，学生将从回收箱和手工零件箱中收集一些材料，并尝试各种组合方式，以 3D 形式再现自己创造的神兽。

制作完成后，他们将使用工作表 2"森林里有一只独角兽"来考虑惊喜元素，为展示他们的创作做准备。观看前向学生介绍本课的范围，分享关键概念、关键问题和目标。教师与学生分享考尔德·卡明的一句话："游戏是实验的另一种学习方式"。考尔德·卡明在创作艺术时就是这样做的。教师当你创作艺术作品时，感觉像在游戏吗？实验和游戏有什么不同？让学生分享他们的想法，并且知道他们会像艺术家一样，用材料进行游戏和实验。

◆ **学生讨论指南：**

1. 为什么考尔德·卡明用可回收材料来创作她的艺术作品？

考尔德·卡明说，她的"使命"是利用可回收材料并将其变成美丽的东西，因此人们丢弃的东西可以变废为宝。她还说："大自然从不浪费，这就是我使用可回收材料的原因，这也是我的使命。"

2. 考尔德·卡明为什么要做独角兽雕塑？

她看到当地有一个用木头做成的巨怪，受到启发，想再创作一个"神兽"，因为巨怪也是一种神兽。

3. "神兽"是什么意思？

"神兽"的"神"是指神秘、超凡或神圣的意思。"神兽"是指想象的或假设的动物，它是不真实的动物，有时也指大型动物。

4. 考尔德·卡明小时候喜欢做什么？

考尔德·卡明小时候就喜欢用黏土捏塑小动物。

5. 考尔德·卡明在创作中使用过哪些可回收材料？

她曾用雪橇板、马克笔帽、塑料瓶、快餐盘子、小塑料玩具、报纸、项链上的珠子、易拉罐等。

第二步：工作室制作（3 课时，每课时 45 分钟）

分发工作表 1"你可以想象一种神兽"。

学生在纸上画一些自己喜欢的动物，然后将不同动物的不同部分组合在一起，创作出一幅组合起来的神兽画。

教师与学生一起复习工作表，确保他们明白该怎么做。参照神兽的图片，提问：你在黑板上看到了哪些神兽？还能想到其他的吗？召集学生演示如何制作神兽。当学生已准备进行下一部分的工作时，再进行其余的演示。

示范绘制复合体：

复习"复合"的概念。询问学生：考尔德·卡明的神兽是由哪些动物组合创造的？（它有马的头、身体和腿；独角鲸或犀牛的角；鸟的翅膀）（见图 6-1）。演示工作表 1，向学生展示如何绘制两种动物，然后将它们的各个部分组合起来，创作出自己的神兽。

图 6-1　学生与艺术家及她用可回收材料创作的神兽在一起

◆ **用材料进行游戏性实验**

当学生完成在纸上绘制动物后，可以暂停一下，向他们展示装有零部件的盒子，以及材料箱中的各种材料。教师举起各种零部件，演示如何用其中一种零部件做身体，另一种零部件做腿，等等。当学生把零部件重新排列起来时会大声地说："我可用这个瓶子做神兽的身体，也可用管状物做神兽的腿，尽管腿显得很细,不过我还挺喜欢的。"……鼓励学生收集一些材料,准备好后进行游戏和实验。

◆ 将各部分组合成一只完整的神兽

当学生学会如何组合零部件后,教师指导学生安全使用胶水枪、打孔器,学习对不同的材料进行粘贴、钻孔、捆绑等,并询问学生每种方法的优缺点。

◆ 仔细检查

当学生基本完成后,要求他们检查作品。让他们考虑"质量"方面的问题,以确保他们的作品牢固,在悬挂或展示时不会散落。教师帮助他们在需要的地方加固连接,或添加最后的细节。

第三步:结束

当学生完成作品后,分发工作表 2"森林里有一只独角兽",让学生讨论如何寻找放置神兽的空间,给校园里的师生带来惊喜。询问学生:"考尔德·卡明是如何通过放置神兽的空间给人们带来惊喜的?"考尔德·卡明认为:"当人们从森林里的小径走过,会被神兽吸引而感到惊喜。"帮助学生制订在全校范围内悬挂或摆放其作品的计划。

第四步:反思

学生可以进一步研究如何带来"惊喜",并通过绘制他们创作的神兽在学校中放置的位置图来延伸本单元内容。他们也可以用草图的方式列出清单,或者绘制一张标有放置神兽作品地点的地图。

第五步:评估

通过整个单元与全班学生和个别学生的讨论,检查学生构思的草图,以及观察学生作品,学生应能理解游戏或实验是发展艺术创作的另一种学习方式,是构思富有想象力的神兽的灵感来源;而艺术作品摆放空间的选择,是使艺术作品令人产生惊喜的不可忽视的因素之一。

◆ 扩展

考虑在教室内建立一个持续性的回收中心,学生可以将各种可回收材料放入一个大箱子,供以后使用。这样的收集也可能会激发学生未来创作的灵感。

工作表 1：你可以想象一种神兽

尝试创作一种神兽。在下面画出两三种你最喜欢的动物。

考尔德·卡明创作的独角兽是由马的头、身体和腿，独角鲸或犀牛的角，鸟的翅膀组合而成的。尝试将你喜欢的动物各部分进行组合，画出新的动物。

画出自己构思的神兽草图后，从装有零部件的盒子和材料箱里选择物品，把它们摆放出你构思的复合动物样子。然后在下面写出你的工作计划：

工作表 2：森林里有一只独角兽

你的神兽放置在学校的什么地方，才会让人们大吃一惊、感到惊喜？画三幅你准备在学校不同地方放置神兽的草图。

放置在这些地方，你的神兽会让人惊喜吗？为什么？

选择一处你认为你的神兽最会令人惊喜的地方。

你还可以绘制学校里放置神兽的地图。

（四）黏土物体：与沿海岸边的联系①------------------------------

小学：(三至四年级)	跨学科(视觉艺术和原住民文化)

任务摘要

　　学生思考艺术家是如何通过他们的艺术作品来表达自己的观点以及与自然环境的联系的。他们创作的黏土作品的灵感源自艺术家艾莉森·布朗(Alison Brown)和当地土著艺术家桑库皮(Thancoupie)的艺术作品。他们还利用视觉探究的方式来发现和查看他们当地沿海岸边的特点，为进一步提升自己的艺术作品提供想法。

　　学生对自己在完成作品时进行的各种选择和行为进行反思。他们向观众解释如何利用视觉语言与方式来表现和分享自己对沿海岸边特点的体验。

成就标准

　　到四年级结束时，学生会描述和讨论他们正在制作或在展出的艺术作品，以及作品的设计图之间的异同。他们也会讨论自己与他人如何在艺术作品中使用视觉言语和方式进行创作。

　　学生根据自己的体验共同策划和制作艺术作品。他们使用视觉语言、技术和程序来交流想法。

1. 艺术探究

优秀	良好	合格
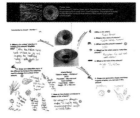	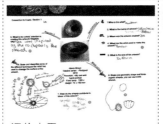	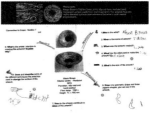
评价水平： 1. 能准确地识别艺术家在艺术作品中所使用的材料与技术。 2. 能描述艺术家的创作意图。 3. 能确认在黏土作品上创建肌理的各种技术与方法，并能准确地描述。 4. 能准确地描述和解释艺术作品中的自然形和几何形状。 5. 能了解自然形如何影响艺术家对自然环境产生灵感。	评价水平： 1. 能识别艺术家在艺术作品中所使用的材料及其尺寸。 2. 能描述艺术家的灵感来源。 3. 能识别用于创建肌理的三种技术，并用绘画来表示。 4. 能绘制艺术作品中的自然形和几何形状。 5. 能描述一些形状，并能联想到如何将一个想法归因为一个形状。	评价水平： 1. 能识别艺术家在艺术作品中所使用的材料。 2. 能识别黏土作品上的肌理，并能用绘画来表现。 3. 能从艺术作品中提取自然形。

---

① 本案例源自澳大利亚课程网站作品样本。潮汐线系列(2014)，由贝壳碎片制成的纹理和压印表面。版权所有 Alison Brown。经许可转载。https://australiancurriculum.edu.au.

（续表）

2. 作品设计

优秀	良好	合格

评价水平： 1. 能研究线条、形状和肌理，并在设计图上用象征性符号绘制沿海岸边的特点。 2. 能识别艺术作品所具有的装饰功能。 3. 能用列表表示创作艺术作品时所需的各种工具。 4. 能运用线条、形状和肌理，在设计图上表现现实或象征性符号的物象。 5. 能识别和描述各种技术。 6. 能解释设计图的创作意图。 7. 能绘制和设计一块装饰板，并探讨黏土的雕（加法）和刻（减法）的技法。	评价水平： 1. 能绘制显示多个视角的设计图。 2. 能解释设计图的创作意图。 3. 能从设计图中确认装饰功能。 4. 能了解设计图中创作艺术作品时所需要的工具。 5. 能识别在制作艺术作品时所使用的各种技术。	评价水平： 1. 能通过设计图来分享经验。 2. 能列出制作艺术作品时所需的一些材料和工具。

3. 观察记录

优秀	良好	合格
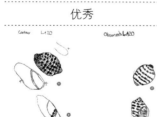		
评价水平： 1. 能仔细观察贝壳表面上的线条、形状和肌理，并用铅笔作记录。 2. 能识别和绘制在贝壳表面所观察到的各种纹样。 3. 能从不同角度观察并准确地绘制出贝壳的形状。	评价水平： 1. 能确定在黏土作品中所使用的工具和技术。 2. 能在设计图中探索线条和形状的表现。	评价水平： 1. 能用铅笔在设计图中尝试用线条和形状表现。

（续表）

4. 贝壳雕塑

优秀	良好	合格

评价水平： 1. 能用贝壳元素创作一件黏土作品来表达自己对沿海岸边的体验。 2. 能使用捏塑技术,将黏土技术塑造一个可以代表沿海岸边特点的具有肌理和形状的贝壳。	评价水平： 能使用捏塑黏土技术塑造一个贝壳。	评价水平： 能使用捏塑黏土技术进行表现。

5. 塑造碗雕塑

优秀	良好	合格
	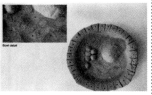	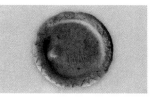
评价水平： 1. 能利用板坯构建粘接技术探索和操作黏土材料。 2. 能使用黏土的雕（加法）和刻（减法）的技法来创建复杂的肌理与细节。 3. 能创建一只黏土浅碗来表现海岸边的一个水池。 4. 能通过添加各种肌理和平坦的碗边缘，完成一件作品。	评价水平： 1. 能在贝壳表面模压、穿孔和画线，并添加"石头、贝壳"来创建肌理和细节。 2. 能塑造一只黏土浅碗，并表明是受沿海岸边贝壳和球形物的启发影响。 3. 能利用板坯构建粘接技术操作黏土材料。	评价水平： 1. 能利用板坯构建粘接技术操作黏土材料。 2. 能创作一只带有贝壳和水母图形的黏土浅碗。

（续表）

6．雕塑

优秀	良好	合格

评价水平： 1. 能在雕塑中运用三分法的构图形式创作出引人入胜的作品。 2. 能创作一件带有观念性的雕塑作品，以实现创作意图。 3. 能使用雕（加法）和刻（减法）的技法，在作品上创造各种形状和肌理，用以表现对沿海岸边的体验和享受。	评价水平： 1. 能在雕塑作品上使用贝壳按压和画线条的方式来表现他们对沿海岸边的体验。 2. 创作一件雕塑作品来实现自己的创作意图。	评价水平： 无。

第三节

我国艺术课程标准下跨学科学习模型探索

一、我国美术教育中综合思想的演进

（一）联络概念的提出

1923 年,《新学制课程纲要小学形象艺术课程纲要》提出"教学法以联络各科设计发表等为主"。1924 年,商务印书馆出版的《手工图画联络教材》也提出,在联络教学上注意"他教科之联络",因为"理科算术与手工图画均有密切关系"。① 1929 年,《初级中学图画暂行课程标准》"教法要点"中提出"对于其他各种课程,应有相当的联络",之后的标准中还提出相应主题内容联系,如史材、故事理想画、世界大事及中国时事讽刺画、工商农业和建筑设计构图、自然界生物形态简单描写以及自由思想的表现练习等②。

（二）研究及改进的思想

1923 年的《新学制课程纲要小学形象艺术课程纲要》中出现"研究"这一内容,指出"研究的问题,是制作或欣赏时遇着了困难才发生的,所以不宜单独教学,最好多备

---

① 孙捷.手工图画联络教材[M].上海:商务印书馆,1924:13-16.
② 课程教材研究所.20 世纪中国中小学课程标准·教学大纲汇编:音乐·美术·劳技卷[G].北京:人民教育出版社,2001:194.

241

参考品,遇必要时就揭示在教室里引导儿童自己比较研究。"①此后的课程标准中"研究"包括"方法"和"原则"两种,"社会上习见的绘画等,以及含有图案的一切衣、食、住、行等物品,可用研究的态度,尽量批评它的优、劣、美、恶,使儿童爱美恶恶,设计改良"的志趣②等。1956 年,《小学图画教学大纲(草案)》《初级中学图画教学大纲(草案)》指出了图画课同其他学科或其他专业的关系,以及在生活实践中的意义。1988 年《全日制中小学美术教学大纲》指出,采用生动活泼的教学形式,引导学生对自然美、社会美和艺术美进行观察体验,课外美术活动是学校美术教育的有机组成部分。

(三)"综合·探索"学习领域出现

20 世纪末,后现代课程观、信息化进程以及研究视野的融合对世界各国的学校美术教育产生了很大的影响,促使学校美术课程向既能容纳又能扩展的方向发展。2001 年《全日制义务教育美术课程标准(实验稿)》中首次设置"综合·探索"学习领域,使学生"在美术学科与各学科及社会之间架起桥梁""了解各学科的共通和相异之处""形成综合解决能力"③。包含三个层次:融美术各学习领域为一体—美术与其他学科相结合—美术与现实社会相联系,需加强跨学科教学研究、注重引导学生主动探索。教师应具备"知识整合能力""信息技术与教学有机结合能力""指导学生开展研究性学习的能力"④,应对教学改革变化。

(四)转向"综合·探索"艺术实践

《义务教育艺术课程标准(2022 年版)》(以下简称"2022 年版艺术课标")美术部分,通过"综合·探索"艺术实践,即美术内部、美术与姊妹艺术、美术与其他学科、美术与社会的综合学习内容,使学生将所掌握的美术知识、技能和思维方式,与自然、社会、科技、人文相结合,进行综合探索学习迁移,提升核心素养。同时,还围绕一至九

---

① 课程教材研究所.20 世纪中国中小学课程标准·教学大纲汇编:音乐·美术·劳技卷[G].北京:人民教育出版社,2001:194.
② 同上:202.
③ 钱初熹.综合·探索学习领域解读/教学案例[M].重庆:西南师范大学出版社,2003:17-18.
④ 胡知凡.艺术课程与教学论[M].杭州:浙江教育出版社,2003:117.

年级组织了四项结构化的学习任务：参与造型游戏活动、融入跨学科学习、创编校园微电影、理解美术的贡献。在教学建议中指出"充分考虑学生的身心发展、个性特点和学习经验，设计并实施教学"，表明学习者中心的教学转向。同时教师要"以任务、主题或项目的形式开展教学"，开展"综合性""创造性"的艺术实践活动。

可以看出，我国美术教育中对于综合思想的关注点，随着学科及学校教育改革发展，从统一方法转向整合，从内容整合到过程整合，逐渐从学科内容教的角度转向以学习者为中心的综合实践，以及学生在学习过程中应形成的综合素养，带来了我国学校艺术教育实践中探究性、研究性学习的学习方式变革。

二、艺术教育改革及政策推进中的教学方法变革

（一）教学方式变革要求

教学方法的变革已经成为时代要求。2020 年，中共中央办公厅、国务院办公厅印发《关于全面加强和改进新时代学校美育工作的意见》，在学校美育中呈现价值观转型、教学方法变革、课程内容创生、学校资源拓展的新变革，提出"树立学科融合理念"。《义务教育课程方案（2022 年版）》和各学科课程标准明确提出"原则上，各门课程用不少于 10％的课时设计跨学科主题学习"。2023 年，《教育部关于全面实施学校美育浸润行动的通知》提出：到 2027 年，"跨学科优质美育资源体系初步建成""推动形成全覆盖、多样化、高质量的具有中国特色的现代化学校美育体系"。面对"将美育融入教育教学活动各环节"的要求，需要实施多维度的跨学科主题教学。

由于传统对人文学科、自然科学及社会科学中的知识分类、学科视野及理论方法不同，围绕学生综合能力培养的跨学科学习面临目标、认识与评价等多重挑战，因此，对于学生来说，跨学科可能是学习的障碍。对于艺术教师来说，在初始教育和继续教育中，跨学科培训课程少见，他们没有做好支持跨学科教学的准备，还要应对跨学科方法中承担的指导角色，他们在构建和实施跨学科教学过程中不可避免会遇到困难。

（二）艺术跨学科学习的教学方式应对策略

综合上述研究，在厘清学校跨学科性指向的是学生主体的行为变化之后，在教学实施中如何创新教学方法来促进学生学习变化非常重要。"2022 年版艺术课标"突出课程综合的理念，在强调以各艺术学科为主体条件下，包含三个维度：加强与其他艺术的融合；重视艺术与其他学科的联系；注重艺术与自然、生活、社会、科技的关联。

首先，各艺术学科属于相邻关系，知识生成模式与感知和解释相关，在认识论和方法上存在学科概念上的重叠，可侧重语境化策略，引导学生运用文本分析、符号阐释、历史分类、文化分析等方法，围绕提出的问题进行思考性、解释性的探究学习。其次，其他学科与艺术关系较远，知识生成模式在于理解世界的本质规律，是概念化的，建立艺术与其他学科的概念联系不仅仅是凭感觉，而是需要"设计"出来的。运用概念化策略，让学生对同一个概念进行多重表述，发现互不相关的事实和理论之间的内在一致性。再次，艺术与自然、生活、社会、科技的关联，可采用"以问题为中心"策略，突出知识应用和行动本质，是以产品为导向的学习模式，各学科知识和方法为共同解决问题而服务。由此来看，突出综合理念下的艺术跨学科学习，是利用艺术各学科概念来探究一个主题、概念或问题，需要学科的支撑来深化学习。此外，学生认知发展和学习具有年龄特点，在学习知识和运用知识的能力上有区别，采用跨学科的方法应有所不同。小学更注重以儿童为主导的学习，多为综合性学习；中学偏向多学科方法，多以学科为重点，围绕一个主题或专题进行组织。因而，对学生跨学科学习目标达成及学习过程与结果的评价侧重点，应做出相应变化。

教师在教育实践中运用相关策略，可在基于问题的学习、项目式学习、基于探究和行动研究、共同体参与式、服务式学习等多种教学方法中，以任务驱动方式推进。基于问题的学习、项目式学习使学生更具有参与性和合作性。基于探究和行动研究使学生同时获取、应用和生成知识。共同体参与式和服务式学习使学生学习产生强烈的目的感。在使用跨学科方法时，教师还应考虑以下三个方面：学科基础、通过综合来提高认知、形成批判性思维能力等。首先，了解学科的概念和方法是建立学科间联系的必要条件，这种理解能避免跨学科学习的不良后果；其次，跨学科学习应以提高学生的理解能力为目标；再次，应评估学生对其跨学科学习目的、手段和局限性进行反思的能力。这些对教师的专业发展提出了更高的要求。

总之，课程改革中突出课程综合的理念，使艺术各学科发展面临挑战，也带来探索创新教学方法的机遇。我们应避免牺牲学科知识学习,片面追求跨学科学习的误区。同样重要的是,不要把学科看成静态的、一成不变的事实来源,而要把它看成动态的、累积的知识过程,学生可以从中学习。在今后的研究中,还需要通过大量案例研究及数据支撑,以进一步探讨艺术跨学科学习过程中应用不同策略的重叠程度以及工具框架研究,以应用于跨学科美育课程资源开发和课堂实践。

第七章

美术课程资源建设的发展[1]

美术课程资源是美术学习内容的重要来源和美术活动的重要载体,也是美术教学实施的基本保障。美术课程资源应有针对性地利用地方和社会文化资源,增强美术学习的广度、深度和力度。美术课程资源转化为教学素材,有一个梳理和提炼的过程。与此同时,还要顺应社会发展、时代进步的要求,不断创新资源开发与利用的途径、方法和机制。

本章所提供的美术课程资源案例,有我们学校美术教师自己开发与研制的,也有国外美术教师开发与研制的,旨在拓宽教师的视野,树立开发与利用美术课程资源的意识。

---

[1] 本章由华东师范大学教授钱初熹、上海市黄浦区劳技中心教师罗淑敏撰写;由华东师范大学 2019 级美术学硕士研究生陈琳整理、缩写教育案例。

第一节

未来美术课程资源建设的背景

一、美术学习场域的扩展

在数字化时代的教育背景下,新的视觉形式依托新媒体、新技术而发展,新媒体美术教育、数字化美术教科书、数字化美术馆教育也逐渐发展起来;自适应学习技术、人工智能、扩展现实(增强现实、虚拟现实、混合现实)、创客空间、移动学习、下一代学习管理系统、机器人辅助学习等新技术扩展了美术学习的场域。这些多方位、立体式的网络交互为美术教学提供了极大的方便,各类移动学习的教学方法增强了学生在虚拟化场景中学习的能力,综合了学生的元认知、动机和情感,并使得学生的个性化学习成为可能。这些现象打破了美术学习的界限,使得学生的美术学习从线下走向线上,从真实走向虚拟。各类馆校合作的美术教学、社区美术教学,让学生的美术学习从学校、家庭走向社会,学生既能在学校接受美术教育,也能在任何时间和地点开展社会资源联动的美术学习活动。

在未来能力的全球参考框架[①]中,交互能力的构成要素相互作用,并产生了 7 项被认为是与跨环境相关的宏观能力[②]。由于宏观能力的普遍性,它们在课程转型和改革中保持稳定,展现了课程的远大图景。而美术学习场域的扩展,能够让学生有提升自身交互式使用各种工具和资源能力的机会,并学会在学习过程中进行自我

---

① 资料来源于联合国教科文组织国际教育局网:http://www.ibe.unesco.org/en/news/future-competences-and-future-curriculum-global-reference-curriculum-transformation,引用日期为 2020 年 7 月 10 日。
② 构成要素相互作用产生的 7 项宏观能力分别是终身学习、自我管理、交互式地使用各种工具和资源、与他人交往、与世界互动、多元文化、跨学科。

管理,学会与他人交往、与世界互动,开展跨学科学习,理解世界多元文化,更好地帮助学生树立终身学习的意识,在 21 世纪和工业 4.0 时代达成提升学生未来能力的目标。

教育案例

课程统整式美术馆教育活动:丝绸之路的异域之美——民族佩饰之韵①

1. 课程概述

本课程面向三至五年级学生,共 4 课时。

● 核心观念:观展的礼仪和方法;中国传统佩饰的艺术特点和文化内涵。

● 学习领域:"欣赏·评述""设计·应用""综合·探索"。

● 交叉学科:美术、历史、物理和科技。

● 持久理解:中华民族文化的多元性与包容性。

2. 学习目标

了解中国传统民族佩饰的文化背景和历史价值;结合导览讲解和学习单的填写,深化对民族佩饰中文化元素的认知;设计并制作民族腰佩作品,培养探究能力、合作学习能力和跨学科知识的应用能力。

3. 教学过程

第一阶段:探究式观展实践。

教师结合不同民族的历史发展背景和文化习俗特点,通过讲解、比较等方法,从材料、纹样、造型等角度出发,引导学生感受中华民族艺术发展的多元性和包容性。学生根据傣族、藏族、蒙古族、彝族四个分主题,分组开展自主探究学习,从造型、纹样、色彩等角度探究其佩饰纹样的艺术特点。

第二阶段:民族佩饰文化欣赏活动。

学生前往中华艺术宫观赏美术馆特展《漫观海上明月共潮生》,通过课前预习提出问题,在学习单和驱动问题的引导下,在展厅中开展自主探究活动。他们通过手写记录、照片记录、视频记录的方式,实践并创新所学方法,并在观展

① 该案例由上海市光明初级中学美术教师龚祺星开发并实施。

后,小组间互相分享观展学习成果。

第三阶段:民族腰佩的设计与创作。

学生基于民族佩饰的艺术特征,结合设计构思和民族文化,为特定民族设计腰部佩饰并绘制草图;根据所画的设计草图,使用特殊热缩片、串珠、胶水、编织绳等材料,制作创意民族腰佩饰品。

第四阶段:线上作品评价。

师生开展作品展示会,学生在展板上展示腰佩作品,每位学生可以自发到讲台上向同学们介绍自己的美术作品,谈谈自己的构思和设计想法。每位学生根据教师提供的评价标准说明书,选择自己喜欢的腰佩工艺作品,并在微信小程序上进行匿名投票,最后教师根据评选结果发放奖状进行鼓励。

4. 创新点

第一,统整多学科的知识,以美术学科为主,同时融合物理、历史、社会学、民俗学等不同学科的知识内容;第二,教师引导学生学习实验式和协作式的探究方法,从而培养学生的逻辑思维能力和探究精神;第三,学生利用社交平台小程序的便捷性和公平性开展教学评价活动,这是教育手段科技化和数据共享化的初步尝试。

资料链接

美国巴尔博公园在线协作组织 (Balboa Park Online Collaboration, 简称 BPOC)

巴尔博公园在线协作组织是一个非营利性协作组织,旨在将观众与艺术、文化和科学联系起来。BPOC 成立于 2008 年,为圣地亚哥的巴尔博公园(Balboa Park) 的 17 个组织提供服务,它帮助博物馆以及其他艺术、科学和文化组织做出具有成本效益的、可持续的技术决策。BPOC 目前为巴尔博公园内外的 30 多个文化机构提供支持。作为博物馆和文化中心的注册公共慈善和技术合作伙伴,BPOC 的合作范围从志愿者机构(圣地亚哥退伍军人博物馆)到中型博物馆(圣地亚哥自然历史博物馆和圣地亚哥艺术博物馆)不等。此外,BPOC 还与圣地亚哥地区的其他博物馆合作,包括斯克里普斯海洋学研究所的桦木水族馆,以及其他地区的博物馆,包括加利福尼亚奥克兰博物馆、巴尔的摩的沃尔特斯美术馆和圣路易斯美术馆。

　　在大数据时代背景下,美术馆教育活动的开展必然需要借助科技的支持,来拓展美术馆的服务项目、教育活动形式等。数字化的有效使用能转化美术馆藏品与观众之间的沟通方式,拓展美术馆活动的方式,活化美术馆教育的理念,再生美术馆藏品的艺术魅力。

二、美术学习内容的扩展

　　进入 21 世纪,特别是近年来,随着社会、科技、文化等各领域的快速发展,美术学科与其他学科的交融日益频繁,其边界被不断突破并拓展,内涵也发生了变化。美术的边界拓展与内涵演变,引发我们对何谓"美术"概念的新思考。其中,就美术学科的学习而言,其内容得到进一步扩充,出现了对美术与文化理解、美感测评、传统文化价值、民族身份认同、传承与创新等内容的学习及研究主题,并开始关注对美术与文化、生活、认知、价值等方面的探索、理解、诠释、批判、表现与反思活动,以期通过广泛的美术学习内容帮助人创造和谐共处的生存空间;就跨学科课程的学习而言,这种以能力为基础的课程围绕能力而非围绕学科设置,学科内容被用作促进学生能力习得的工具,而不是将学生掌握内容作为目的的课程会更为普遍,通过将美术学科的学习内容与其他学科相互交融,学生能够通过更加广泛的学习来培养自身的好奇心、主动性、自我管理能力、批判性思维、创造力、忍耐力、团队协作能力和人际交往能力等方面的能力,通过广泛的美术学习内容提升自身的视觉识读能力、视觉表达能力、跨学科学习能力以及将这些能力迁移至各个领域的能力。

教育案例

跨学科学习：环境保护者——采取行动①

1. 课程概述

本课程面向四年级学生，共 10 课时。

● 课程核心概念：自然资源、人类对地球系统的影响、生态系统中生物间相互依赖的关系。

● 学科交叉概念：模式、因果关系、系统和体系模式。

● 持久理解：废弃材料在美术创作中可以重新选择、改变和重复使用；拼贴画作品中的形状和符号可以传达人类对生态系统的影响。

2. 学习目标

理解环境挑战的相关信息；分析人类系统与自然系统的相互作用；了解生态系统治理的相关内容；运用拼贴技艺完成拼贴画；展示拼贴画作品。

3. 教学过程

课前学习：阅读《伟大的木棉树：一个关于亚马孙雨林的故事》。

第一阶段：探讨有关环境挑战的相关内容。

学生通过课堂讨论，引出"5R"原则，即减少(reduce)、回收(recycle)、再利用(reuse)、尊重(respect)和责任(responsibility)；探讨垃圾的成分，垃圾的最终归属地以及在人与环境的关系中反映出尊重和责任感的行为及态度的事例；定义和讨论自然与人类世界中的"系统"和"子系统"；各小组了解人类对生态系统的保护或破坏的事例，展开关于生态系统和保护行动的头脑风暴。

第二阶段：分析和解释(鉴赏)拼贴画作品。

学生讨论艺术家在创作中重复使用多样材料的原因；创作代表人类对生态系统产生积极影响的符号，并思考符号传达的信息；运用形状和符号，通过裁剪和组合的方法表现对生态系统的治理和保护。

第三阶段：创作与反思。

教师演示并指导学生完成最终的创作，强调美术技法和意义的表达。学生写一份关于生态系统治理或人类对特定生态系统的积极影响的艺术家声明；反思课前故事，思考人类应当如何保护生态系统。

---

① 该案例来源于艺术影响网站：https://secureservercdn.net/198.71.233.254/4gc.fd0.myftpupload.com/wp-content/uploads/2018/04/4-EnviroStewards.pdf，引用日期为 2020 年 1 月 10 日，由华东师范大学美术教育专业 2018 级硕士研究生董辉编译。

第四阶段:展示与评价。

每位学生分享拼贴画作品和艺术家声明;说出一种基于"5R"原则来保护环境的方法;描述自己现在或将来要实践的环境保护的行动。

4. 教学成效

该案例围绕环境保护、人类与生态系统相互依存的"大观念",是将美术、环境可持续性和科学学科有效整合的跨学科课程。学生通过思考关键问题,围绕问题不断探究,进而理解了废弃材料在美术创作中可以重新选择、改变和重复使用;拼贴画作品中的形状和符号可以传达人类对生态系统的影响。学生通过拼贴画作品创作表达了自己的想法,在心中种下了尊重和责任的种子。

知识窗

奥地利林茨电子艺术节

奥地利林茨电子艺术节始于 1979 年,到 2019 年已有 40 年的历史。作为世界上探索技术表达潜力、在艺术中释放科学魅力的先锋机构,林茨电子艺术节支持了许多跨界、重新定义界限的作品和艺术家。这一彰显创意产业、科技前沿和跨领域观的艺术节每年吸引着成千上万的观众到访,培育了全球的观众,使人们欣赏、思考、想象技术进步所带来的可能性。它以明确的目标定位和长期稳定的运作而被公认为数字艺术和媒体文化的国际性交流平台。

近年来,奥地利林茨电子艺术节与我国密切结缘。2018 年 11 月 19 日至 12 月 3 日,中央美术学院与奥地利林茨电子艺术节的合作项目——"奥地利林茨电子艺术节 39 周年文献展"在北京热力厂科技艺术中心举办。文献展介入林茨电子艺术节档案的研究,包括历史年表、先锋人物、历史和作品影像、互联网历史年表,以及来自电子艺术节的各色出版物。中央美术学院项目团队表示:"将电子艺术节文献引入国内,恰因我们活在一个技术戏剧性地进步,而地球村变小的时代。智能生产力与其带来的风险,如同人口与数据一般,已经是属于全人类的课题。此际我们诚应将各自视角共同置于这些课题之上,结合不同地域的不同洞察。于此和奥地利林茨电子艺术节的协作初步落地,我们充满感激,期待未来。"

2019 年 10 月,奥地利林茨电子艺术节全球巡展首站——深圳:"当艺术撞上科技,未来已来"落地。展览围绕这样的理念:在时间长河中,人类永远渴望着战胜自我、超越自我,并依靠自身力量改变事物的自然发展轨迹,因而从未停止探索。过去的 40 年,"数字革命"迅速兴起,然而巧妙的工具和技术的纷至沓来却让这个世界越发复杂,以至于没有人再能轻易地在这个世界找到自己的位置。"人类是未来一切议题的核心。"——这句话是用来重新提醒我们关于未来演化的科技命题。它不是一句空想,而是关乎人类的未来,最终的裁定权在我们自己手中:毁灭还是生存?关于一切伦理判断的决定按钮,都终将由人类自己按下去。毕竟科技只是工具,人类才是永恒的主体。

林茨电子艺术节资深总监、策展人马丁·洪泽克(Martin Honzik)指出:"这次展览将目光投向过去的 40 年。在此期间,所谓的'数字革命'迅速兴起,席卷全球,带给全球社会颠覆性的挑战。"当谈及科技与人类社会的关系时,他说:"今天,随着科技的发展,人类社会与科技的关系也在不断演变,一轮全新的范式转换正在酝酿之中。迹象之一就是数字本身从自动化到自主化的一场独立运动。这次范式转换不仅对工业产生影响,也将作用于日常生活的方方面面,迫使我们重新思考人之为人的定义。"

知识窗

人工智能创作的画作

2018 年秋天,10 月 23 日至 25 日纽约佳士得拍卖行创造历史,该拍卖行成为全球首家出售由人工智能创作的画作的拍卖行。在佳士得拍卖行拍卖的这幅画作,是隶属于法国艺术组织 Obvious 的一幅名为《爱德蒙·德·贝拉米》(Edmond de Belamy)的画作。更准确地说,这幅画作是 Obvious 设计的运算法则创作的画像。Obvious 的一个团队收集了 15000 幅跨越 14 世纪到 19 世纪的肖像画,并将它们输入 GAN 算法。生成器学习了这些画像的"规则",然后开始根据这些规则创作新的图像。巴黎收藏家尼古拉斯(Nicolas Laugero-Lasserre)花了 35 万美元买下了《爱德蒙·德·贝拉米》。

佳士得拍卖《爱德蒙·德·贝拉米》,无疑是对人工智能艺术领域的一次重要确认。尽管有很多所谓的"创造性编码器"利用相似的技术来完善互联网体验,但是很少有被认为是出自现代艺术家的。Obvious 的成员认为自己是现代艺术家,而他们的主要目标是让 GAN 算法普及化并让人工智能创作的艺术合法化。不过,针对"人工智能画画",不少人表示担忧,人们认为人工智能将会迫使人类重新思考原本认知中的"美术"概念。

知识窗

可持续设计

环境保护一直是企业和品牌不可忽视的重要理念。可持续设计是一种构建及开发可持续解决方案的策略设计活动,均衡考虑经济、环境、道德和社会问题,以再思考的设计引导和满足消费需求,维持需求的持续满足。可持续的概念不仅包括环境与资源的可持续,也包括社会、文化的可持续。

与传统的设计相比,可持续设计更细致、更深入、更全面地协调人与产品、人与建筑、人与自然、人与生物之间的关系,同时可持续设计更重视人与产品、人与建筑等和未来之间的关系。可持续设计在考虑人类自身舒适的同时,还必须顾及自然的舒适和生物的舒适,可持续设计能够在进行人类空间建设的同时,顾及非人类生物空间的建设,为了人类空间的美而顾及非人类生物环境的美。因此,可持续设计所关涉的绝对不仅限于技术问题,也不仅限于艺术问题,而是更深层次的文化问题、哲学问题和伦理问题。

可持续设计崇尚自然、尊重自然,而不再像以前的某些设计那样,旨在基于战胜自然、征服自然,为人创造一种所谓的"赏心悦目"。它以保持生态平衡的方式,与大自然、与其他生物保持和平友好的共生共荣关系,人类的一切营建:生产活动都不得超出自然所给予的范围,都不允许为了满足自己的扩张欲望而侵害其他物种的生存权利。可持续设计的理念表现了人类对于自然、对于地球上的其他生物所从无有过的自觉的宽容,体现了人类一种全新的精神境界。

美术课程资源开发的案例

一、馆校结合美术课程资源开发

近年来,随着社会美术教育资源与学校美术教育的合作与交融,馆校合作的美术教育活动及课程资源开发逐渐成为馆校联动美术教育的发展趋势,其形式大致呈现为两方面:一方面,学校美术教师及学生使用的美术教材中会有意识地整合优质的美术馆、博物馆信息及场馆展览的线上资源,将美术馆及博物馆的高质量教学资源整合至学校的美术课程教学中。另一方面,随着世界文化的包容性发展,近年来,我国的美术馆、博物馆教育也迅速发展,美术展览数量和质量大大提升,并在美术教育活动的普及度、多样性、文化特征性上都有诸多实践成果,如上海博物馆、中华艺术宫、苏州博物馆等场馆,在我国的美术馆及博物馆教育中具有代表性。

随着社会教育资源与学校教育的合作与发展,《教育部、文化部、财政部关于开展高雅艺术进校园活动的指导意见》(教体艺〔2010〕4号)、《上海市文教结合工作三年行动计划(2013—2015年)》(沪教委办〔2013〕67号)等文件中也强调了我国对场馆教育与学校教育的重视。我国的美术馆和博物馆也逐渐开始重视与学校展开合作,共同开展馆校结合的美术教育活动、开发馆校结合的美术课程资源,并依托美术馆及博物馆中展陈的高质量美术作品,与学校教师共同策划和实施馆校结合的美术教育实践活动,使学生能够面对美术原作进行美术学习,通过场馆中信息技术的辅助,能够更加真实、细致地感受美术作品,增强学生的视觉感受,发挥高质量的美术作品对人的视觉冲击力、认知结构、观展逻辑的积极影响,从而激发学生对美术作品的情感共鸣。此外,对于美术馆和博物馆教育而言,通过在馆校结合的美术教育活动中灵活应用信息技术,能够拓展场馆本身的教育活动形式,能够针对特定人群的教育需求,设计具有靶向性和深度的教育活动,开发具有多元化、创造力且具有民族文化特色的馆校结合的美术教育课程,逐步发展多元、包容、跨界的馆校结合美术教育课程。

在我国,美术馆、博物馆和学校虽然是互相分离的教育场所,但在培育学生的视觉素养和审美能力方面具有共通性。美术馆的社会资源、教育活动形式相较于学校来说有更广阔的活动空间和更加灵活的时限,而学校能够提供专业对口的中小学教育人员和更加固定、连续的学习时间。未来,我国的美术馆、博物馆能够通过教育资源共享、人才分流、网络互动、教育培训等形式拓展学校教师与美术馆之间的合作交流平台,利用双方的美术教育资源优势,致力于开发更为专业的馆校结合美术课程资源,更加全面地提升馆校结合的美术教育水平。

教育案例

馆校结合公共教育活动:郑文山水画教育展①

1. 活动概述

2019 年 3 月 8 日,由华东师范大学、张家港美术馆和张家港中小学(外国语实验学校、常青藤实验中学)三方联合在张家港美术馆举办了"画格文心——郑文山水画教育展"公共教育活动。

2. 全程优化的活动设计

第一,教育目标的优化。该教育展是首届以教育推广为主旨的展览,艺术家的邀请、画作的精选、展品的布置、观展路线的设计、教育推广活动和学术研讨会的策划与组织等都聚焦立德树人、弘扬中华优秀传统文化的教育目标。

第二,艺术家邀请的优化。该教育展邀请的艺术家——郑文,既是优秀的中国山水画家,也是杰出的山水画教育家和研究者。她的画作凸显"山静日长,宁静致远"的独特风格,呈现画家的生活态度,表达了画家对人生境界的哲学思考。

第三,教育场地的优化。该教育展的主办单位——张家港美术馆在我国艺术博物馆公共教育领域中是地方场馆的典范。

第四,内容和时间的优化。该活动展示的山水画作品是学生从未见过的。

---

① 由华东师范大学美术学院教授钱初熹策划并带领华东师范大学美术教育研究生团队实施该教育活动。

活动时间为 90 分钟,相当于 2 课时的美术课堂教学,实施了将鉴赏与创作融为一体的单元课程。

第五,学习方式和教学方法的优化。根据中小学生的特点,设置了三个山水画工作坊:聆听山水画家郑文的导览后,填写山水画展学习单;以山水画册中的作品为基础,在圆形镜片生宣卡纸上作画,或运用平板电脑图片编辑软件选取山水画的元素进行拼贴画创作;撰写并发表学习收获。

第六,评价方法的优化。汇聚课堂观察、学习单、作品、访谈、学习心得卡片和学生背景资料等多方面的信息,以开放编码的研究方式,对原始资料进行归纳与提炼,以检测与评估中小学生山水画学习的成效。

3. 创新点

该公共教育活动的策划采用了构建全程优化机制的策略,包括目标、艺术家、场地、内容和时间、学习方式和教学方法、评价方法等各个环节的优化。该活动让中小学生通过鉴赏与创作融为一体的单元课程,提升运用中国画专业术语来欣赏并评述山水画作品的能力,以及运用笔墨创作山水画作品的能力,增强对中华优秀传统文化的认同感和理解力,以提升认知、情感和态度、价值观和创造力。

教育案例

馆校结合公共教育活动:捷克玩具奇遇记①

1. 活动概述

2019 年 7—8 月,由华东师范大学、上海当代艺术博物馆和上海市光明初级中学三方联合进行了为期一个月的"捷克玩具奇遇记"馆校结合公共教育活动。

2. 教学过程

第一环节:观看《捷克玩具奇遇记》展览。

7 月 5 日,教师向学生布置学习任务:(1)导览活动:学习观展礼仪,了解展览概况,学习观展方法;(2)以 4 人为一组探究观摩,根据学习单的引导进行摄影

---

① 由华东师范大学美术学院教授钱初熹策划并带领上海市光明初级中学美术教师龚祺星和华东师范大学美术教育研究生团队实施该教育活动。

记录和文字记录,每组至少采访 2 名观众;(3)用手绘草图的方式临摹或者改编展览中的玩具作品,并进行分享与交流。

第二环节:创作玩具作品。

7 月 6—31 日,教师与研究生团队带领 15 名初中生,创作"捷克玩具作品欣赏手账"。学生分成 5 个小组创作玩具作品,先绘制玩具作品的设计手稿,理清创作思路,再根据创作手稿制作兼具美感和"玩"趣的玩具作品。

第三环节:布展。

8 月 1—3 日,教师与研究生团队在上海当代艺术博物馆布展。展览分为四个区域:(1)"捷克玩具作品欣赏手账"和设计手稿展示区;(2)玩具作品展示区,展示上海市光明初级中学学生创作的 5 组玩具作品;(3)多媒体展示区,播放公共教育活动背景、学生创作过程和感想、专家访谈等;(4)玩"趣"工作坊,设置中华传统玩具和经典游戏,如木制榫卯玩具、雪花片、跳房子等。

第四环节:成果发布会。

8 月 4 日上午,由学生对前来参观的孩子及家长等进行导览。当天下午,举办成果发布会,由中学生策划和主持。15 名初中生分小组采用 PPT 演讲的方式,讲解观展收获、设计创意、创作过程,用亲手制作的玩具作品向观众传达自己所解读到的设计密码和工艺技巧,所感悟的人间真挚情感,以及所提高的视觉素养。

3. 创新点

从场馆观展到学校创作,再回到场馆举办成果发布会,在观看《捷克玩具奇遇记》展览、设计与制作玩具、成果发布的全过程中,学生的角色实现了从观者到设计师、工艺师、策划人、主持人和演讲者的多重转换。该教育活动引导学生学习鉴赏美术作品的方法,解构捷克玩具设计师的创意思维,激发学生自身的创意思维、审美鉴赏能力、设计能力、造型能力、动手实践能力、批判性思维能力、想象能力和创造能力、运用跨学科知识和技能的能力,以及提升学生对本国传统文化与多元文化的认识与理解等视觉素养。

教育案例

协作探究式观展：锦绣中华——漫观海上明月共潮生①

1. 课程概述

本课程面向七至八年级学生，共 11 课时。

● 课程核心概念：观展的礼仪和方法，美术作品再创作。

● 交叉学科：美术、历史、社会学和地理。

● 持久理解：美术与人类生存环境、传统文化、多元文化之间的关系。

2. 学习目标

了解我国海派美术的发展历史背景和经典艺术代表作品；在基本的观展方法之余，探索富有个性的观展路线和欣赏方法；根据展览作品的特色开发相应的创意艺术衍生品；感受 20 世纪中国艺术家的创作过程和艺术成就，提升民族文化自豪感；发展艺术感知能力和造型表现能力。

3. 教学过程

第一阶段：学习如何参观美术馆。

教师指导学生掌握基本的观展礼仪，学生学习成为合格的观展公民。学生通过讨论、比较等方式，结合相关观展案例经验和路线，思考并总结观展准备和观展方法。

第二阶段：观赏《漫观海上明月共潮生》。

学生前往中华艺术宫观赏美术馆特展《漫观海上明月共潮生》，通过课前预习提出问题，在学习单的指引和问题的引导下，在展厅中开展自主探究活动。学生通过手写记录、照片记录、视频记录的方式，实践并创新所学方法，并在观展后，小组互相分享观展学习成果。

第三阶段：绘制"观展攻略图"。

教师教授如何手绘观展攻略图，指导学生根据中华艺术宫中的观展路线和记录来凸显观展攻略图的艺术特点。学生创作手绘"观展攻略图"，以小组为单位展示自己的手绘"观展攻略图"，并举办发表会。

第四阶段：开展义卖展示会。

教师讲授展览衍生品的相关知识，通过实物展示、讨论等方式，讲解衍生品的艺术特征和功能，指导学生创作展览主题的艺术衍生品。面向全校师生开展艺术衍生品义卖展示会。展示会前需要做好校内宣传、海报制作、展示会流程

---

① 该案例由上海市光明初级中学美术教师龚祺星开发并实施。

策划等相关工作。

4. 创新点

第一,该教育活动的侧重点在于"观展",教师注重引导学生开展正确且有效的观展活动,在观展的过程中提升其视觉素养。第二,以义卖展示会的形式开展美术教学评价,有利于学生了解自身作品存在的优势和问题,引导学生考虑衍生品在功能性、美观性等方面的不足与优势。第三,将学校美术教育课程与文化创意产业相结合,引导学生把获得的知识和审美体验迁移到真实的文化创意品设计与开发中,提升其学习迁移能力和视觉表现能力。

二、社区美术课程资源开发

虽然公共教育的规模越来越大,但世界各地仍有许多儿童无法获得进入校舍学习的机会。在《未来学校:为第四次工业革命定义新的教育模式》报告中,可及性和包容性学习(accessible and inclusive learning)作为教育 4.0 全球框架的关键特征之一被强调。可及性和包容性学习是指从一个仅限于有机会进入校舍学习的传统体制,转向一个人人都有机会学习并因此具有包容性的系统。标准化的教学方式也不适合身处战乱、缺乏基础设施、身体残障的学习者。随着教育继续成为社会健康发展的关键驱动力,学习系统必须更容易获得,更具包容性,以确保每个人都有机会,减少教育的不平等性。可及性和包容性学习主要有三种方式:将多种学习方式(视觉、听觉、触觉)整合到现有课程中,帮助学生以不同的方式接触材料;通过技术增加学习可及性,如虚拟现实、语音技术等;政府和教育部门构建更具包容性的教育体系,企业提供必要的实体和数字化基础设施。[①] 社区美术教育作为可及性和包容性学习的重要一环,能够为更加广泛的社区居民群体提供平等接受美术教育的机会。

现有的社区美术课程资源开发倾向于支持社区居民在单独的社区课堂中进行互

---

① 资料来源于世界经济论坛网:https://www.weforum.org/reports/schools-of-the-future-defining-new-models-of-education-for-the-fourth-industrial-revolution,引用日期为 2020 年 7 月 30 日。

动,通常组织持续几周的相对较短期的体验式美术学习活动,美术课程的深度和持续性较为缺乏。因此,未来的社区美术课程资源开发将向多层次、社区交互的方向发展,以连接不同社区的知识空间,支持跨社区的美术学习互动,使社区的公共部门摆脱传统的思维方式,将社区教育系统过渡至教育 4.0 时代,为社区居民提供广泛的美术课程资源,促使社区居民更积极地面对工作和生活,提升社区居民的生活幸福感,增强社区及社会发展的动力。

教育案例

社区资源:改善社区道路①

1. 课程概述

本课程面向八年级学生,共 8 课时。

● 核心素养:创造性思维素养、沟通素养和共同体素养。

● 驱动问题:社区环境中哪里令人感到不舒服? 我们该如何通过美术改善社区环境的现状,让社区成员自觉地保护环境?

● 持久理解:社区环境与人类需求之间的相互促进与矛盾,通过视觉传达方式解决问题。

2. 学习目标

能够融合知识与技术发现新的可能性;能够运用图像、信息和视觉媒体,并通过美术活动进行交流;形成积极参与社区发展的态度,建立认同感。

3. 教学过程

第一阶段:寻找问题。

教师引导学生回忆自己在上学途中看到的环境问题;学生分组针对社区成员开展关于社区环境问题的问卷调查,自主设计问卷题目,调查目前社区环境的现状与不足以及社区成员的需求。通过小组讨论和班级讨论,每组聚焦一个社区环境现象,展开头脑风暴,判断怎样的需求是合理可行的,构思如何通过视觉传达方式改善社区环境,并最终确定解决方案。

第二阶段:改善环境。

学生分小组,通过讨论确定改善方案。其中一组决定改善社区中一条小路肮脏混乱的状况,并制订改善方案:通过捡拾垃圾、种植花卉和彩绘墙体,参考

① 该案例来源于韩国知识出版社网站:https://www.jihak.co.kr/,引用日期为 2020 年 7 月 30 日,由华东师范大学美术教育专业 2019 级硕士研究生陈琳编译。

色彩心理学中图像的形式和颜色对于情绪的积极作用,改善环境,提高社区成员保护环境的自觉性,从根本上解决问题。

第三阶段:采访社区成员。

学生在经过改善的道路上采访社区成员的视觉感受,包括教师、学生和社区居民等,并整理汇总。

第四阶段:反思与评价。

学生在学习单上记录整个过程,讨论分享自己的收获与感受,并反思这样几个问题:我是如何发现社区环境问题的? 我为什么选取这个方法改善社区环境? 我的方案是如何通过视觉传达方式引导他人保护环境的?

4. 创新点

该项目课程以社区环境与人类需求之间的相互促进与矛盾为核心概念,改善学习内容的组织方式,引导学生将视野拓展到校外,调研并解决社区中存在的环境问题。学生思考如何运用可视化的表达方式满足相关人群的需求,激发他人保护环境的积极性,并综合考虑设计层面的美观、对社区成员需求的关照和同理心,进而理解视觉元素在实际生活中的重要性,以及社区环境对于人类生活的影响力。

资料链接

美国前景特许(Prospect Charter)学校和美国塔拉哈西社区学院(Tallahassee Community College)

美国前景特许是一所反映城市多样性的学校,通过多样化设计模型创造真正多样化和集成的学习环境,让学习者具有创新和想象力的方式,真正感受包容和公平。第一,在教学上,学校用包容的视角规划教师、学习内容和学习材料,使其符合学生的多样性,课程设计具有包容性和多样性,以确保学生种族、民族、性别、英语流利程度、认知的平衡。第二,在学习上,提供并允许任何学生选择可进入的嵌入式荣誉课程,消除潜在的教师偏见,确保公平。第三,在扶持机制上,学校的教师和管理人员定期参加有关公平和包容的培训,并依靠专家、研究人员和非政府组织持续的支持。例如,比尔和梅琳达·盖茨基金会、哥伦比亚大学师范学院。这种包容性的学习,使得学生在数学和英语等测试中比同龄人表现得更好。

美国塔拉哈西社区学院通过移动学习实现可及性和包容性学习,通过"双录取"计划,为中小学生提供大学课程,可直接指导职业生涯和技术教育探索,其教育目标是开辟通向 STEM 专业和职业的新途径。第一,在教学方面,学校设计"数字铁路项目"等一些独特的活动,利用配备虚拟和增强现实系统、机器人、3D 打印等一系列新技术的移动技术实验室,保证学习材料和资源获得的便捷性。第二,在学习方面,学习者能够按照自己的节奏进行学习,并参与专注于将技术应用于现实世界场景的项目。第三,在扶持机制方面,塔拉哈西社区学院与教育技术公司合作,与商业团队建立合作伙伴关系,设计支持学生学习和家长参与的系统,教师也从中得到相关培训。"数字铁路项目"吸引了当地社区低收入群体的 2500 多名学生,学生沉浸在与大学课程相关的演示和定制体验中,广泛接触到数字媒体、3D 打印、编程开发等课程和相关就业机会。

资料链接

英国技能建设者伙伴企业和厄瓜多尔可持续发展旅游业技能

英国技能建设者伙伴企业是一种全球伙伴关系,主要与学校、教师、雇主和其他组织合作,培养儿童和年轻人的基本技能。首先,在教学方面,技能建设者伙伴通过连接学校和雇主,将学习与现实世界的应用联系起来,开发用于技能共享语言的框架,培养学生的八项基本技能,每个参与者都可以使用这个框架和相关评估,衡量学生掌握八项技能的情况。其次,在学习方面,学生可以通过伙伴关系持续进行实地考察,拥有跟踪自身技能发展的终身机制。最后,在扶持机制方面,该伙伴关系与企业合作,开发教师评估和学生自我反思的工具以衡量学生的学习进展,并建设数字平台,为学习者提供资源。通过技能建设者伙伴企业,学生可以大幅度增进对技能的掌握。

厄瓜多尔不断增长的旅游业促进了当地经济发展,提供了更多的工作岗位,VVOB(VVOB-education for development) 教育组织与厄瓜多尔一些省份进行合作,提供可持续旅游技能培训,使学生在不断发展的旅游业中获得就业机会。可持续旅游技能培训的目标,是提高这些省份的旅游课程质量,以促进该部门的就业。其优势在于：第一，在教学上，可持续旅游技能培训项目的课程是由专家、领导人和部门一起设计并简化的，课程的特点在于将重点放在促进该国旅游业的可持续发展、促进该行业未来的创新上，课程教师掌握最新的旅游趋势和做法，能够开发符合行业标准的学习内容；第二，在学习上，学生有在工作场所学习的机会，通过体验式学习，接触到未来就业机会并接受行业审查方面的培训；第三，在扶持机制上，该方案通过与旅游私营部门合作，设置专门的委员会确保课程设计符合最新的行业实践，提供教师培训和学生实习机会，以保障教师专业发展和学生就业。此外，教育部和旅游部门进行合作，也促进了方案的设计和执行。通过这一可持续旅游技能培训项目，许多可持续发展旅游专业的学生被他们实习所在公司正式雇佣，促进了当地就业和形成可持续的旅游业。

为终身学习发展规划

一、终身学习和学生自驱动学习

20 世纪 90 年代以来，为构建我国服务全民终身学习的教育体系，政府陆续出台了多项具有针对性的政策文件。1995 年至今，"终身教育"从第一次被写入《中华人民共和国教育法》，到如今学校、社会、国家都大力倡导公民建立终身学习的理念。从政策层面而言，国家倡导发展公民的终身学习观念，并鼓励学校及其他教育机构、社会组织采取措施，为公民接受终身教育创造条件；鼓励教育形式多样化，强调了发展终身教育体系的重要性。

终身学习和学生自驱动学习，指技能从一个人的一生中逐渐减少的静态体系，转向每个人都在现有技能上不断提高，并根据个人需要获得新技能的动态体系。传统的教育系统被设计成随着年龄增长而减少学习，但随着社会的发展，必须有一个新的系统，帮助人们通过终身学习以应对未来的工作。在培养学生终身学习的理念和实施以学生为导向的学习时，学校应注意五个方面的问题：一是培养终身学习要将教育体系转变为一种为了学习而学习的体系，而不是为了特定的奖励或通过标准化考试的学习体系，注重学生的内在学习动机激发；二是通过基于探究的开放式教学，支持学生的终身学习；三是通过数字课件，探索以学习者为主导的教与学方法；四是通过学习管理系统，帮助教师跟踪学生的学习过程；五是注重政府和企业的支持与引领作用。

如今，在大数据的支持下，教师能够基于学生的"最近发展区"[①]，设计、调整及改

---

① 1930 年前后，维果茨基(Lev Vygotsky)首次提出"最近发展区"的概念，揭示了学生认知发展的过程，为学生个性发展的差异提供了理论基础。

进精准且有梯度的教学,尝试发展因人而异的美术教学路径,扩充美术教学资源,实现从注重学生对知识的获得,走向发展学生的核心素养的目标,能够建立系统的美术课程观,帮助学生展开动态的美术知识建构,发展学生的终身学习和自驱动学习意识,最大化地激发学生的发展潜能。

教育案例

终身学习:以"行人安全"为主题的海报设计①

1. 课程概述

本课程面向十年级学生,共 10 课时。

- 课程核心观念:行人在道路上行走时的潜在危险,海报设计的相关要素。
- 交叉学科:社会科学和美术。
- 持久理解:运用设计领域的相关内容,提升行人的安全意识。

2. 学习目标

能够通过研究和创作,分析行人在道路上行走时可能会遇到的潜在危险,运用设计领域的相关知识,设计海报或标语,提升行人行走时的安全意识。

3. 教学过程

第一阶段:以"行人安全"为核心开展主题研究。

教师以"行人安全"为主题,组织学生讨论:交通运输、司机、行人的行为规范问题,路障、危险提醒标志的形状、颜色、纹理,道路特征。学生通过"星图管理器"②,将头脑风暴的结果绘制成思维导图。学生集体讨论并确定可能会对行人造成危险的区域或情况,主动思考如何解决这些问题。

第二阶段:确定具体的主题并进行创作。

学生与海报设计师进行视频会议;教师向学生介绍设计师的整个工作流程和海报设计的相关要素(图像、版式、颜色、设计理念等)。教师组织学生观看新西兰航空安全视频:"理查德·西蒙斯(Richard Simmons)的空中狂欢"③,学生讨论其中重复使用的方法是如何传达信息的,并分析为何采用幽默的方式传达乘

---

① 该案例改编自新西兰教育网站:https://education. nzta. govt. nz/teacher-resources/secondary-curriculum-resources/visual-arts/,引用日期为 2019 年 12 月 18 日,由华东师范大学美术史论专业 2018 级硕士研究生荀惠编译。
② 资料来源于新西兰教育部网站:http://www.enchantedlearning.com/graphicorganizers/star/,引用日期为2020 年 7 月 30 日。
③ 资料来源于 YouTube 网站:http://www.youtube.com/watch?v=3iaTEgoezNQ,引用日期为 2020 年 7 月 30 日。

坐飞机的安全知识。

学生根据所学知识,参考教师提供的网络资源①,以个人或小组为单位,创作二维或三维海报作品。

第三阶段:展示与应用。

学生分析想法和图纸,并以 PPT 形式展示;查看和评估海报的展示环境;研究在当地社区展示海报的可能性,并与当地社区的负责人进行沟通。

4. 创新点

在上述教育案例中,教师以生活中的实际问题为切入点,引导学生进行研究性创作。教师不断向学生提问,组织学生讨论、思考、研究;学生探究结束后,教师再给予分析,并提供大量的参考资料,促使学生主动学习,主动思考,实现"授人以渔"的教育理念。

教育案例

"模块互融"课程:传承与创新中国画②

1. 课程概述

本课程面向七年级学生,共 12 课时。

● 课程核心观念:传承笔墨语言;创意现代表达。

● 学习领域:"综合·探索"。

● 关键能力:联系美术与现实社会;探索中国画学习与学生校园生活、社会生活的关系;将中国画的形式美感运用于现代设计。

2. 学习目标

关注中国画笔墨的表现力与审美趣味;观察生活、感悟生活,学会在生活中提炼、概括和表达;培养对中国画的持续兴趣,对民族绘画语言的热爱,以及运用中国画的笔墨语言表达现代生活与情感的能力。

3. 教学过程

第一阶段:欣赏作品。

---

① 资料来源于新西兰官方道路法规网站:http://www.nzta.govt.nz/resources/roadcode/about-other-road-users/information-for-pedestrians.html,引用日期为 2020 年 7 月 30 日。

② 该案例由上海市黄浦区教育学院美术教研员、中学高级教师陈路开发并实施。

教师选择吴冠中的中国画作品为范例,引导学生像吴冠中那样观察、思考与创作;从欣赏吴冠中的作品入手,引导学生学习用美术语言分析、理解与评价作品。

第二阶段:"我用画笔赞黄浦"。

学生用吴冠中的笔墨语言描绘、赞美学习与生活的美丽黄浦。教师设定"百年外滩、现代滨江、繁华街景、都市园林、美丽校园"五个表现黄浦不同景观特色的场景,选择与画面场景类似的作品。学生通过临摹、写生和创作,完成作品。

第三阶段:"水墨申情微画展"。

教师引导学生开展"海报设计""入场券设计"和"衍生品设计"三项教学活动;学生掌握平面设计的基本方法,并完成展览所需的各项任务。教师引导学生将自己创作的中国画作品作为设计作品的素材,将中国画的形式美、意境美运用于设计之中,感悟传统文化融入现代生活的意义,体现学以致用的设计价值。

第四阶段:观展评价。

分别采取教师导览、学生导览和主题联展的形式开展评价环节,促使学生的观展评价由被动转向主动,体现出评价的深化,扩展学生交流的范围。以展促评、线上与线下的互动拉近了师生之间、生生之间、作者与观者之间,以及校园与社会之间的距离。

4. 教学成效

该案例使艺术化的生活方式成为学生的追求,增强学生对生活的热爱之情,培养学生运用智慧和创意创造美好生活的能力,强调对图像的认知、选择与运用能力,引导学生关注生活中的美术现象,促进学生形成视觉文化意识,涵养人文精神,培育人文情怀。

二、以集体智慧实现教育总体发展目标

英国 Demos 智库的创始人周若刚(Geoff Mulgan)在《大思维:集体智慧如何改变我们的世界》一书中指出:近年来,数字技术的浪潮让组织和社会有可能大规模地思考,而该浪潮推动了一个新领域——集体智慧的出现。这个"大思维"就是指人类和机器共同工作、一起思考，它具有解决我们这个时代面临的巨大挑战的潜力。它探讨了如何有意识地组织协调集体智慧，以便利用集体智慧的力量帮助我们生存和发展。然而，为了实现这一目标，我们需要全新的专业、制度和思维方式①。在人机共同工作与思考的数字技术新浪潮的时代，世界教育正处于机遇与挑战并存的关键期。

联合国教科文组织在落实《中期教育战略（2014—2021）》的主要目标和价值取向时指出：当前的教育观念在很大程度上仍然植根于 19 世纪的工业模式，这与复杂多变的未来社会发展趋势形成明显反差。联合国教科文组织正以促进优质与全纳的终身学习，还原教育工具理性和价值理性的统一作为未来教育工作的基本取向，其价值核心是培养每一位学习者的创造力与责任心，进而实现教育总体发展目标、应对社会挑战并推动社会可持续发展②。

联合国教科文组织 2020 年"国际艺术教育周"聚焦人类创造力的惊人力量和强大韧性。"国际艺术教育周"于每年 5 月的第 4 周举行，如今又有了新的意义——在危机时刻，艺术教育作为全面教育重要组成部分的地位空前凸显。艺术教育可以提升学习效果，帮助学习者培养新的技能，即使是在居家情况下，它也有助于激发创造力，提供心理支持，并在人与社区之间建立联系。它还可以利用数字平台，通过远程优质教育支持儿童的发展。教科文组织将通过其专门的网页收集全球各地在艺术教育方面的各种良好实践、方法、教学工具及活动，以帮助所有参与者就这一重要议题进行思考并采取行动。参与这一活动的还有教科文组织连接 182 个国家 11500 多所学校的"联系学校网络"，以及在世界各地拥有 300 万成员的"世界艺术教育联盟"③。

如今，受教育并不等于学习已是被证实的事实，只有当学生通过实际情境的应用真正实践他们所学到的知识时，才能加强理解，这将帮助他们获得终身的知识和必备的素养。我们要积极响应"立德树人"的教育理念以及联合国教科文组织的艺术教育愿景，进一步深入探究，积极开发融入"四史"（党史、新中国史、改革开放史、社会主义发展史）和中华优秀传统文化、革命文化、社会主义先进文化的优质美术课程资源，推动我国美术教育的持续发展。

---

① ［英］周若刚.大思维：集体智慧如何改变我们的世界［M］.郭莉，尹玮琦，徐强，译.北京：中信出版集团，2018.
② 参照：曾文婕等.培育全民的创造力与责任心［EB/OL］.http://www.360doc.com/content/18/0228/08/11646305_733063726.shtml，引用日期为 2019 年 2 月 10 日。
③ 世界艺术教育联盟 WAAE 官方网站：http://www.www.unesco.org，引用日期为 2020 年 8 月 10 日。

第八章

面向未来的美术课堂教学[①]

    课堂教学始终是教师教学工作的中心环节。随着"核心素养"理念的提出,未来的美术课堂教学将会发生哪些变化? 可以预料,未来的美术课堂教学将会处于"变"与"不变"的过程之中。所谓的"变"是指人工智能的不断发展,会给美术课堂教学带来难以预料的变革;所谓的"不变"是指坚持以学生发展为本的教育理念,激发每一位学生艺术潜能的初心是不变的。

    本章将从未来美术课堂教学范式转型的理念、核心素养促进美术学习方式变革、从教到学的美术教育改革研究、未来深度融合人工智能的精准美术课堂教学等四个方面来阐述未来的美术课堂教学方式,为教师的教学提供借鉴与帮助。

---

① 本章由华东师范大学教授钱初熹、上海市黄浦区劳技中心教师罗淑敏撰写;由华东师范大学 2019 级美术学硕士研究生陈琳整理、缩写教育案例。

第一节

未来美术课堂教学范式转型的理念

一、美术学习是获得知识的过程

2015 年,联合国教科文组织发布的报告《反思教育:向"全球共同利益"的理念转变?》指出:知识,可以理解为个人和社会解读经验的方法。因此,可以将知识广泛地理解为通过学习获得的信息、理解、技能、价值观与态度;学习,可以理解为获得这种知识的过程。学习既是过程,也是这个过程的结果;既是手段,也是目的;既是个人行动,也是集体努力。① 这一报告重新界定了知识和学习的定义。

面对科技的迅猛发展为国家、社会和个人所带来的巨大机遇与挑战,经合组织也从过去关注经济增长转向包容性发展的视角,从强调发展能促进经济增长的知识与技能的学习转向发展个人的"幸福生活"②,并于 2018 年发布了《未来的教育与技能:教育 2030》学习框架③,简称"2030 学习框架"。这一学习框架从"全球倡导,地方融入"④的原则出发,指出面向未来的学习应该关注学生的学习过程,即关注学生获取知识的过程,以及关注学生通过学习对自身技能、态度和价值观、个人素养、个人与外界建立联系等方面能力和素养的提升,教育应该帮助学生确立成长的心态,让学生实现深度学习的目标,培养学生终身学习的热

---

① 联合国教科文组织.反思教育:向"全球共同利益"的理念转变?〔M〕.联合国教科文组织总部中文科,译.北京:教育科学出版社,2017:8-9.
② 经合组织从教育、工作、收入、住房、工作与生活的平衡、生活满意度、健康、安全、公民参与、社区、环境 11 个维度对个人的"幸福生活"予以界定。
③④ 资料来源于经济合作与发展组织网:https://www.oecd.org/education/2030/E2030%20Position%20Paper%20,引用日期为 2020 年 7 月 30 日。

情,启发学生能够为个人、地区、国家和社会的发展创造更好的环境,以提升社会福祉和实现人类的共同利益。

近年来,从联合国教科文组织对知识、学习与教育三者关系的界定,到经合组织提出的"2030学习框架",不难看出美术学习的未来发展方向在于:学生在学习的过程中能够获得更多探索知识、持续练习和共享学习的机会,通过与教师及同伴的辅导、协作讨论、反思来处理和深化美术学习的内容,建构美术学科及其他学科的知识,以实现学生从体验和合作学习到反思实践、认知发展的美术学习路径①,从而最大化地发挥学生的创意以及提升学生综合解决问题的能力,实现学生主动获取知识、增强自身批判性视觉识读能力和提升自身视觉文化素养的学习过程。

二、转变学习经验与教学方法

2020年,世界经济论坛(World Economic Forum)在报告《未来学校:为第四次工业革命定义新的教育模式》(*Schools of the Future*:*Defining New Models of Education for the Fourth Industrial Revolution*)中描述了教育4.0的全球框架、特征和方法②,制定了培育掌握第四次工业革命职业技能与核心素养的全球化公民的目标,描述了教育4.0的三大教育基石:数字能力教育、信息科学教育和媒体教育。因此,教育4.0时代的学习者,不仅需要具备基本的读写能力,而且需要能够顺应社会的变化而发展,成长为高素质的数字化人才。

向教育4.0过渡需要适切的学习机制、学习技术,还需要学习经验的转变。学习经验和学习内容的转变并不相互排斥,学习经验转变有四个关键特征:个性化和自定进度的学习,可及性和包容性学习,基于问题和协作的学习,终身学习和学生自驱动学习。这些关键特征定义了高质量的学习,为学习者适应未来社会提供了指导原则。

---

① 资料来源于国际教育局网:http://www.ibe.unesco.org/en/news/transforming-teaching-learning-and-assessment-global-paradigm-shift,引用日期为2020年7月30日。
② 资料来源于世界经济论坛网:https://www.weforum.org/reports/schools-of-the-future-defining-new-models-of-education-for-the-fourth-industrial-revolution,引用日期为2020年7月30日。

未来学校与教育模式的转变,不仅需要转变学习内容和学习经验,而且必须创新教学方法。该报告提出了五种推动教育系统创新的教学方法(见表 8-1)。

表 8-1　推动教育系统创新的教学方法

方法	概述
游戏化教学	游戏化教学是一种创造快乐体验的方法,包括自由玩耍、有引导的玩耍和游戏,使儿童通过积极的思考和社会互动找到学习的意义。
体验式教学	体验式教学是将内容集成到实际应用中的一种方法,包括基于项目的学习和基于探究的学习。
与计算机有关的教学	与计算机有关的教学是一种支持解决问题的方法,使学生能够理解计算机是如何解决问题的。
具身化教学	具身化教学是一种通过活动将身体融入学习过程的方法。
多元文化教学	多元文化教学是一种注重语言多样性、多种使用和分享方式,并将学习与文化意识联系起来的方法。

上述五种方法同样适用于我国中小学美术课堂教学。因此,未来美术课堂教学可以基于以上五种方法,不断创新美术教学方法以促进美术教学模式的变革,从四个方面转变未来学校教育模式:第一,在学习范式上,多应用创客学习、情境学习、体验学习等以学生为主体的新型学习范式;第二,在教育场域上,在管理者、教育者、受教育者及其他教育参与者之间,形成一种以知识的生产、传播、消费和传承为依托,以人的培养、形成、发展和提升为旨归的客观关系网络,践行翻转课堂和智慧学习等场域的转变和应用;第三,在教学方法上,未来学校要坚持以学生为中心,使用项目式、探究式、体验式和游戏化等教学方法;第四,在学习流程上,学校要普及可及性和包容性学习,让学生适应并掌握个性化和自定进度的学习,尝试从问题开始的协作学习,以培养学生终身学习的能力和素养。①

---

① 王永固,许家奇,丁继红.教育 4.0 全球框架:未来学校教育与模式转变——世界经济论坛《未来学校:为第四次工业革命定义新的教育模式》之报告解读[J].远程教育杂志,2020,38(03):11-13.

教育案例

体验式学习：发挥想象力的机器发明①

1. 课程概述

本课程面向五年级学生，共 8 课时。

● 课程核心观念：美术创作的形式、风格、流程和技术。

● 交叉学科：美术、劳动技术和科学。

● 持久理解：评价和诠释美术作品，思考美术作品对观众的意义。

2. 学习目标

能够选择和运用美术元素（线条、形状、纹理和颜色等）和美术概念（空间、平衡、对比和图案等）来设计并呈现一个机器发明；能够选择并使用美术的元素、概念、创作过程和材料来构建并呈现 3D 机器发明；能够反思和评价作品，表达个人想法。

3. 教学过程

第一阶段：设计和创建 2D 想象力机器（imagination machine）。

学生通读艺术家陈志勇（Shaun Tan）来信中的设计要求②；观看艺术家的绘本，记录想法；以《抵岸》（The Arrive）书中的特征或意象展开头脑风暴，选择一个想法，绘制设计草图。通过观看垃圾雕塑美术作品，探索用回收材料创作的机器结构；讨论设计的大纲内容与设计构思；在美术日记上完善设计稿，完成一系列 2D 图像设计。

第二阶段：建造和展示 3D 模型。

学生与他人讨论如何将自己的 2D 草图变成 3D 立体结构；在立体纸盒上绘画平面设计草图；探索肌理效果；运用回收的物品装饰作品，通过添加物品来探索美术概念；写一份大约 50 字的设计说明（艺术家宣言），表达自己的设计理念。教师和全班学生讨论布展事宜，学生展示作品和设计说明并向观众阐述自己的设计理念。

第三阶段：反思和评价自己及他人的美术作品。

学生通过填写课程记录表，反思自己和评价他人的美术作品，并使用美术

---

① 该案例改编自昆士兰研究中心网站：https://www.qcaa.qld.edu.au/p-10/qld-curriculum，引用日期为 2019 年 1 月 20 日，由华东师范大学美术教育专业 2018 级硕士研究生刘彩琳编译。

② 设计要求：把自己的设计呈现在一个盒子上；在视觉日记上为自己的机器做详尽的计划；详细地描述机器的特性和功能；列举搭建机器结构的材料清单；列出装饰机器的回收材料；将最终的设计作品放到《抵岸》舞台剧展览会上向人们展示。

术语和美术元素表达个人的想法。学生反思整个学习过程、学习意图和艺术家给自己带来的影响。

4. 学习成效

学生通过学习美术元素和概念，探索艺术家创作的形式、风格和情境；在使用材料的过程中发展自身的美术技能，了解美术创作的流程，形成并表达自己的观点。随着学习的深入，学生通过创新和混合美术形式，扩展了美术创作的方式，能够结合两种或多种美术创作形式进行自我探索，不断深化对美术作品的探索，进而提升自身的批判性思维、创造性思维和审美判断能力。

教育案例

探究性学习：神奇的混合物①

1. 课程概述

本课程面向二年级学生，共 12 课时。

● 课程核心观念：表现材料的特性，"混合物"的概念，健康的食谱。

● 交叉学科：美术、科学、数学和体育。

● 持久理解：树立健康饮食的观念。

2. 学习目标

通过探索和创作"混合物"食品，鉴赏食物景观摄影作品，创作健康的"混合物"食谱的过程，深入理解"混合物"的概念，树立健康饮食的观念。

3. 教学过程

第一阶段：了解混合食品。

学生通过探索生活中的物体，如油漆、冰块、牙膏、水果等，学会分辨天然形成的物体和混合物。学生在教师的帮助下，品尝各种人工混合加工的食品，查找学习资料，了解对健康有益的人工混合食品。学生选择制作混合食品的原材料，使用量筒和天平称量原材料，创作出一种既健康又美味的混合食品，并在纸上记录制作混合食品的过程和配比方案。

---

① 该案例来源于英国巴比小学网站：https://www.barlby.rbkc.sch.uk/，引用日期为 2020 年 1 月 23 日，由华东师范大学美术教育专业 2017 级硕士研究生罗淑敏编译。

第二阶段：鉴赏食物景观摄影作品。

学生通过鉴赏卡尔·华纳①(Carl Warner)拍摄的食物景观摄影作品，理解摄影师营造自然景观的方法：巧妙利用天然果蔬和人工混合食品的色彩、形状和肌理。

第三阶段：制作健康的混合食品。

学生继续探索其他材料，利用混合材料的颜色和肌理来表现自己制作的混合食品、制作混合食品的过程和配比方案，创作一本健康食谱，通过食谱来吸引其他学生关注健康的混合食品，传达健康饮食的观念。

教师组织学生在学校举办一场"混合物"食谱展览，并邀请其他班级的学生和家长前来参观。

4. 学习成效

该案例从提升学生的创作能力、执行能力和理解能力三个方面出发，强调学生在探究过程中发现和掌握各种表现材料的特性。教师鼓励学生鉴赏艺术家的作品，从艺术家的作品中分析和学习表达技巧，注重发展学生对美术和设计学科的理解，以及发展学生的批判性思维和创意思维。学生通过创作将自己的想法付诸实践，制订并实施解决问题的策略，提升解决问题的能力和激发创意思维，进而提升自身的综合素养。

---

① 卡尔·华纳是英国的广告摄影师，他善于利用各种食材的特性来营造自然景观，并巧妙地运用视觉技巧来拍摄食物景观摄影作品。

第二节

核心素养促进美术学习方式变革

一、成效与不足

近些年来,对于核心素养的研究逐渐成为全球教育界关注的热点,部分国家或地区还将其作为教育改革的参照。2018 年,北京师范大学中国教育创新研究院发布了《21 世纪核心素养 5C 模型研究报告(中文版)》,从我国的教育、经济、科技和社会的发展需求出发,提出了"21 世纪核心素养 5C 模型"[①],简称"5C 核心素养",制定了具有中国根基和国际视野的未来人才所应具备的 21 世纪人才核心素养。"5C 核心素养"各有侧重又相互关联,文化理解与传承的核心素养是其他核心素养的价值引领;沟通是合作的基础,创新离不开审辩思维。反之,审辩思维能提高沟通与合作的效率,有效沟通与合作更有利于展开更高质的创新活动。

"5C 核心素养"的发布为我国美术教育的发展提供了重要指向。在"十三五"规划期间,我国对美术教育的研究从仅注重学科知识和技能的掌握转向关注对学生"5C 核心素养"的培养,聚焦美育的育人目标,致力于帮助学生转变学习方式和提升学生的视觉文化素养。但从研究成果来看,美术教育对于提升学生的深度学习能力、视觉文化素养和思维能力的成效较低。大部分教学成果反映出美术课程与教学在改革中注重形式,学生缺乏在真实情境中解决复杂问题的机会,对美术的学习仍然停留于对学科知识和技能的掌握,并没有真正提升自身的核心素养。

核心素养的理念在更深层次上蕴含了认识论和知识观的变革,让学生的学习模

---

① "5C 核心素养"包括文化理解与传承(culture competency)、审辩思维(critical thinking)、沟通(communication)、创新(creativity)和合作(collaboration)5 项核心内容。

式转向以自身为中心、强调反思性实践和探究活动。学生应该有更多的机会参与基于项目的学习、问题式学习、深度学习和跨学科学习。现阶段,已有一些初步的美术学习实践成效,如一些学生参与了通过 PBL 教学法推进的 STEAM 教育,开展了基于项目的学习;也有一些学生有机会在美术课堂中展开深度学习,并通过深度学习改进了教师的教学行为,共同建构出生态化的课堂授课与学习模式,满足了学生自身的个性化学习需求等。由此看来,尽管美术学习方式在转变中取得了初步成效,也暴露出一些不足之处,但其变革正在核心素养的视域下逐步展开。

教育案例

基于项目的学习:我的"教科书"①

1. 课程概述

本课程面向六年级学生,共 15 课时。

● 课程核心观念:"物以致用"的设计观念,材料的特性。

● 交叉学科:美术、劳动技术、信息技术。

● 持久理解:理解美术与其他学科、美术与社会的关联。

2. 学习目标

了解我国书籍装帧的演变历史,理解书籍装帧的形式原理和文化内涵;学会基本的书籍装帧方法;利用不同材料的特性,尝试用书籍装帧的方法设计并制作一本具有学科特性的教科书。

3. 教学过程

第一阶段:学习书籍装帧知识。

学生在教师和基于项目的学习活动教材的指导下,从材料、内容、书籍编排形式等方面了解我国书籍装帧的作用和在不同历史时期的特点,学习制作手工书的步骤;学生自由分组,挑选各组所要制作的教科书科目,并根据组员的特点进行任务分工。

第二阶段:设计教科书。

学生分析当前使用教科书的优缺点、具体内容和编排形式,并利用课余时间去图书馆查阅相关资料,作为本组设计教科书的依据。小组讨论,总结本组设计教科书作品的基本元素和要点,记录作品设计的灵感来源和创新点,绘制

———————————

① 该案例由英国格拉斯哥大学博物馆教育专业研究生毛倩倩开发并实施。

作品设计草图,完成初稿设计,选取适合的材料,制作"我的'教科书'"设计作品,记录小组分工完成情况。

第三阶段:"我的'教科书'"基于项目的学习活动总结。

学生在班级中开展"我的'教科书'"学习成果发布会,各小组展示本组的学习过程和成果,介绍小组的分工情况、探究内容、作品设计意图、创新点、设计意义等内容。教师及学生对各小组的学习情况展开评价,并进行"我的'教科书'"基于项目的学习活动总结。

4. 学习成效

学生通过基于项目的学习、自主探究,探寻教科书设计的特点,体验书籍设计;在搜集资料的过程中,开阔了视野,了解了创意书籍装帧的设计方案;在动手实践的过程中,体验动手制作的乐趣,调动感官,对美术产生更深入的感知。在整个学习过程中,学生通过自主探究、信息处理及团队合作等环节,对已有知识的处理及新作品的设计创作,培养了创意思维。该教育案例也存在不足之处,如学生制作的美术作品缺乏美感,尚有完善和提升的空间。

教育案例

单元化学习:画面中的空间①

1. 课程概述

本课程面向七年级学生,共 3 课时。

● 课程核心观念:三种动态空间的特点及表现方法,材料的特性。

● 交叉学科:美术和数学。

● 持久理解:对美的感悟与辨析;在创作中凸显个性,表达审美情趣。

2. 学习目标

能够利用观察、分析、实践体验和讨论归纳等方法,初步了解画面中动态、矛盾、梦幻三种不同的空间,并根据三种空间的特点及表现方法组织画面和创作作品;在实践中提高对美的感悟与辨析能力。

3. 教学过程

第一阶段:动态空间。

---

① 该案例由上海市嘉定区教育学院美术教研员沈琪开发并实施。

学生思考如何画出一个被抛出去在空中飞的球的运动状态,并在纸上画出示意图。教师出示摄影作品,学生尝试探究动态空间中动态造型的表现特点,将作品中的人物概括为几何形,剪下多个相同的人物形象,运用想象来表现人物的运动轨迹,发现动态空间表现的方法与步骤。学生通过剪贴和绘画表现动态空间。

第二阶段:矛盾空间。

教师提示彭罗斯三角形与埃舍尔(Maurits Cornellis Escher)的作品《瀑布》的关联性,出示《雅典学院》和《瀑布》,引导学生比较作品中表现空间透视的差异,并思考矛盾空间的表现方法,体会矛盾空间的特点。学生尝试给图形添上几根线,使其能体现多个视点和空间或三维立体的感觉;用几支铅笔进行组合摆放,运用所学方法画出矛盾空间,并根据练习评价表进行自评。

第三阶段:梦幻空间。

教师出示马格利特(Rene Francois Chislain Magritte)的作品《听音室》和《美好的现实》以及塞尚(Paul Cezame)《柜子前的容器、水果和桌布》,引导学生探究梦幻空间中的物体和背景之间的关系,并初步认识梦幻空间。学生进一步分析作品,发现梦幻空间中的事物经过变形和错位,构成了虚幻、梦境的画面。学生收集喜欢的图片素材,选择拼贴、软件制作或绘画的方式表现梦幻空间的画面。

4. 学习成效

该案例实现了提升学生的"美术表现"与"创意实践"两大美术学科核心素养的目标,突破了以往中小学美术课堂中空间造型教学拘谨呆板、缺乏创意的局限,覆盖了"以概念为本的课程模式"的了解、知道和能做三个层面的价值,凸显了培养学生创新思维与实践能力的美术课程特征,发挥了美术教育的育人价值。

教育案例

基于项目的学习:解救家乡特色①

1. 课程概述

本课程面向三至五年级学生,共 7 课时。

● 课程核心观念:保护家乡特色的责任意识,包装设计。

● 交叉学科:美术、数学、语文和劳动技术。

● 持久理解:热爱家乡的情怀,社会责任意识。

---

① 该案例由华东师范大学学科教学(美术)专业研究生顾彦青开发并实施。

2. 学习目标

掌握纸箱包装设计的知识和绘制设计草图的方法;欣赏国内外优秀的纸箱包装案例,根据产品的特征设计并制作美观实用的纸箱包装;意识到团队的重要性,培养强烈的社会责任意识,对家乡产生深深的热爱之情。

3. 教学过程

第一阶段:项目的准备。

学生围绕驱动性问题展开讨论,关心家乡发展过程中出现的问题,明确本次项目的学习目标;学习纸箱包装设计的基本要素,掌握必要的制作流程,从审美视角欣赏包装设计作品,重点关注商品标签信息、整体效果、产品介绍、便利性、醒目性等方面。各小组围绕"怎样让家乡特产成功地走向市场"绘制考察路线图,利用一周左右的时间完成校外调查工作。

第二阶段:项目的实施。

学生将考察地点定为位于奉贤的青村镇黄桃种植基地,通过校外考察,针对黄桃产品的有关信息进行汇报。各组学生根据调查结果策划设计方案,激发设计灵感,绘制草图与效果图,包括纸箱的尺寸、细节介绍、功能、产品信息、图案等;讨论设计感悟和心得,根据建议优化方案,制作成品。

第三阶段:项目的总结与评估。

学生邀请各学科教师、各行各业的家长、全校学生、黄桃消费者等参与项目的总结与评估。学生围绕创作流程、制作心得等进行介绍。有小组用泡沫包裹住每一只黄桃,以防搬动时损坏黄桃;还有小组将原本的纸箱顶替换为透明薄膜,商品一目了然,并把箱子的大小更改为可供小份购买的尺寸,满足不同顾客的购买需求。展示活动结束之后,各方代表对基于项目的学习情况进行评估,确保评价主体与评价方式的多元化。

4. 学习成效

该案例将基于项目的学习的教学方法有效地融入小学美术与园艺相结合的课程,将培养学生的创造能力和实践能力作为教学重点,强调学生在项目中以团队合作的方式开展学习活动,关注周围的环境,运用相关知识与技能解决生活中的问题,激发学生自主思考的能力和创新意识,锻炼了学生的语言组织能力和人际沟通能力,增强了学生的社会责任意识。

二、美术课堂教学理念与方法的局限

从目前的教学研究成果来看,美术课堂教学理念与实践的差距尚存。在美术课堂教学实践层面,目前以发展学生艺术思维为重点的教学研究成果尚不多见。换言之,美术课堂教学缺乏深度学习、基于项目的学习、"大概念"①艺术课程与学习的教学研究成果,有些教学研究表明是项目式学习研究却并不是实质性的基于项目的学习研究。这是因为,美术教师对于基于项目的学习的理解还存在差异,未能开展灵活运用艺术思维、美术知识和学习经验解决真实情境问题的课堂教学活动。从学习科学研究的视角来看,目前大部分美术教师仍然局限于关注在日常美术教学活动中学生学习行为的变化、学生学习愿望的激发、学习环境与学生学习之间的关系等宏观层面,尚未关注学生的脑机制在外部环境的刺激下神经连结的情况、脑功能区的变化以及功能连结等微观层面。

在教学方法层面,一方面,教师在美术课堂教学中干预不足或干预过多的现象仍然存在。脑科学的研究和"最近发展区"(the zone of proximal development)的理念显示,教师在特定领域内,基于学生认知能力的最近发展区进行及时、及早的干预,有利于学生的认知发展。即在教学过程中,教师需要依据学生已有的认知水平和潜在认知水平确定适宜的教学目标,让学生通过适当努力能够得以实现;教师需要对学生的知识水平进行动态评估,以此形成恰当的知识表征,然后师生间进行有效的知识传递,建立教学过程的"预测—传递"模型②。另一方面,新技术与美术教学方法的深度融合创新体系滞后,部分教师还停留于在美术课堂教学中简单地使用某项新技术,而不是将新技术作为辅助手段,开展与之相关的美术教学方法的实践和研究,创建与新技术相匹配、能产生有效协同作用的美术教育过程,因而也未能促进深度融合新技术的美术教学模式的变革。

因此,从学习科学研究的视角开展美术课堂教学活动,深度融合新技术,实现从

---

① 大概念,英文为"big ideas",目前国内也有翻译为"大观念"。
② 刘宁,余胜泉.基于最近发展区的精准教学研究[J].电化教育研究,2020,41(7):79.

聚焦学生的艺术表现力到关注学生的艺术思维力的转型，找到课堂教学深度改革的新策略和新方法，让课堂教学从浅层走向深层，是面向未来的美术课堂教学的发展方向。

从教到学的美术教育改革研究

一、相关研究促进对深度学习的认识

近年来，欧美、大洋洲和亚洲各国重新制定或修改美术（或视觉艺术）课程标准，聚焦培养学生自信地融入未来社会生活和迎接国际竞争的能力，为本国和国际社会培养综合性创新型人才。随着美术（或视觉艺术）课程标准目标与内容的更新，以学生为中心的教学理念越来越得到重视，促使美术（或视觉艺术）课堂教学出现了新动向。

首先，美术（或视觉艺术）深度学习的研究取得了一定的成果。美国学者保罗·邓肯（Paul Duncan）指出，视觉文化艺术教育（visual culture and art education，VCAE）是一种创作（making）和批判（critique）的共生关系。批判和图像创作（image making）需要齐头并进，这是一种互相支持的共生关系。其次，视觉文化艺术教育是一种新的范式。视觉文化艺术教育在与学生的文化体验合作与扩展方面的重点是完善传统的美术教学实践，并宣称所有的优秀教师都会将视觉艺术世界与学生的世界联系在一起。[1] 澳大利亚学者苏珊（Susan N.）认为，艺术教育在深度学习和包容性方面具有重要价值，艺术沉浸富有潜力地促进社会情感发展和更高的认知功能性与跨学科性。[2] 日本学者石崎和宏和王文纯指出，引导具有深度、走在时代前端的美术鉴赏

---

① 保罗·邓肯.阐明视觉文化艺术教育［M］//钱初熹.与大数据同行的美术教育［M］.上海：上海教育出版社，2017：37-38.

② Susan N. Chapman. Arts Immersion：Using the Arts as a Language Across the Primary School Curriculum School［J］. Australian Journal of Teacher Education，2015，40（9）：17.

学习有待于扎实的研究以确认教育效果,提出鉴赏教学的策略:一是视觉意象与语言相互作用的鉴赏学习不仅有助于培育有效吸收现代视觉文化的能力,深入其探索的内涵,还可以培育以两者相互作用创造出个人意义的能力;二是美术鉴赏不只是关于作品,也包括个人的内心活动,以及与社会连结所产生的意义与延伸,以深层自我反思的方法鉴赏艺术,有别于一般的艺术疗法,透过鉴赏了解自我,扩展鉴赏教育新的可能性;三是以美术鉴赏为"思考之窗",在鉴赏过程中设计两难困境,以美感判断的心理矛盾展开美感、历史、经济、社会等价值观的多元化观点思考,有助于培育社会参与的潜在能力。①

教育案例

深度学习:声音的画②

1. 课程概述

本课程面向三年级学生,共 12 课时。

● 课程核心观念:表达方式的多样性,美术与音乐的通感。

● 交叉学科:美术、音乐。

● 持久理解:美术与其他学科的关联。

2. 学习目标

能够将美术元素和节奏等联系起来,并通过绘画的形式表达自己对音乐的理解;能够结合点、线、面与韵律节奏,思考美术和音乐的联系,并形成自己独特的理解;能够整体感知游戏体验过程,并基于自身的生活经验感受美术和音乐的魅力。

3. 教学过程

第一阶段:联系圆形和表达方式。

教师出示红色圆形图片,引导学生进行表达,学生提议用拍手的方式进行表达。接着出示两个圆形,学生自然而然连续拍手两次。教师展示较大的圆形图片,学生在没有任何引导的情况下加重了拍手的力度,进而将声音大小和图形大小进行联系。通过展示空白圆形图片,巧妙地将图形与停顿联系在一起。

随后,教师展示各种颜色的圆形,要求学生采用不同的方式进行表达,并请学生依据不同的颜色组合做出相应且连贯的动作。

① 石崎和宏,王文纯.21 世纪日本美术鉴赏教育的新趋势[M]//钱初熹.与大数据同行的美术教育[M].上海:上海教育出版社,2017:53.
② 该案例来源于日本文部科学省网站:www.mext.go.jp,引用日期为 2020 年 7 月 30 日,由华东师范大学美术教育专业 2019 级硕士研究生叶沛祺编译。

第二阶段:联系线条和表达方式。

教师展示一根横线,学生依据线条的转折起伏进行表达,将点、线、面与音乐的韵律节奏结合起来,感知美术和音乐的通感。教师出示渐变的形状,学生通过改变音调与音量进行声音的表达。

第三阶段:观察康定斯基名作中的美术元素。

教师展示一幅康定斯基的名画,引导学生观察其中的美术元素,包括点和线;引导学生通过游戏,从局部到整体,关联美术和音乐,理解整个画面的布局。

第四阶段:学生自行创作。

学生用蜡笔描绘自己喜欢的声音或音乐,围绕音乐进行大胆的联想,表现音乐中的节奏、节拍、快慢、停顿、婉转、起伏等一系列元素。

第五阶段:展示与评价。

学生分享画作,并说明画面中所表达的音乐以及自身对音乐的感受和理解。

4. 学习成效

该案例注重从学生的视角来探寻学习方式,教师巧妙地提炼名画中的创作元素,从美术到音乐进行教学,引导学生用整体知觉反馈,调动感觉器官和联想思维,理解康定斯基作品所蕴含的美术与音乐共有的元素。通过这种教学方式,学生能够全身心地体验,感知绘画作品,并不断深化对绘画作品的理解。

二、基于问题和协作的学习

基于问题和协作的学习指从基于过程的内容传递到基于项目和问题的内容传递,这需要同步协作,并更紧密地反映工作的未来。基于过程的内容传递是一种传统的标准化学习模式,教师通过演示向学生传授知识内容,教学过程中直接得出答案。而基于问题的学习是将学习内容融入具有情境的问题,问题的解决方案有多种可能,学生通过探究和协作解决当下问题,从而培养创新思维。可从以下三个方面实现这种转变:一是采取开放式的而不是单一的方法,让学生尝试不同的解决方案,并比较多种问题解决方案的结果;二是分配给学生协作项目,通过项目教学法让学生解决具体问题;三是通过技术辅助教学,促进基于问题和协作的学习。

Innova 学校

Innova 学校是秘鲁为了解决与世界各国的教育差距而设计的一种需付费、能提供高质量学习的学校,由 Intercorp Peru 公司和工程师 Jorge 于 2011 年设计。

在教学上,Innova 学校侧重于以学生为中心的混合式学习,教师组织基于项目的小组学习,学校提供动态工作空间,使教师和学生能够轻松地在大组和小组学习之间进行转换;在学习上,学生能够进行小组学习和自主学习,确定自己的目标和学习过程,必要时由教师进行指导,能够参与学校的创新计划,通过协作完成项目的各个阶段;在扶持机制上,学校建有一个专门与当地大学合作的网络,设有针对提升教师技能的培训、教师资源中心和专门的创新部门。学生通过 Innova 学校的教育模式,在数学和阅读技能上都有很好的表现。

马斯喀特英式学校

马斯喀特英式学校是一所为来自 70 多个国家的 1200 名学生提供服务的国际学校。它根据所授予的皇家宪章创建,拥有一定程度的课程模式与创建的自主权。

在教学方面,马斯喀特英式学校开发了一种以发现学习为中心的课程,该课程以学生为中心,将多个科目整合为侧重于体验而不是最终结果或答案的课程教学项目;在学习方面,学生在不同的内容领域之间建立联系,并专注于将内容应用于现实世界的那些特定技能;在扶持机制方面,国家赋予学校的章程使学校在创新教学方法时更自由和更灵活,可与当地企业合作,提供基于现实世界的学习内容。在这所学校中,学生能够通过基于问题和协作的学习方式,提升所有科目的成绩。

三、"大概念"美术课程教学

在当前社会和教育改革的背景下,学校美术教育改革面临着严峻的挑战,这是因为目标是多元的,而课时却是十分有限的,因此我们必须根据课程的容量精选出最有价值的知识,开展课堂教学活动。

"大概念"超越固有的学科分割,可以是个人经验、文化情境,也可以是社会或科技议题,或以不同的美术表现形式表达,或以统整美术以外的学科进行另一种表达。"大概念"是"大"的,不仅因为它能把很多内容分类,而且它必须有深刻的内涵,帮助我们理解事物。在设置"大概念"美术课程时,我们需要注意"大概念"可以转化为一个包含若干知识点或主题的议题,改变"一课一主题"的碎片化课程与教学现状,让学生围绕一个美术学科整合多学科知识与技能的"大概念"进行深入学习。"大概念"美术课程的关键在于找到能让学生产生共鸣的"大概念",这样课程就能避免流于表层或停留于技术层面,为中小学生提供深入学习,获得与"大概念"相关的信息、理解、技能、价值观与态度的学习机会,使他们成为能为推动社会发展与全球化进程作出杰出贡献的人才。

教育案例

"大概念"课程:从观念到绘画再到雕塑的美术之旅①

1. 课程概述

本课程面向七年级学生,共 15 课时。

● 课程核心概念:真菌界对生态系统的影响,二维和三维的表达方式。

● 学科交叉概念:自养和异养、可持续性、循环系统。

● 关键能力:在艺术创作中表达经验和思想,创造视觉可能性,完整表达作品的创作意义。

2. 学习目标

能够理解真菌的特性和生存策略的相关内容;分析真菌和植物的差异性,理解真菌界生物与生态系统的相互作用;能够运用不同媒介,将二维的手稿发展为三维的美术形式(小型浮雕和雕塑);展示并分享包含自我想法和创新观点的作品。

3. 教学过程

课前学习:观看纪录片《蘑菇的魔力》片段。

第一阶段:探讨有关真菌界的相关内容。

---

① 该案例来源于新加坡学生发展课程部站:https://www.pdf-book-search.com/book/little-book-of-art-lessons-moe-gov-sg.html,引用日期为 2020 年 7 月 10 日,由华东师范大学美术教育专业 2019 级硕士研究生戚雪芹编译。

通过课堂讨论,教师引出"五界系统"概念,即原核生物界(Kingdom Monera)、原生生物界(Kingdom Protista)、植物界(Kingdom Plantae)、真菌界(Kingdom Fungi)和动物界(Kingdom Animalia);学生交流并分享"五界系统"的分类依据和各界特性;思考极端生存环境下真菌的生存策略、不同系别的真菌形态特点以及真菌繁衍后代的方式。

第二阶段:观察与构思。

学生从多角度观察不同形态的蘑菇的外形特点。弱化外观,结合蘑菇剖面进行观察和分析,选定细节并运用不同媒介绘制手稿。

第三阶段:创作与反思。

教师引导学生自由选择表现手法,将手稿转换为浮雕作品;学生思考如何将二维形式演变成三维形式,并结合画面各因素间的关系,合理组织肌理、疏密、节奏、明暗等造型元素。

第四阶段:展示与评价。

学生开展小组分享会,每组展示并分享他们的创作成果和学习过程。教师引导学生认同并理解美术创作中思维拓展和观念转变的重要性,为自己和他人的作品提供合理化建议,尊重和理解他人的不同观点与价值贡献。

4. 学习成效

教师围绕关注"自然生态和美术帮助学生以新的角度看待问题"这一"大概念",引导学生将美术创作由观念、绘画延伸至雕塑的方法,并运用多种媒介进行创作实验,最终选择最为契合主题的表现手法。教师运用了启发式教学方法,引导学生进行了自主探究和反思性学习。其中,学科交叉与融合的课程体系也有利于提高学生的学习能力、创新能力、实践能力、社交能力和社会适应能力。

教育案例

"大概念"课程:由内而外的自画像①

1. 课程概述

本课程面向七至八年级学生,共 12 课时。

---

① 该案例改编自 BC 省艺术教师教育联盟网站:https://visuallyspeaking. online/lesson-plans/drawing-painting/,引用日期为 2020 年 7 月 10 日,由华东师范大学美术教育专业 2018 级硕士研究生唐利编译。

- 课程核心概念：比例和表现，人物肖像和内在身份，身份认同。

- 交叉学科：视觉艺术、心理学和社会科学。

- 持久理解：通过视觉艺术探索身份、地域、文化、社会与归属之间的关系。

2. 学习目标

能够将人物肖像和人物内在身份相联系，在一个混合的媒体中用彩色铅笔创作与自我意识和内在身份相联系的图像，探索揭示内在身份的方式，了解自己与社会、文化之间的联系。

3. 教学过程

第一阶段：描绘学生外部形象。

教师引导学生进入学习情境，学生明确学习目标。教师通过示范的方式加深学生对人物肖像的理解，并选取学生的照片进行描绘，提高学生的学习兴趣，加深学习内容与学生的联系。学生了解人物形象的外部特征，理解人物形象的绘画技巧和呈现方式。

第二阶段：描绘学生内部形象。

教师引导学生探索自己的身份，从多个角度拓展学生的思维空间，引发学生自我意识的觉醒，提高学生的创新思维能力；指导学生作品的呈现方式，通过象征和隐喻的方式来探索思想和观点。学生探索如何将抽象的想法和概念转化为具象的绘画作品，提高美术表达能力。

第三阶段：合成作品。

学生完善绘画作品，向同学介绍完成最终作品的方法，学会如何克服在绘画表现中遇到的困难，通过艺术来表达感受、想法和经历。教师为学生提供多种合成方法供其选择，锻炼学生的甄选能力。

第四阶段：评价。

首先，教师从专业角度对学生作品进行评价，体现评价的客观性；其次，开展学生间互评，促进学生对自己和他人作品的认识与理解。

4. 教学成效

该案例以美术表达为渠道，学生探索社会身份与自我身份之间的相互作用，建立身份认同，将个人外观与内在身份联系起来，基于人物肖像的比例关系，运用观察技巧和阴影知识，结合爱好、性格、文化背景等因素，探索内在身份，绘制个性化肖像画，增强了自我意识，提升了自身的表达能力、沟通能力和批判性思维能力。

四、开展信息技术与美术学科融合创新的深度学习

近年来，美术学科在现代信息技术的助力下，计算机支持的协作学习、网络学习、VR 学习、翻转课堂、智慧学习等各类学习模式应运而生，基于网络教学与传统课堂教学相结合的教学模式更加普遍，推动学生的个性化和自定进度的学习逐步发展。

在信息技术的支持下，教师对美术学科融合信息技术手段开展教学活动的研究议题增多，但对在数字技术支持下，教师如何变革自己的教学行为以促进和支持学生的美术学习及能力发展的研究仍然比较薄弱。教师要把握人工智能时代出现的新的美术现象，关注人工智能时代教学面临的新问题，改变教学主体和学习主体的思维方式，开展信息技术对美术教育影响力的实证研究，聚焦构建信息技术与美术学科融合创新的深度学习模型，构建智慧学习支持环境下基于合作的智能美术学习生态系统等方面的内容。在基于项目的学习、"大概念"艺术课程和 STEAM 课程中推进信息技术和智能技术深度融入美术课堂教学的全过程，以促进学生提高研究性学习能力和高阶思维能力，如逻辑分析能力、批判性思维能力和创造能力。

随着 AI 技术和通信技术的发展，未来的美术学习将更为智能化、数字化、个性化，也为未来社会的创新发展提供更多的可能。新技术为重构美术课程学习空间提供了可能；新技术赋能美术教育将有助于完善美术教学范式和推动美术教学创新；美术教学创新又能够推进智慧型美术课程的发展。在数字技术的支持下，教师能够让学生获得沉浸式艺术学习体验的机会，帮助学生深化知识，开展精准教学，开展信息技术与美术学科融合创新的深度学习，使学生成为自主学习的主体，培养学生的艺术思维和利用数字化方式探索知识、协作、创造和解决问题的能力等，克服由技术推动的美术教学方式变革走向唯技术主义的倾向和缺乏发展内涵的缺陷。

教育案例

信息技术与美术学科融合创新的深度学习：创意的文化产品设计①

1. 课程概述

本课程面向八年级学生，共 10 课时。

● 课程核心概念：文化产品的设计与宣传，产品与生活的关联性。

● 交叉学科：美术和信息技术。

● 持久理解：将传统元素更好地运用于现代社会生活；继承和发展中国的传统文化。

2. 学习目标

能够掌握基本的摄影拍摄技巧和建模软件的使用方法；激发摄影创作的兴趣，提高自身的审美能力和批判能力，培养视觉素养和媒介素养。

3. 教学过程

第一阶段：开发文化产品。

以班级为单位，教师明确教学的主题，要求学生将新媒体与中国传统元素进行结合，开发与现代社会生活相关的文化产品。教师将班级学生分成"文案""图片"两组，指导学生发挥创意；学生进行产品的前期设计，分别在众筹网站"点名时间"内完成项目的文字撰写和图片制作，并设置一定的项目启动资金额度及期限；积极倡导全校师生资助这一创意项目。

第二阶段：草图设计。

教师注重激发学生的创意表达，安排学生分小组通过手绘、App 模型下载、电脑软件制作等方法完成诸如紫砂壶、陶瓷杯等具有中国传统元素的产品设计草图。

第三阶段：3D 建模与打印。

教师指导学生运用 3D MAX 软件或其他 3D 设计软件对前期创作的设计素材进行电脑处理、草图优化、3D 建模与打印，实现将创意转换为产品实物的过程。

第四阶段：拍摄宣传视频。

教师指导学生分小组通过扮演、创设剧情等方法，运用数码相机、DV 等设备对作品进行宣传拍摄，突出作品对当前人们生活的重要性，完成一段关于产品的 MV 或宣传广告。

第五阶段：产品发布会。

学生在全校范围内召开模拟产品发布会，展示作品，并向资助项目的师生

---

① 该案例由上海师范大学美术学院讲师徐耘春开发并实施。

回赠作品,表达感恩之心;学生交流学习收获,探讨如何将传统元素更好地运用于现代社会生活,继承和发展中国优秀传统文化。

4. 创新点

第一,在教学理念上,教师强调了设计作品的创新性、审美性和实用性;第二,在教学方法上,教师引入了 3D 打印、虚拟交互应用软件、众筹网站等教学资源,激发学生的学习兴趣,让学生以设计师的身份将创意转化为可视的产品实物;第三,在学习呈现形式上,通过影像广告拍摄、模拟产品发布会、网上义卖等线上与线下相结合的混合形式,打破了原本单一的展示方法。

资料链接

基于游戏的学习理念

中国安吉游戏侧重能够应用于任何学习环境的游戏化学习,它首先在中国浙江省实施。在教学方面,安吉游戏使用真正的游戏作为学习机制,使任何环境都可成为学习环境,教师和成人的角色在于支持观察学生的互动和解决问题的活动,记录他们所观察的情况,让游戏环境的结构和组成在潜移默化间对学生产生深刻的影响;在学习方面,学生完全自主地安排和掌握学习过程,自由选择他们想要进行的活动,在一段时间内集中精力、不间断地探索,活动结束时进行反思,分享他们的经历,表达他们的看法;在扶持机制方面,该课程不需要太多的资源设备,大部分是较低或无成本的项目,学习资源可以从社会、自然、教室中获得。

安吉游戏将基于游戏的学习理念扩展到世界各地低收入阶层的学生,使学生能够通过自主体验游戏的方式进行学习。这样的学习理念与教学方法值得美术教师借鉴。

延伸阅读

《地平线报告》

从 2004 年至 2020 年,由美国新媒体联盟 (New Media Consortium, NMC) 及美国高等教育信息化协会 (EDUCAUSE) 每年持续发布《地平线报告》 (*Horizon Report*) ①,该报告主要关注教育信息技术的发展趋势。《地平线报告》曾预测了从当年至未来五年内能够影响全球高等教育教学活动的关键技术,展示了全球范围内高等教育中技术应用的最佳教学实践成果,对教育领域的新兴技术应用趋势做了长期探索,并为关键技术在教学实践中的应用趋势提供了前瞻性建议。《地平线报告》中将技术创新、教学创新、组织变革、绩效评估和影响因素分析作为分析的五个维度,探索能够满足高等教育领域对灵活、开放、多元学习模式需求的途径,以及普及实现在线教育、促进教育公平和全纳性、降低成本等方面的诉求。《地平线报告》对于中小学美术课堂教学开展深度融合信息技术的研究及实践也具有重要的参考价值。

《创新教学报告》系列报告

《创新教学报告》(*Innovating Pedagogy Report*)系列报告由英国开放大学 (The Open University, UK)及其合作机构从 2012 年开始编写。《创新教学报告》关注技术支持下的教学、学习和评价领域的最新理论、实践成果,从"用新技术赋能教学""应对未来社会变革与挑战""创新已有教学法""为教育开辟新可能"四个主题入手,介绍了未来十年内可能会对教育产生巨大影响的十种"创新教学法" (pedagogy),即趣悦学习(playful learning)、机器人陪伴学习(learning with robots)、去殖民化学习(decolonising learning)、基于无人机的学习(drone-based learning)、通过奇观学习(learning through wonder)、行动学习(action learning)、虚拟工作室(virtual studios)、基于地点的学习(place-based learning)、让思维可见(making thinking visible)、培养同理心(roots of empathy)。该系列报告能够启迪教师开展富有成效的教学创新,提醒教师在关注新技术发展和应用的同时,更应聚焦当前迫切要解决的,以及影响人类社会长远发展的教育和社会问题,以教学创新重塑教育。

---

① 从 2004 年起,《地平线报告》由美国新媒体联盟发布,2018 年起转由美国高等教育信息化协会发布。

第四节

未来深度融合人工智能的精准美术课堂教学

　　刘宁、余胜泉在《基于最近发展区的精准教学研究》一文中指出："因材施教不仅关注学习者已有认知能力，更要关注学习者认知发展过程，尊重个体差异和个性化需求，遵循教育规律和学习者认知发展规律的课堂教学，在大数据时代被赋予新内涵。最近发展区的重要思想很好地阐述了教学与发展的关系。以往的研究较多聚焦于最近发展区的意义及应用，结合教育学、心理学与计算机科学，探索最近发展区的表征与计算，将是对现有研究范式的一种创新。基于最近发展区的评估，以学习者认知发展的视角，从对学习者现有能力的静态评价，转向对学习者发展潜力的动态评价；对学习者能力单一、片面的评价方式转向多元、全面的评价方式。基于最近发展区的精准教学，为教师设计、调整及改进精准且有梯度的教学，满足因人而异的学习提供一种新思路：从注重学习者的知识获得，走向注重学习者的学科素养发展；从基于相对孤立知识点的讲授，走向基于主题的系统教学观的建立；从基于学习者已有静态水平的知识建构，走向基于学习者动态发展区的知识建构。教师在学习者最近发展区内，搭建适宜的学习支架以最大化激发学习者的发展潜能。同时，期望基于最近发展区的精准教学能够从多方面展开实证研究，对课堂教学实践产生有意义的影响。"①

　　2017年7月，国务院印发《新一代人工智能发展规划》，提出实施全民智能教育项目，在中小学阶段设置人工智能相关课程，逐步推广编程教育。2019年1月19日，教育部在北京召开"中小学人工智能教育"项目发布会，确定北京、广州、深圳、武汉和西

---

① 刘宁，余胜泉.基于最近发展区的精准教学研究[J].电化教育研究，2020，41(07)：77-85.

安这五个城市作为第一批人工智能教育试点落地城市，这些城市三年级到八年级的学生已于 2019 年全面开展试点。

我国当前的中小学人工智能教育主要在信息技术课程、STEAM 课程、创客课程中开展。未来，我国要将人工智能教育课程体系与现有的整个教育课程体系进行深度融合，将人工智能教育拆分成多门课程，全方位融入现有的学科教育。在融入人工智能的美术课堂教学中，中小学生进行编程，产生新的设计构思，推动美术作品和设计产品的诞生与运作，以跨学科学习方式拓展美术课堂学习范畴。我们要开展精准美术课堂教学，促使学生提高美术学习的效率，获得美术学科核心素养、信息技术学科核心素养以及中国学生发展核心素养。

第九章

课程发展展望

经合组织教育和技术主管安德烈亚斯·施莱歇尔曾说:课程是改变学生学业成就和幸福感的有力杠杆,也是为学生的茁壮成长和塑造未来做准备。它可以提供不同类型的教育和年龄段的质量水平,有助于建立一个更公平的体系。它还可以指导和支持教师,促进教师和家长之间的沟通,并确保不同教育水平的连续性。[①]

然而,如果没有足够的空间让学生探索自己的兴趣与目标,那么课程同样会限制他们的创造力和能动性。此外,如果课程多年不变,它可能会缺乏必要的创新来适应社会的变化。因此,各国定期课程改革,以确保其与学生和校外的世界相关。

可见,课程是各个时代促进变革和社会发展的重要工具,它既是过去优秀文化的遗产,也是面向未来的希望。在研究课程问题的时候,经典问题是学生应该学什么,教师应该教什么,以及为什么教,等等。这类问题与一个国家或地区"培养什么样的人"的目标追求一致。第四次工业革命和人工智能时代,社会经济、文化和技术发展呼吁重新定义课程的作用和功能,以及促进课程在实践中实施的方法。

---

① OECD. Curriculum (Re) design: A Series of Thematic Reports from the OECD Education 2030 Project [EB/OL]. [2025 - 02 - 16]. http://nobelphd.com/report/ro.4.pdf.

未来能力和未来课程

2017 年,联合国教科文组织国际教育局在瑞士日内瓦召开主题为"未来能力和未来课程:第四次工业革命中的课程改革"的全球会议。会议讨论并完善了三个相互衔接、规范的参考文件:《21 世纪课程概念的重建和重新定位:全球范式转变》《未来的素养与课程的未来:课程变革的全球借鉴》《全球教、学、评范式的转变》。这三个文件对完善各国课程体系、教学模式、评价机制等起到了很好的导向作用。

一、动态、复杂、多维的课程新范式

在《21 世纪课程概念的重建和重新定位:全球范式转变》①文件中指出,目前课程的局限性在于定位于学前和基础教育(K-12)阶段,低估了课程在 21 世纪的意义、作用和潜在影响。认为课程概念重建应适用于所有层次和类型的教育和学习、所有层次和类型的学习者,以及正式的和非正式环境下的不同学习。既允许课程纵向衔接,确保学习者通过教育和培训获得终身学习支持;又允许横向课程衔接、协同作用、互补性和相互加强,以进一步加强终身学习。

文件认为,新范式的课程是一个比当前更动态、更复杂、更多维的概念。因此,它

---

① Mmantsetsa Marope. Reconceptualizing and Repositioning Curriculum in the 21st Century：A Global Paradigm Shift［EB/OL］.［2025-02-16］. https：//www. fundacion santillana. com/wp-content/uploads/2020/04/recomceptualizing_and_repositioning/.pdf.

要求按照以下八个关键维度重新定义课程：

- 确保教育和学习系统具有可持续发展意义的首要操作工具。
- 作为创新、颠覆和社会变革的催化剂。
- 促进社会公平、正义、凝聚力、稳定与和平的力量。
- 教育系统的综合核心。
- 终身学习的推动者。
- 教育和学习质量的决定因素。
- 教育和学习系统主要成本驱动因素的决定条件。
- 依靠自己能力进行终身学习的系统。

上述每一个维度都意味着在行业、国家和全球层面对课程进行重新定位。

文件还认为，国际社会对 21 世纪人才素养的共识，促成 21 世纪课程改革的关键驱动因素。文件将这些因素归纳为：向知识和技术驱动发展转变，不断拓展的发展观，推动发展国际共同议定的目标，信息和技术革命，工作和工作场所的新要求，新的工作方式，新的工作工具，社会分裂与政治不稳定，数量众多的青年辍学，提高对学生和教师主体的认识，对学习理解的进步，第四次工业革命的到来。因此，21 世纪的变化速度和强度对课程的影响可能超过过去几个世纪的总和。这就需要一种基本的范式转换。

二、素养本位的课程改革新方向

《未来的素养与课程的未来：课程变革的全球借鉴》[1]文件指出，知识经济的出现极大地强调了教育在发展中的重要作用。但目前的教育和学习系统，却不能培养出能迎接挑战和把握 21 世纪快速变化的社会环境所需要的人才。教育和学习系统无法跟上时代变革的步伐，更不用说是引导变革了。课程具有巨大的潜力，一方面可以缩小教育和学习系统之间的差距，另一方面也可以缩小教育与学习系统和发展环境

---

[1]　UNESCO. Future Competences and the Future of Curriculum A Global Reference for Curricula Transformation [R]. Paris：UNESCO，2017：7-13.

之间的差距。为此，高质量的课程是教育与学习系统发展相关性的关键。目前，教育系统意识到课程作为发展相关性工具的力量，将课程从学科本位调整为素养本位，已成为越来越多国家已经或正在进行课程改革的方向。

文件还对素养作了界定，认为：以互动方式组织和合乎道德地使用信息、数据、知识、技能、价值观、态度和技术来发展素养，以便在 21 世纪的不同情境中有效参与并采取行动，实现个人、集体和全球利益。文件还认为，学习者仅仅学习是不够的，关键是如何将所学知识应用于 21 世纪快速变化、不可预测甚至具有颠覆性的情境之中，尤其是面临着第四次工业革命的到来。总之，未来的课程必须反映出为未知的未来做好准备的素养。

文件指出，素养本位的课程建立在学习者对情境（context）理解的需求之上。为此，在素养本位的课程中情境分析是不可或缺的重要一环。情境是复杂的、多维的和多样化的。不同的情境都会对个人和集体提出不同的要求。与素养本位的课程相比，学科本位的课程通常是让学习者了解学科的主要内容，并深入了解该学科领域的进展。为此，学科本位的课程不强调立即使用所获得的知识，学习者今后只有在现实生活中遇到问题时，才有可能迫使他们应用所习得的知识。

文件认为：未来有七种重要的素养（macro competences）被认为与跨情境相关。这些素养是：

1. 终身学习（lifelong learning），是指"知道如何学习""知道学习能为自己提供再生能力，并能够根据不断变化的环境需求重塑自己"，这是未来最重要的素养。

2. 自我主体意识（self-agency），是指需要利用能力（capacity）和灌能（empowerment）①分析自己所处环境的需求，并运用手头的所有资源（知识、技能、技术等）自我实现的行为。

3. 以互动方式使用各种工具和资源（interactively using diverse tools and resources），是指以有效、高效和互动的方式使用各种工具和材料，包括智力、文化、宗教、语言、材料、技术、财政、物理的和虚拟的资源，以及第四次工业革命智能工厂中人机接口、多种技术的使用等。

---

① 灌能：心理学术语。是指个人在执行现有工作时感到精力倍增，从而产生的一种积极感受。

4. 与他人互动(interacting with others)。随着社会的复杂性不断增加，需要个人与他人进行有效互动，合作解决复杂的问题，并在情境中创建综合的解决方案。它超越了生产力而影响到人类。它也是促进社会互动、凝聚力、和谐、正义以及最终实现和平与和解的未来的关键能力。

5. 与世界互动(interacting with the world)，这种素养是使人认识到自己既是本国国民，又是世界公民，增强为当地、国家、地区和全球层面共同应对挑战和机遇的意识。它也倡导认同多元文化、各种宗教、不同语言的观点，将多样性视为一种丰富的资产。

6. 多元识读能力(multi-literateness)。21 世纪要求人们具有多元识读能力，并能灵活、有效地利用。除以前所说的阅读、写作、计算等基本识读能力外，还应包括数字、文化、金融、健康和媒介素养等微观素养(micro competences)。

7. 跨学科(trans-disciplinarity)。不断增加的复杂性需要更加复杂的解决方案，这些解决方案会涉及来自多个学科领域的知识，为此，跨学科能力也是未来所需要的重要素养。

三、全球教、学、评范式的新转变

《全球教、学、评范式的转变》[①]文件主要是谈教师的教学、学生的学习和教学评估范式的转变。

文件指出，有效实施素养本位的课程，需要将学习者的角色从被动的接受者转变为主动的、有能力的、自我受益的主体。为了让学习者能主动参与讨论，促进他们的主体意识，教师必须创建良好的学习环境，激发他们积极参与有意义和具有挑战性的任务，活跃他们的思维，并随着时间的推移使他们的能力得到发展。

文件认为，素养本位的课程能否有效落实，取决于教师能否作为课程的共同设计者和开发者，还取决于教师对课程的深刻理解。

---

① UNESCO. Transforming Teaching, Learning, and Assessment：A Global Paradigm Shift［R］. Paris：UNESCO，2017：4 - 41.

文件还认为，素养本位的课程还要求教师承担调查规划者的角色。需要教师考虑：不同年龄和能力的群体所需的"脚手架"层次，学习者的研究能力范围和水平，以及他们在小组中批判性和创造性思考的能力。

文件在阐述评估部分指出，在课程框架中，评估对于支持和加强课程改革具有重要的潜力。然而，需要注意评估的性质、使用的工具与正式的课程要保持一致。评估还会对课程、教学和学习产生强化甚至整合的效果。在评估中使用适当的策略，可以支持正式课程的实施，促进学习，并产生丰富的效果。但是，要想从评估中获得以上这些好处，就需要所有相关人员具备评估的专业知识。

最重要的是，素养本位的课程必须采用高质量的评估，而不是采用通常不良的评估、测试和考试等方式。高质量的评估工具和程序应被用作收集官方课程中所需素养证据的工具。还必须按照官方课程的意图，使用它们来收集学习者在能力发展方面从新手到专家及其他方面进步的证据。

此外，文件还对职前和在职教师的评估，以及发展教师的评估能力方面提出了一些建议。

课程重建的生态系统方法

为了让每个学生都能在未来茁壮成长，实现课程重建的愿景，就需要在为谁设计课程、如何理解课程的灵活性、如何从广泛的学科研究中获得证据等方面作全面思考。

一、教育新常态中课程的生态系统

《课程（重新）设计：经合组织教育 2030 项目的一系列专题报告》[*Curriculum (Re) design：Aseries of thematic reports from the OECD Education 2030 Project*，以下简称《课程（重新）设计》]认为体现新常态的教育体系与传统教育不同，其教育系统是更大的生态系统的一部分。家长、学校、社区和学生等利益相关者共同决策和分担责任，大家齐心协力，为学生的教育承担责任，学生也学会为自己的学习负责。注重成效和学校体验的质量，既重视"结果"，也重视"过程"；不仅关注学习成绩，而且关注学生的全面发展。在课程设计和学习进度的方法上是非线性发展的，认识到每个学生都有自己的学习路径，并且在入学时已具备不同的知识、技能和态度。教育监测的重点在于系统问责和系统改进，通过各种反馈来不断改进工作。对学生的评估，采用不同目的的不同类型的评估。学生在学习中积极参与，既有学生个体参与，也有共同主体参与，特别是教师主体。①

---

① OECD. Curriculum（Re）design：A Series of Thematic Reports from the OECD Education 2030 Project [EB/OL].［2025 - 02 - 16］.https://nobelphd.com/report/r04.pdf.

《课程(重新)设计》还建立了生态系统课程分析法。这是一个多重嵌套系统,采用全面、多维、生态系统的方法来处理课程设计和实施过程。在这些系统中,学生个体在中心,往外依次包括微观系统、中间系统、外在系统和宏观系统。这些系统直接或间接地影响着个人的终身发展。它承认课程涉及学校、教师、学生、家庭、社区和社会之间多向互动的复杂现实。

微观系统是最贴近学生的环境,包括人际关系和与周围环境(如学校、家庭、邻里)的直接互动。中间系统包括微观系统各方面之间的相互作用。例如,在学校环境中,包括不同教室的教师如何相互联系,学校领导如何促进教师、家庭和更广泛的学校社区之间的互动,以及教师如何与家庭联系,因为这些关系可能会影响学生的微观系统。外在生态系统包括为微观系统提供结构的各个方面,但并不直接影响学生。例如,课程设计涉及学校、市镇、州(省或地区)和国家各级政府,具体取决于国家赋予这些实体的自主权类型。宏观系统是最外层的,包括影响学生环境的社会或文化意识形态和信仰。例如,它包括有关教育目的或目标的更广泛的社会和文化信仰(见图9-1)。

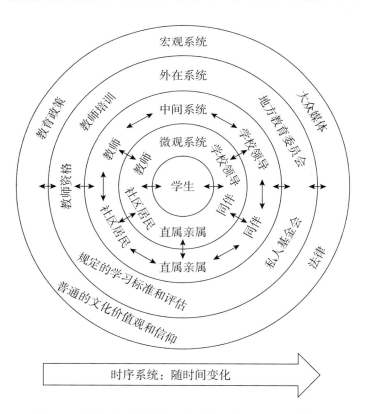

图 9-1 《课程(重新)设计》生态系统方法——多重嵌套系统

除了直接或间接影响学生如何体验新课程的实施外,教育系统中的嵌套层次也会相互影响。根据课程改革的生态系统方法,《课程(重新)设计》课程分析着眼于课程的八个方面,除了课程的三个传统方面(计划、实施和实现),预期课程、协商课程、感知课程、体验课程、经评估的课程等五个方面被认为对确保学生的学习和幸福非常重要。

预期课程是指利益相关者(包括家长、学生、教师、学校领导、用人单位和其他共同体成员)对预期课程应该是什么样子、学生应该学什么、他们应该成为什么样的人以及他们应该如何行动所抱有的期望和信念。

协商课程是指在课程实施和教学之前,决策者、教师和学生之间的协商过程。

感知课程是指学生和教师如何感知课程以及他们对课程的解释或理解。

体验课程是指学生感知和实际体验到的课程,而评估课程是指通过评估实践确定的学习内容,旨在捕捉学生学习的一个子集。尽管这两种课程应该是相似的,但体验到的和评估到的并不总是完全相同的。

经评估的课程是指课程的整体评估设计和实施,包括监测和评估。它随着时间的推移而发生,并涉及多方利益相关者,包括管理者、教师、家长和其他人员,让他们了解课程设计过程的生命周期。

二、互联世界中学生的全球胜任力

随着人口在各国之间的流动,各社区重新塑造了自己的身份和地方文化,个体必须与遥远的地区、人民和思想互动,同时应该加深对本地环境和社区多样性的了解。世界各地的工作场所正变得越来越多样化和相互关联,在当今世界,必须运用跨学科的知识来理解不同的观点,与其他人进行交流,用人单位越来越希望吸引那些能够在新环境中轻松应用和迁移技能与知识的学习者。而在过去的二十年里,信息和传播技术也发生了翻天覆地的变化,改变了我们的生活,塑造了年轻人的世界观、他们与他人的互动关系以及他们对周围环境的看法,等等。这些变化正在催生新的学习形式,在这种学习形式中,知识来源是分散的,学习者在如何学习方面拥有越来越大的自主权。

在一个相互关联的世界中,教育最终应培养那些能够为可持续发展和集体福祉采取行动的新一代公民。因此,学习者也越来越需要一个在相互联系、不断变化的世界中生活的全球胜任力。尽管各国教育建立在不同教育模式思想上,但它们有一个共同的目标,即促进学生对世界的了解,增强他们表达观点和参与社会的能力(见表 9-1)。

表 9-1　全球胜任力内涵及共同原则[①]

内涵	共同原则
审视具有地方、全球和文化意义的问题;理解和欣赏他人的观点和世界观;参与开放、适当和有效的跨文化互动;为集体福祉和可持续发展采取行动。	许多哲学传统和文化都有一个与全球胜任力相当的概念,属于人文主义和人性的大范畴。它们都有一些共同的伦理原则,如联系、尊重、开放、宽容、同情、怜悯、对他人的了解、自我意识和普遍亲情的理想。

2018 年,经合组织国际学生评估计划(PISA)首次评估了学生在互联世界中的全球胜任力。研究结果表明,任何全面的课程分析都不应只关注调查书面课程的内容,还必须考虑影响学生成果的多种相互作用的因素,以及导致这些成果的经历。课程生态系统的相互影响,可以帮助我们了解学生是如何在书面课程之外全面发展全球胜任力的。

在微观系统中,学生通过自己在各种情境中的学习经历,通过校内外的正式和非正式学习,发展全球胜任力。这表明,教师越来越需要采取生态系统的方法,考虑到每个学生可能拥有的不同资源,为他们设计最佳的学习环境。

在中间系统中,全球胜任力的培养受到以下四种类型互动质量的影响:学生与教师之间、学生之间、学生与家长之间,以及学生与社区和更广泛的社会之间的互动。例如,PISA 数据显示,学生在家庭、朋友圈、邻里或学校与其他国家的人接触,与学生的跨文化技能和对全球问题的态度之间存在正相关。

在宏观系统中,全球胜任力的培养不仅会受到课程内容的影响,而且会受到课程

---

①　改编自:PISA 2018 Results (Volume Ⅵ: Are Students Ready to Thrive in an Interconnected World?)[EB/OL].[2025-02-16]. https://doi.org/10.1787/19963777.

编写方式的影响，以及学校风气或家长态度和价值观的影响。家长的态度、知识和行为会影响并反过来塑造文化规范、信仰或价值观，然后通过这些规范、信仰或价值观传递给孩子。

三、课程重新设计的原则

2020年，经合组织文件《课程再设计：经合组织 2030 教育项目系列主题报告》[①]中提出课程再设计的 12 个原则。这 12 个原则涉及四种类别：学校课程的设计原则、跨学科课程的设计原则、校外课程的设计原则、过程方面的设计原则。

（一）学校课程的设计原则

1. 聚焦（focus）。所谓聚焦是指在学校课程中每个年级引入少而精的主题，以确保学生学习的深度和质量。例如，许多国家通过纳入跨课程或跨学科主题作为课程的学习重点，而不是额外提供课程或科目。如挪威将生活技能、民主和公民身份以及可持续发展三个主题融入学校课程，来培养学生在这些核心领域的能力。

目前，由于社会的不断发展，需要关注的主题和问题也会越来越多。为此，课程中融入跨课程或跨学科的主题和概念，要遵循"少即是多"的原则，即聚焦的原则，使学生能够进行深入学习。同时，还要考虑这些主题和概念中所涉及的基本知识、技能、价值观和态度，要适合学生的发展水平，减轻他们的学习负担，并促进他们的幸福感，进而保持更深入的学习兴趣。

2. 严谨（rigour）。所谓严谨是指课程中应该包括具有挑战性的主题，并能够进行深入思考和反思。课程内容应以其对学生基于发展的证据为理由，确保高标准和相关标准，主题的广度和深度适当。严谨的课程包含发展和加强学生在新的和不同的情境中利用知识与应用技能的能力的内容。

在减少课程超载和确保公平方面，严谨性尤为重要。例如，日本在 1998 年的改

[①] OECD.Curriculum （Re）design：A Series of Thematic Reports from the OECD Education 2030 Project [EB/OL].[2025 - 02 - 16].https：//nobelphd.com/report/r04.pdf.

革中减少了课程内容,减少了教学时间,以减轻学生和家长对大学入学竞争加剧的焦虑。虽然改革的目标是不让任何学生落后,提高学习时间的质量,但改革被误解为降低了标准。为了回应对 1998 年改革的强烈反对,2008 年的课程增加了内容和教学时间。

因此,严谨性是一项至关重要的设计原则,有助于在不降低教育质量的情况下,使教师认识到课程标准的持续深度。

3. 连贯性(coherence)。课程设计中的连贯性是指一个有意义的主题顺序结构,反映了其所依据的学科的逻辑,使课程的不同要素之间的关系变得清晰起来。连贯的课程能够从基本概念发展到更先进的概念,且能适合不同年级和年龄学生的发展水平,满足他们的需求。

当在课程中引入新内容时,应特别注意新主题的组织或排序,考虑到学生的压力(例如,对他们来说太难的材料)或无聊(例如,重复他们已经理解的材料)。连贯性还支持教师将内容联系起来,以便充分利用不同的课程,促进跨学科教学和学习。

连贯性还体现在,当课程考虑到学生先前的知识、技能和学习进步时,学生才能进行有效的学习。例如,爱沙尼亚和爱尔兰等国采用的"螺旋式课程",为学生提供了分阶段学习的课程空间,而不是在每个年级以刚性、线性的方式学习。这种方法可以使各年级的课程内容更加一致,并减少不必要的重复风险。它还为教师和学校提供了根据学生学习进展调整内容的灵活性,教师以有意义的方式审查内容,深化学生的学习。这种方法可以防止就宽泛的主题进行肤浅的学习。

鉴于目前学校课程超载严重,连贯性尤为重要,便于在课程中保持学科逻辑,同时防止学科主题的意外重叠和重复。它还可以支持阐明某些主题如何在不同学科之间相互关联,提出促进跨学科学习的可能方法,从而最大限度地减少课程超载。

(二)跨学科课程的设计原则

1. 可迁移性(transferability)。在课程设计中,可迁移性要求构建课程,使学生能够理解支撑特定学科的基本概念或"大概念",并了解它们如何应用于不同学科。可迁移性的课程,还应考虑到学生如何在特定的学科背景下发展技能、态度和价值观,同时将其应用于不同的学科和背景。

加拿大不列颠哥伦比亚省在新的课程设计中应用了这一原则,围绕每个年级采用"大概念"的内容构建课程。"大概念"旨在将关键概念概括为更广泛的知识和技能,应用于课程科目。不列颠哥伦比亚省还通过规定的学习标准将核心价值观纳入课程,如尊重他人、尊重多样性和积极的人际关系等。

可迁移性对于通过关注"大概念"或基本概念最大限度地减少课程超载,以及将价值观嵌入课程起到至关重要的作用。作为课程设计的原则,它分为两个层次。一方面,在某种程度上,将价值观、技能和态度嵌入课程需要仔细考虑如何在不同学习领域的内容中最好地体现每一种价值观、技巧和态度。这就需要详细分析与学生认知、社会、情感和身体发展相关的每种价值观的目的,以确定每种价值观在学习领域结构中的相关性和适用性。另一方面,价值观的可迁移性与学生如何在课堂内外展示由此产生的行为、态度和倾向有关。

2. 跨学科(interdisciplinarity)。有利于跨学科和相互关联的课程应该为学生提供机会,让他们发现一个主题或概念如何与学科内和跨学科的其他主题或概念联系起来,并进一步延伸至他们的校外生活。这种方法在日本的《学习指导要领》(2017)中有很好的体现,该标准试图通过一种称为课程管理的概念来解决社会问题。日本的《国家课程标准》不仅支持相关科目中的跨学科方法,而且通过一个名为"基于探究的跨学科学习期"的专门科目,确保跨学科学习的课程时间,为学生提供跨学科领域连接内容的机会。

3. 选择性(choice)。根据选择性原则制订的课程应提供广泛的主题、项目和选择的机会,让学生提出自己感兴趣的主题和项目,并提供支持,帮助他们做出明智的选择,尤其是对弱势学生。

这种课程对新的主题、新的资源、创新和替代方法、教学和评估等方面具有灵活性,并使教师能够让学生参与有意义和相关的学习体验。例如,新西兰的高中课程没有设必修课,相反,学生可以从17个学科领域中选择5～6门3个水平层次的科目进行学习,获得学业成就。学校通常会设置每门课程的单元,但越来越多的学校通过选择学习单元和评估,为学生尽可能提供个性化的课程。

选择性在有效的课程和课程灵活性及自主性的背景下尤其重要,使学生能主动地和明智地作出选择。

（三）校外课程的设计原则

1. 真实性（authenticity）。所谓真实性是指提供与现实世界相联系的课程。当课程内容具有真实性时，它会让学生参与学习体验，包括探索与他们自身、他们所处的环境和他们的需求相关的真实问题。这样的课程探讨了主题与学生未来的生活和工作选择之间的关系，并使他们能够接触到有明确目的的主题和承担项目任务，从而为他们的终身学习做好准备。

例如，英国苏格兰地区的"卓越"课程旨在确保课程框架能更好地满足学习者和未来劳动力的需求。为了能够很好地达到这一目标，苏格兰进行了一系列课程改革，如研发"年轻劳动者"和"学习者之旅"等课程，旨在为学习者提供更广泛的学习体验、更多样的途径和选择，使学生与雇主、高等教育和学校之间保持更多的联系。

真实性设计原则能最大限度地考虑到学生的未来发展，同时对解决公平问题，调整课程使不同学生与社会需求保持联系也至关重要。

2. 灵活性（flexibility）。灵活性是指学校和教师能更新、调整课程，以反映处在不断变革中的社会问题以及学生个人的学习需求。具有灵活性的课程是动态的，能够适应不同的和不断变化的环境，并允许纳入新的内容和优先事项。这有助于课程既与当前相关，又能着眼于未来。具有灵活性的课程还允许教师根据当地的优先事项和学生的个人需求，来确定学习时间的长短，以及增加情境的多少。

例如，英国威尔士地区 2020 年课程改革的指导原则就是强调灵活性，改革的关键策略是提供指导而不是规范，以便教师和学校能有更大的灵活性。

因此，灵活性的原则是通过个性化或数字化课程等工具，以及创新和灵活的课程设计，防止课程实施的时间滞后，并确保公平性。

3. 一致性（alignment）。在考虑一致性原则时，课程内部和整个课程之间都有不同的维度需要考虑。第一，教学方法与评估应与课程保持一致性。第二，职前教师教育和专业发展应与课程保持一致性。第三，为了确保终身学习的连续性，至关重要的是确保不同教育水平的课程之间的一致性和概念的一致性。虽然许多评估预期结果的技术还未能开发，但新的教学和评估方法应重视学生的整体成果，既包括学习方面的，也包括幸福感方面的。

（四）过程方面的设计原则

1. 参与（engagement）。在课程开发阶段，教师、学生和其他利益相关者的大力参与至关重要，以便课程实施阶段能得到更好的实施和参与。例如，加拿大安大略省的课程改革就强调参与性。该省在课程再设计过程中，各种利益相关者，包括学校董事会、教育工作者、研究人员、编辑和其他人员共同参与修订课程文件和课程草案。

2. 学生主体（student agency）。学生主体是指在课程设计过程中，让学生参与课程的设计和实施过程，确保课程对学习者具有更强的针对性。通过激励学生，并在他们之前的知识、技能、态度和价值观的基础上设计课程，使学生对自己的学习有一种主人翁感。

当学生作为主体参与课程设计时，就会影响和决定他们学习的内容、时间和方式，为他们的未来提供有意义的准备。

3. 教师主体（teacher agency）。教师主体是指赋予教师权利，使其能够利用自己的专业知识、技能和专长，有效地共同设计和提供课程。

教师主体不仅是指赋予教师权利，而且让他们尽早参与课程改革的进程，有助于他们在实施阶段接受并轻松处理重新设计的课程。教师参与课程设计，使他们能够量身定制教学，同时也能根据学生的需求和兴趣，利用当地的资源、情境和问题等组织教学。

关于教师专业发展的要求

教师对 21 世纪所需能力的概念化认识及相关课程教学与实践,是实现课程改革目标的一个重要维度。充分调动并支持教师的能动性和决策力,可以增强他们对课程目标的承诺,提高他们的实践质量。

一、教师专业知识的新挑战与新认识

(一) 21 世纪的教学知识新挑战

21 世纪的教育学不同于 20 世纪。自 21 世纪初以来,国家和世界教育的发展发生了许多变化。最明显的现象是社会的互联网化和数字技术对学习的渗透。但教师在世纪课堂中实施与培养 21 世纪技能的课堂活动不容乐观。2019 年,荷兰一项针对中小学教师的网络调查显示,参与调查的 3.2 万名教师认为培养 21 世纪能力的课堂活动与数字素养、创新思维、批判性思维与交流、(数字)公民、自我调节学习、(计算机支持的)协作等维度相关,其中,数字素养认同最高,创新思维是最重要的影响因子。同时,教师认为虽然数字素养和创新因素被认为对 21 世纪的实践具有重要意义,但他们对此关注较少。他们仍使用传统的教学方法。

21 世纪的学生是"Z 世代"学生,也就是社会数字一代学生。现代学校教育实践与社会数字一代之间存在差异,教育的空间也正在扩展到课堂之外。同时,社会数字一代的记忆、注意力和思维发生了变化。网络查找的便捷改变记忆过程的结构,使学生记住的不是网络中任何信息源的内容,而是这些信息所在的位置,或者说,如何获得信息的方法。研究显示,与 10～15 年前相比,注意力的平均集中持续时间减少了 10 倍。基于视觉图像的思维方式正逐渐改变基于逻辑和文本关联的思维方式。

显而易见,数字技术改变了我们的生活方式、沟通方式、思维方式、感受、对他人的影响渠道、社交技能和社会行为。而如何创新教学方法,促进学生深度学习,这对教师教学知识及专业活动提出了新的要求。

(二) 教师专业知识的新认识

从教育学研究来看,一般教育学知识内涵不断延展。舒尔曼(Lee S. Shulman)(1987)最初定义一般教育学知识为课堂管理和组织,后来扩展到包括对教学和学习过程的更广泛的理解,教师从"机器中的齿轮"转向"学习环境的积极设计者和教学艺术与科学专家"。但教师由于以往的学习机会没有完全涵盖 21 世纪技能需要,从而缺乏适应 21 世纪发展的教育学知识,过时的教学观是形成学习机会与实践转化的知识差距的原因。

从教师教育课程来看,21 世纪课程全球范式转变。全球课程面临概念重建与重新定位,新的课程范式更具有动态性、复杂性和多维度。当前的课程应当从"以学科为本课程"向"以能力为本课程"范式转变。虽然技术可能成为传播知识的一种高级工具,但优秀教师本身仍是教学具有持久价值的因素。以创新教学法培养环境设计专业的教师,有能力将学习者对游戏、创造力、协作和探究的自然学习倾向与提高 21 世纪技能和学习者参与相匹配。教师立足问题解决过程,成为终身学习者,在思考如何影响学生学习中学会教学。

从教师专业发展来看,衡量教师专业水平需要全方位支持。教学所需的知识和技能、职业发展机会、教师合作文化、教师和学校领导的责任和自主水平、教师职业的声望是衡量教师专业水平的五个支柱(OECD,TALIS2018)。成为有效的教师所需要的技能应广泛而复杂,除了了解他们的学科以及如何教授这门学科外,教师还应成为儿童发展、课堂管理、行政管理甚至心理学方面的专家,并在整个职业生涯中不断更新他们的知识基础。

(三) 艺术教师专业能力概念认知与方法论

艺术教师有个人和职业两种身份。英国一项跟踪艺术学习的研究（2015—2018）针对这两种身份发展出两个模式的专业发展课程：沉浸式体验和发展合作伙伴关系课程。前者侧重教师个人，通过与艺术家和材料的接触，鼓励教师作为学习者体验开放式、批判性的审美探究的教学原则。后者侧重学校环境，将工作室方法嵌入真实的课堂教学，探索文本解释的可能性。这两种模式都鼓励教师在知觉、情感和认知上"有意识地参与"艺术创作，并将这种参与转化为课堂教学法。

艺术研究汇聚了艺术与科学、视觉、表演和其他艺术形式（文学、戏剧、舞蹈、电影、音乐等），以及艺术家、科学家、研究人员、作家和策展人等。从根本来看，将艺术与研究结合在一起的是教育。艺术教育研究能提供批判性、人文主义、跨学科的视角。以艺术为基础的教育研究建立在对传统教育研究方法的批判上（艾斯纳，2008），是一种通过艺术的镜头和实践来探索、解释和理解任何想法、主题或现象的方式。艺术教育应能够在横向上足够"丰裕"，以满足儿童多元智能发展的需求。目前，各国艺术课程改革都关注综合学习、跨学科学习是对学科学习的有益补充这一价值，因此，新知识系统的分支使跨学科文化探究更为突出，艺术教育研究提供一种社会调查方法，它是一个"展开"的过程，结合了实践者的调查方式、工作室的想象空间和艺术教学的创新挑战，以揭示有意义的联系，产生对教育和文化实践新的见解。

二、能力导向课程对教师提出的新要求

(一) 教师角色转变

能力本位的课程的成功，部分取决于对教师作为课程的共同设计者和共同开发者的作用的认识，以及他们对课程的深刻理解。教师角色正从传统的"舞台上的圣

人"转变为"侧面的向导",成为调查者,扮演有效的学习脚手架和音序器等。[①]

第一,"侧面的向导"意味着教师成为合作计划者、共同建设者和配角,并通过各种方式促进学习者积极参与学习过程。第二,承担调查计划者的角色。教师需要考虑不同年龄和能力分组所必需的"脚手架"水平;学习者研究能力的范围和水平,以及他们在小组中进行批判性和创造性思考的能力。第三,有效的学习脚手架和音序器的角色。教师必须确保学习者需要发展的能力与促进他们建立和证明这种能力的促进活动能良好匹配。

(二)教师评价能力的转变

能力导向课程强调的是"教—学—评"一致性,通过课程设计原则和学生学业质量标准,指导教师教学和评价,但同时,以能力为基础的课程也对教师的评价能力提出了较高的要求。

学生学业质量标准是教师评价时的依据,也是用来收集证据,证明学习者在能力发展过程中,如国家课程所期望的那样,获得了能力的提升。而如何收集证据,这个过程正是教师评价能力的体现。教师要围绕学习任务和学习目标,创建并精心设计任务,这些任务不仅要评价学生的整体能力,而且要评价能力要素之间的相关性,这些要素包括知识、技能、情感、态度和价值观等。教师还要围绕评价来细化指标,以便说明与特定能力相关的学习进展。教师要能对所有的学习目标做出判断,及时向学习者提出他们需要改进的地方,等等。

在以能力为基础的课程中进行评价,更多的是发展教师的判断能力,有目的地观察、解释和记录学习证据,并将对学习的解释传达给学习者。这个过程中,教师会用到诊断性评价、形成性评价和总结性评价,并将它们融入"日益复杂"的任务或活动。教师还需要掌握特定的技能、工具和技巧,例如,设计评价工具、学习单、评价量表,建立反馈机制等来改善教学。

(三)教师持续专业发展的转变

能力导向的教学改革应该重视持续的专业发展,以支持有效的教学法扎根,将重

---

① Mmantsetsa Marope, Patrick Griffin, Carmel Gallagher. Transforming Teaching, Learning, and Assessment a Global Paradigm Shift[J]. UNESCO Publishing, 2017:17-18.

点明确放在学习过程和改善教学法上,解决学校的实际需求。教师在学习深层次教学法和以能力为基础的课程的教学过程中,形成学习共同体,这种专业的学习文化可以促进同伴间经常性的接触和合作教学机会,避免教师独自工作。无论是教师还是职前教师,满足 21 世纪对教师变革的要求以及实施有效的可持续专业发展都是必不可少的。

　　有效的教师专业发展包括四个基本组成部分:认知发展、体验学习、合作学习和反思实践。教师掌握理论和教学知识,以激发和挑战对有价值的学生成果的思考;演示和参与教学技巧与策略;为大家提供持续练习、共享和学习的机会;通过与同伴的辅导、协作、讨论、反思来处理和深化学习。[1] 将持续专业培训课程与以能力为基础的课程相结合的一个重要部分是教师能力,这种能力应该通过教师教育来培养,并通过持续专业培训来维持。

三、未来教师专业发展路径

(一) 探究标志性教学法

　　"标志性教学法"的概念由舒尔曼(2005)提出,有三个特征:是这个专业独有的、与众不同的;渗透在一个学院的所有课程之中;不仅渗透在课程中,还渗透在整个行业之中。OECD(2019)发布过去 5 年间不同国家开展"教育中的创造力和批判性思维"项目的成果,发现在 11 个标志性教学法中,仅适用视觉艺术的有"工作室思维"和"艺术行为教学",适用包括视觉艺术在内的所有科目的教学法有:创造性伙伴关系、设计思维、对话教学、元认知教学法、蒙台梭利、基于问题的学习。另外,有两个适用于音乐:现代乐队运动、奥尔夫功课;有一个适用于科学:基于研究的学习。标志性教学法除了培养技能以及社交行为能力之外,它们在某种程度上与创造力和批判性思维的教学相一致,被用来设计新的课程计划,改进现有的课程计划,并与学生讨论创

---

① Mmantsetsa Marope, Patrick Griffin, Carmel Gallagher. Transforming Teaching, Learning, and Assessment a Global Paradigm Shift[J]. UNESCO Publishing, 2017: 29 - 31.

造力和批判性思维所包含的内容。

探究不同领域的标志性教学法是学会艺术教学的基础。无论哪一类学习都有一些习惯性的、常规化的特征(如造型元素、形式原理等),但由于美术学科内容的不断延展以及学生身心发展的丰富性,呈现出很多在教学上的不确定性。教师需要的是从学习分析视角结合自己的美术学习经验,比较如今学生的美术学习经验,深层思考美术教与学的问题,再根据教学内容和教学对象,在提取不同艺术实践学习特征的基础上,建立有梯度的学习模型,以帮助不同美术学习经验的学生在学习过程中观察、分析、判断和决策。同时,借助大数据技术手段发展创新、标志性的教学法,提供可自由选择、个性化、富有弹性的学习内容和学习方式,形成个人化的深层学习。

(二)开发学习模型课程包

由专家团队、教育学和认知科学研究者、课程开发者和专家教师一起分析现有的广泛使用的课程设置模式与课程组织样本,在此基础上进行必要的重构课程,开发学科和跨学科主题学习模块学习模型课程包,为不同层次教师专业发展及教研活动提供参考资源。

在进行每个课程模块学习时,基本的课程结构包括专业课程学习、中小学课程对应模块内容学习、教学模拟学习、评价学习等。每个专业学习模块周期全部完成后,再进行完整的实习过程的教学与体验,使不同层次教师在学习过程中形成对美术学科教与学相互关联的理解。通过建立培训档案袋的方式,形成较长时间的、较为连贯的学习内容,根据教师个人特点与差异设计分层个性化课程,建立定期回访项目,有助于推动美术教师教育的改革与发展。

(三)培养教师数字素养和"软技能"

在21世纪背景下,教师教育需要积极主动地培养擅于自我反思的教师,他们有能力塑造课堂和学校以满足不断变化的需求。教授未来的课程需要工业4.0时代所需的技能和能力,如解决问题、创造性思维、协作和数字技能。这些可转移的就业技能包括一系列多模态素养和通常被称为"软技能"的能力。

大数据时代可利用的资源更加丰富多彩,整合"校内+校外"和"线上+线下"资源,能提供教师各种课程开发以及可操作的工具支持。拥有可持续的课程开发能力和技术素养是未来美术教师专业发展所不可缺少的。首先,利用博物馆资源和教育平台开发馆内美术教学课程和翻转课堂教学项目。其次,在大学里可以建立数字媒体共享实验室,以支持数字媒体制作和数字故事活动。通过视觉素养和多媒体结合的课程,培养未来教师和在职教师的数字素养。此外,依据学习需要有效利用并设计不同学习空间。一方面营造不同需求的真实学习空间:独立教室、自习室、小型集会和沙龙与交流区等;另一方面,利用线上学习资源和线下个性化组合,与个别化辅导相结合。

(四) 拓展跨学科思维和艺术教育研究能力

跨学科思维是考虑与所研究现象有关的多个学科观点的能力,分析这些观点的优缺点,并整合其见解,以产生对现象的新的、更全面的理解。理想情况下,跨学科思维将产生一个综合的解决方案,一个新的应用,或是指出更好地理解这一现象的新方法。因此,跨学科思维对于跨学科主题学习的课堂教学具有重要意义,整合不同学科见解,以便更好地理解问题并提出可能的解决方案。

基于艺术的研究是一种参与式研究实践,通过这种研究,任何艺术形式都可以被用来生成知识、解释或交流。教师开展这种研究,可以将个人以往的学习经验和创作实践与当下日常生活经验和教学实践联系起来。用于收集和分析数据的方法非常广泛,如思维导图、视觉笔记、研究工作簿、作品展示或数字化呈现等,将艺术研究方式用于教学实践,探索创新教学方法,可以帮助学生获得意义建构和深度学习。

参 考 文 献

中文部分

中华人民共和国教育部制定:《全日制义务教育美术课程标准(实验稿)》,北京师范大学出版社,2001年。

中华人民共和国教育部制定:《普通高中美术课程标准(实验)》,人民教育出版社,2003年。

中华人民共和国教育部制定:《义务教育美术课程标准(2011年版)》,北京师范大学出版社,2012年。

中华人民共和国教育部制定:《普通高中美术课程标准(2017年版2020年修订)》,人民教育出版社,2020年。

中华人民共和国教育部制定:《义务教育艺术课程标准(2022年版)》,北京师范大学出版社,2022年。

教育部基础教育司组织编写:《走进新课程:与课程实施者对话》,北京师范大学出版社,2002年。

教育部基础教育司组织编写:《全日制义务教育美术课程标准解读(实验稿)》,北京师范大学出版社,2002年。

教育部基础教育课程教材专家工作委员会组织编写:《义务教育美术课程标准(2011年版)解读》,北京师范大学出版社,2012年。

尹少淳、段鹏主编:《新版课程标准解析与教学指导 美术》,北京师范大学出版社,2012年。

教育部基础教育课程教材专家工作委员会组织编写:《普通高中美术课程标准(2017年版)解读》,高等教育出版社,2018年。

课程教材研究所组织编写:《义务教育艺术课程标准(2022年版)解读》,北京师范大学出版社,2022年。

理查德·I.阿兰兹著,丛立新等译:《学会教学(第六版)》,华东师范大学出版社,2007年。

林恩·埃里克森、洛伊斯·兰宁著,鲁效孔译:《以概念为本的课程与教学:培养核心素养的绝佳实践》,华东师范大学出版社,2019 年。

格兰特·威金斯、杰伊·麦克泰格著,闫寒冰、宋雪莲、赖平译:《追求理解的教学设计（第二版）》,华东师范大学出版社,2017 年。

陈怡倩著:《统整的力量:直接 STEAM 核心的课程设计》,湖南美术出版社,2017 年。

王斌兴著:《新课程学生评价》,开明出版社,2004 年。

万伟、秦德林、吴永军著:《教学评价方法与设计》,教育科学出版社,2004 年。

艾伦·雷普克,里克·斯佐斯塔克著,傅存良译:《如何进行跨学科研究（第二版）》,北京大学出版社,2021 年。

钱初熹著:《综合·探索学习领域解读/教学案例》,西南师范大学出版社,2003 年。

胡知凡主编:《艺术课程与教学论》,浙江教育出版社,2003 年。

胡知凡编著:《全球视野下的中小学美术教育》,上海教育出版社,2015 年。

胡知凡编著:《核心素养与世界中小学美术课程》,上海教育出版社,2020 年。

周若刚著,郭莉等译:《大思维:集体智慧如何改变我们的世界》,中信出版集团,2018 年。

联合国教科文组织编:《反思教育:向"全球共同利益"的理念转变?》,教育科学出版社,2017 年。

钱初熹主编:《与大数据同行的美术教育》,上海教育出版社,2017 年。

外文部分

USA National Coalition for Core Arts Standards（2014）. *National Core Arts Standards*.

Singapore Ministry of Education（2018）. *Art Syllabus（Primary One to Six）*. Singapore.

Singapore Ministry of Education（2018）. *Art Syllabus（Lower Secondary）*. Singapore.

Finnish National Board of Education（2016）. *National Core Curriculum for Basic Education*. Helsinki.

New Zealand Ministry of Education（2007）. *The New Zealand Curriculum, Wellington*.

Australian Curriculum Assessment and Reporting Authority（2015）. *The*

Australian Curriculum (*The Arts*).

Canada British Columbia Ministry of Education (2015). *Arts Education Curriculum*.

National Curriculum Council of India (2005). *The National Curriculum Framework: Visual Arts Syllabus*.

OECD (2018). *The Future of Education and Skills: Education* 2030, Publishing, Paris.

OECD (2019). *Future of Education and Skills* 2030 *Concept Note: OECD Learning Compass* 2030, Publishing, Paris.

Jay McTighe, Steve Ferrara (2021). *Assessing Student Learning by Design Principles and Practices for Teachers and School Leaders*. New York: Teachers College Press.

Jeroen J. G. van Merrienboer, Paul A. Kirschner (2018). *Ten Steps to Complex Learning: A Systematic Approach to Four-Component Instructional Design* (*Third Edition*), Routledge.

Jay McTighe, Kristina J. Doubet, Eric M. Carbaugh (2020). *Designing Authentic Performance Tasks and Projects: Tools for Meaningful Learning and Assessment*. Virginia USA.

Donna Kay Beattie (1997). *Assessment in Art Education. Davis Publications*.

Oxford IB Diploma Programme (2017). *Visual Art Course Companion*. UK: Oxford University Press.

Charles M. Dorn, Stanley S. Madeja, F. Robert Sabol (2013). *Assessing Expressive Learning: A Practical Guide for Teacher-Directed Authentic Assessment in K -12 Visual Arts Education*. New York: Routledge.

Klein, Julie Thompson (2010). *A Taxonomy of Interdisciplinarity*. The Oxford Handbook of Interdisciplinarity.

Scholz R. W., Häberli R., Bill A., Welti W (eds) (2000). *Transdisciplinarity: Joint Problem-solving among Science, Technology and Society* (*Workbook II: Mutual Learning Sessions*). Haffmans Sachbuch, Zürich.

Frodeman, R. Klein J. Ed (2016). *Oxford Handbook of Interdisciplinarity*

(*Second edition*). UK: Oxford University Press.

Yves Lenoir, Abdelkrim Hasni (2016). *Interdisciplinarity in Primary and Secondary School: Issues and Perspectives*. Creative Education, Vol.7 No.16.

Bogumil, Elizabeth, Patricia Y Lara (2015). *Art as Mode and Medium: a Pedagogical Approach to Teaching and Learning about Self-Reflexivity and Artistic Expression in Qualitative Research*. International Journal of Research & Method in Education.

UNESCO (2017). *Reconceptualizing and Repositioning Curriculum in the 21st Century: A Global Paradigm Shift*.

UNESCO (2017). *Future Competences and the Future of Curriculum: A Global Reference for Curriculum Transformation*.

UNESCO (2017). *Transforming Teaching, Learning, and Assessment: A Global Paradigm Shift*.

OECD (2020). *Curriculum (Re)design: A Series of Thematic Reports from the OECD Education 2030 Project*.

附录：国际艺术课程标准比较表

国家	美国国家核心艺术标准(2014)	加拿大BC省中小学艺术课程(2015)	芬兰中小学艺术课程(2016)	澳大利亚中小学艺术课程标准(2015)	新西兰国家艺术课程标准(2007)	新加坡中小学美术教学大纲(2018)	日本中小学图画工作、美术学习指导要领(2017)
艺术学科门类	舞蹈、媒体艺术、音乐、视觉艺术、戏剧	舞蹈、戏剧、音乐、视觉艺术	音乐、视觉、工艺	舞蹈、戏剧、媒体艺术、音乐、视觉艺术	舞蹈、戏剧、音乐、视觉艺术	小学美术、中学美术	小学图画工作、中学美术
课程理念	培养具有艺术素养的现代公民。	1. 艺术教育有利于所有学生、社区和社会的发展，为全面培育有教养的公民作出贡献。 2. 鼓励公民对艺术的好奇心、求知欲和参与性。 3. 让学生通过艺术视角去探索世界，表达他们的想法、观点、信仰和情感。	1. 每个学生都有其独特性，都应享有良好的受教育权利。 2. 帮助学生成长为追求真理、善良、美好、正义与和平的人。 3. 帮助学生构建个人的文化认同，激发其对其他文化的兴趣。 4. 引导学生采用可持续发展的生活方式。	1. 艺术为学生提供了进行创作、设计、表现、交流和分享感性与理性的思想情感，以及观察和体验的学习机会。 2. 重视、尊重和探索原住民的艺术，并通过其独特的方式进行表达和交流。 3. 培养学生的自信心和创造力，培养学生能积极应对挑战能具有素养的公民。	1. 具有创造力和进取心，充满活力。 2. 能抓住新知识和新技术带来的机遇。 3. 对不同的文化，视其贡献度而给予相应重视。 4. 将发展为他们今后能过上充实而幸福生活的价值观、知识与能力。 5. 成为自信的、善交流的、积极参与各项活动和终身学习者。	1. 培养学生的认同感、文化感和社会地位感。 2. 培养学生批判性地识别和处理视觉信息的能力，使其在21世纪能有效地人进行沟通。 3. 发展想象力和创造力。	让学生感受到创作的喜悦的同时，培养其思考力、判断力、表现力等基础能力。培育学生能够在人生整个生涯中主动参与艺术活动的态度，使生活更加充实。

（续表）

国家	美国国家核心艺术标准（2014）	加拿大 BC 省中小学艺术课程（2015）	芬兰中小学艺术课程（2016）	澳大利亚中小学艺术课程标准（2015）	新西兰国家艺术课程标准（2007）	新加坡中小学美术教学大纲（2018）	日本中小学图画工作、美术学习指导要领（2017）
课程目标	确立艺术素养的哲学和终身学习目标，包括：艺术作为沟通与交流手段，实现个人创意能力，起到历史与文化的纽带作用，培养健康的人格，参与社区活动。	1. 通过艺术思维方式理解艺术与人类经验之间的联系。2. 运用探究、批判性思维和解决问题的技巧，加深对自我、他人和世界的认识。3. 认识到各种文化观点的价值。4. 培养终生追求艺术的兴趣。	1. 帮助学生成长为对人类和社会具有责任感的社会成员。2. 帮助学生建立必备的知识与技能，为拓宽他们的视野奠定基础。3. 提升学生终身学习的技能和素养。	1. 创造力、批判性思维、审美知识以及对艺术实践的理解力。2. 用艺术知识和技能来交流各种想法。3. 运用当下和新兴的科学技术进行有创意的艺术实践。4. 通过艺术了解澳大利亚的历史与传统，了解原住民的文化。5. 了解当地、地区和全球的文化以及它们的艺术史与传统。	提出四个总体培养目标，即形成学生的自信心、善交流、主动参与者的身份学习的意识。	1. 在发现和探索周围环境中发展视觉探究技能。2. 在美术创作中产生好奇和讨论中产生好奇心、想象力和乐趣。3. 在专注于创意和创作美术作品时，能充满自信地独立创作或团队合作。4. 了解与尊重新加坡和世界的重要美术作品和艺术家的历史与文化。	1. 用造型的观点去把握对象与事物，透过自己的感觉与行为加以理解；在材料与用具的使用和表现方式上加入自己的创意；能够具有创意地制作与表现。2. 对于造型的美感、所表达的事物、表现方法等，能够创造性地构想；对于作品能有自己的着法与深刻的感受力。3. 在体会创作的喜悦的同时，培养创造快乐丰富生活的态度。

（续表）

国家	美国国家核心艺术标准（2014）	加拿大BC省中小学艺术课程（2015）	芬兰中小学艺术课程（2016）	澳大利亚中小学艺术课程标准（2015）	新西兰国家艺术课程标准（2007）	新加坡中小学美术教学大纲（2018）	日本中小学图画工作、美术学习指导要领（2017）
核心素养	1.创造力与创新能力。 2.批判性思维与解决问题能力。 3.沟通能力。 4.合作能力。	1.沟通能力。 2.思维能力。 3.个人与社会能力。	1.思维与学会学习。 2.文化素养、互动与表达能力。 3.关爱自己与管理日常生活的能力。 4.多元识读能力。 5.信息和通信技术素养。 6.工作生活素养与创业精神。 7.参与建设可持续的未来。	1.读写能力。 2.计算能力。 3.信息技术能力。 4.批判性思维。 5.个人与社会能力。 6.伦理道德。 7.跨文化理解。	1.思维能力。 2.运用语言、符号和文本的能力。 3.自我管理能力。 4.与他人交往的能力。 5.参与和作贡献的能力。	1.有自信心的人。 2.能自主学习的人。 3.积极的贡献者。 4.有爱心的公民。	1.思维能力（解决和发现问题的能力、创造力、逻辑思维能力、批判思维能力、元认知、适应力）。 2.实践能力（自律、建立人际关系的能力、社会参与、可持续发展的责任）。 3.基础能力（语言能力、数量关系技能、信息技能）。

（续表）

国家	美国国家核心艺术标准（2014）	加拿大 BC 省中小学艺术课程（2015）	芬兰中小学艺术课程（2016）	澳大利亚中小学艺术课程标准（2015）	新西兰国家艺术课程标准（2007）	新加坡中小学美术教学大纲（2018）	日本中小学图画工作美术学习指导要领（2017）
课程框架	分为四个学段：学前至二年级、三至五年级、六至八年级、九至十二年级。每个学段采用创造、表现、回应、连接四个标准来呈现课程的基本结构。	从学前至十二年级，课程框架由"大概念""课程能力学习标准"和"内容学习标准"组成。	分为三个学段：一至三年级、三至七年级和七至九年级。每个学段课标中有：教学目标中有：学习内容、学习环境和学习方法、学习指导和学习评价。	分为五个学段：学前至二年级、三至四年级、五至六年级、七至八年级、九至十年级。每个学段课标中有：内容描述与成就标准，此外，还有教学提示。	课程框架由国家课程愿景、原则、价值观、核心素养、艺术学科学习领域、艺术学科（包括视觉艺术）的水平层级、有效的教学与评价、关注未来的问题等几部分组成。	小学分三个关键阶段：一至二年级、三至四年级、五至六年级。初中一至二年级艺术是核心课程。课程框架由"大概念"、三个学习领域（观看、表达与欣赏）、关键探询、创造与创新、连接与回应），学习内容等四个关键部分组成。	小学分三学段：一至二年级、三至四年级、五至六年级。每学段有学习目标、通用事项、学习内容（指导计划和内容操作说明等。中学分两段：初一年级、初二至初三年级。每学段有学习目标、通用事项、指导操作和内容操作说明等。

（续表）

	国家	美国国家核心艺术标准(2014)	加拿大BC省中小学艺术课程(2015)	芬兰中小学艺术课程(2016)	澳大利亚中小学艺术课程标准(2015)	新西兰国家艺术课程标准(2007)	新加坡中小学美术教学大纲(2018)	日本中小学图画工作、美术学习指导要领(2017)
课程内容	组织与呈现方式	每个学段创造、展示、回应这四个艺术学习过程中,都有课程内容的具体要求,也是各州研制州课程标准内容的依据。	"大概念"是使学生能够理解什么。"课程能力标准"是学生通过学习应该做到什么。"内容学习标准"是学生在学习中应该知道什么。	将视觉艺术学习内容分为三类:1.学生自己的视觉文化。2.环境中的视觉文化。3.视觉艺术世界。	每个学段的内容描述了教师期望所教授的和学生期望所学习的知识、理解与技能。学习方式主要包括制作与回应两个方面。	学习内容有四个方面:了解情境中的艺术,培养艺术的实践性知识,发展各种艺术观念,交流与诠释艺术。	学习内容由四个部分组成:情境、创作过程、视觉形式语言(即美术形式语言)和媒介。	学习内容由表现、鉴赏两部分组成。表现与鉴赏的教学,是以相互并行为目标,有时也可单独进行教学。
	跨学科内容	在四个艺术学习过程中,"连接"就是强调跨学科的学习。	通过调查一个主题、讨论议题或研究一个问题,将多个学习领域的学科知识和能力联系起来。内容包括:对国家原住民文化的学习,对可持续发展问题的探究。	从小学至初中每个年级,在保留学科教学的基础上,多学科融合式的"基于现象的学习",即围绕现实中的现象,运用不同学科的方法进行分析和学习。	跨学科优先项目:土著居民与托雷斯海峡岛民的历史及文化,亚洲与亚洲的关系,可持续发展。	跨学科主题:可持续发展的问题,公民的问题、进取心的问题、全球化的问题等。	强调关注三种情境:1.自我和周边环境。2.新加坡的过去、现在和未来。3.我们生活的世界和地区。	在综合学习中确立诸如国际理解、信息、环境、福利、健康等综合性的课题。

（续表）

国家	美国国家核心艺术标准（2014）	加拿大 BC 省中小学艺术课程（2015）	芬兰中小学艺术课程（2016）	澳大利亚中小学艺术课程标准（2015）	新西兰国家艺术课程标准（2007）	新加坡中小学美术教学大纲（2018）	日本中小学图画工作美术学习指导要领（2017）
学业质量标准	锚定标准是教师期待学生能够在整个艺术教育过程中展示出的一般的知识与技能，也是各州研制学习内容和学业质量考核的重要依据。	课标中的内容学习标准，课程能力学习标准是评价学生学业的重要标准。	当学生完成九年级的视觉艺术学习时，按照国家制订的有关学生学业水平最终评定。	成就标准是学生从学前至十年级学习过程中的学业质量，描述了学生在不同学段对各种观念理解的深度以及技能的复杂程度。学生如果达到了某学段的成就标准，意味着其可进入下一学段的学习。	将学业质量的达成目标划分为八个水平层级，这八个水平层级是小学至高中阶段学达成的目标。	将学习成果（学业质量标准）分为三个关键阶段。每个关键阶段除学习美术学科的知识与技能外，还要培养学生的关键能力。	"共通事项"是指在表现与鉴赏的学习中共同必要的能力与素质，与学业要求相似。

（续表）

国家	美国国家核心艺术标准（2014）	加拿大BC省中小学艺术课程（2015）	芬兰中小学艺术课程（2016）	澳大利亚中小学艺术课程标准（2015）	新西兰国家艺术课程标准（2007）	新加坡中小学美术教学大纲（2018）	日本中小学图画工作美术学习指导要领（2017）
实施建议 教学要求	采用"逆向式设计"，即协助教师首先确定重要的学习成果，再确定可接受的成就证据，然后设计出达到这些预期成果的最佳路径。	强调探究性的教学方法，包括：基于项目的学习、基于案例的学习、基于问题的学习等。	每个学段都"有学习指导"方面和帮助"方面的教学要求。	每学段的教学提示，包括：表现方面（题材、形式、风格、技术、视觉元素、材料和工艺等）；实践所方面的要求、技能方面的要求）。	1. 创造一个支持性的学习环境。 2. 鼓励反思性思维和行动。 3. 增加相关的新知识。 4. 促进共享学习。 5. 与以往的学习和经验建立联系。 6. 提供足够的学习机会。	1. 创设积极的课堂文化。 2. 了解儿童们的艺术世界和他们的艺术参与。 3. 鼓励学生参与艺术讨论。 4. 倡导探究式学习方式。 5. 培养好奇心。 6. 促进合作学习。	在"指导计划和内容操作说明"中有实施建议，教学要求和注意事项，如要求各学年在"表现"教学活动的全程，重视儿童实践自己的想法来实施，儿童能发现自己的可能性与优点，培养创造愉快、丰富的生活的态度；在各活动的进行中，能尊重彼此的优点与个性等。

（续表）

国家		美国国家核心艺术标准（2014）	加拿大 BC 省中小学艺术课程（2015）	芬兰中小学艺术课程（2016）	澳大利亚中小学艺术课程标准（2015）	新西兰国家艺术课程标准（2007）	新加坡中小学美术教学大纲（2018）	日本中小学图画工作美术学习指导要领（2017）
实施建议	评价要求	采用基石性的评估模式，让学生在各种艺术活动过程中，通过真实的情境，学会运用所学到的知识与技能。课还提供了各种评价量表。	课堂评估一般采用反思与自我评价、面谈与讨论、教师与同伴反馈以及按照所研制的量规评价等方式进行。	每学年结束，教师根据学生在学年内所达到的学习目标情况，给出一个等第（分为 1 至 10 级）。	每学段的成就标准是评价学生学习结束时的评价标准和依据。	1. 使学生受益。 2. 让学生参与。 3. 支持教与学的目标。 4. 规划与沟通。 5. 适合的评估目的。 6. 有效与公平。	1. 提供持续的建设性反馈。 2. 收集并分析学生的学习证据。 3. 确定帮助学生实现学习目标所需的步骤。 4. 报告学生成长的情况。	将"评价四维度"（兴趣、愿望、态度，思考、判断、表现，技能，知识与理解）、"学力三要素"（知识认知与技能掌握，表现力、判断力、深思考力、自主学习，态度）贯穿学习评价的各个环节。

（续表）

国家	美国国家核心艺术课程标准(2014)	加拿大BC省中小学艺术课程(2015)	芬兰中小学艺术课程(2016)	澳大利亚中小学艺术课程标准(2015)	新西兰国家艺术课程标准(2007)	新加坡中小学美术教学大纲(2018)	日本中小学图画工作、美术学习指导要领(2017)
课程的综合性	美国艺术课程包括:音乐、舞蹈、戏剧、视觉艺术和媒体艺术,但各自的教学内容和教学方式不同。	从学前至八年级,综合利用舞蹈、戏剧、音乐和视觉艺术的共同语言进行教学。九年级至十二年级,从艺术学科中既可分综合,又可选择一或两门进行学习。	基于现象的学习,强调的是学科内的整合与校内外的合作,以及跨学科的教学方法。	强调综合能力的培养,如读写与创造力、批判性思维、个人与社会能力、伦理道德等。	在一至八年级中,将学习四门艺术学科。九至十年级,学习其中两门。十一至十三年级可以专学一门或多门学科。		"综合学习": 1. 为学校和社区展开独特的教育实践。 2. 目标是自主发现课题、自主学习,以培养更好地解决问题的素质与能力。 3. 学校根据上述目标示的综合学习实际展开学习活动。
特点	采用"重理解设计"(简称UbD)的课程理念。只是提供了一个框架,为各州制订标准时作参考。	采用"知道—能做—理解"课程模式。	芬兰是世界上最早在中小学中开设工艺教学的国家。一百多年来,工艺学科仍旧是基础教育中的核心课程,其中的奥秘是值得研究的。	要求所有学生从幼儿园至小学阶段,都应学习五门艺术学科。	是世界上较早在课程标准中出现核心素养提法与要求的国家。	新加坡的课程标准既受到欧美教育思潮影响,同时又具有亚洲文化特点。	日本的教育质量一直是亚洲领先的,无论是在国内还是国际水平上,都有着不容忽视的地位。